ELOGIOS PARA

"En los altibajos, rutina _____ _____ _____ cotidiana, puede que nos volvamos comp_____ __ _____ incluso que nos aburramos con la vida. Sin embargo, Dios nunca ha querido que la vida sea aburrida. Y en *Un mes para vivir,* Kerry y Chris Shook nos recuerdan el verdadero alcance y el sentido que Dios nos reserva a cada uno en nuestras vidas. Sin importar donde nos encontremos en el trayecto recorrido con Dios, este libro nos dará a conocer una perspectiva nueva y muy necesaria. Y al final de este viaje de treinta días, cada cual descubrirá lo que significa realmente vivir… día a día… creativamente… apasionadamente".

—ED YOUNG, Pastor director y fundador de Fellowship
Church y autor de *Outrageous, Contagious Joy*

"Demasiadas personas viven apesadumbradas, lamentándose de oportunidades perdidas y con sueños todavía en estado latente. Usted no tiene por qué ser una de ellas. Su vida será diferente si aplica los principios transformacionales de la obra de Kerry y Chris Shook, *Un mes para vivir*". —CRAIG GROESCHEL, Pastor fundador de Lifechurch.tv
y autor de *Confessions of a Pastor*

"*Un mes para vivir,* de Kerry y Chris Shook, enriquecerá la existencia de cada uno de sus lectores. Las preguntas que en este libro se formulan, sumadas a la reflexión de los "Momentos que importan" reavivarán el alma de los lectores y los inspirarán para que comiencen, en el día de hoy, a dar pleno sentido a lo que les queda de vida. La propuesta que Kerry y Chris Shook nos presentan en *Un mes para vivir* podría cambiar el curso de nuestra existencia".

—KEN BLANCHARD, autor de *The One Minute
Manager* y *Know Can Do!*

"Si lo que usted busca es una nueva tensión, un nuevo propósito y una perspectiva más aguda de la vida, este libro es para usted. Léalo y su futuro cambiará para siempre".

—LEE STROBEL, autor de *The Case for the Real Jesus*

"Independientemente de dónde se encuentre en su aventura espiritual, *Un mes para vivir* le planteará el desafío de vivir apasionadamente la vida a la que está destinado y dejará un legado eterno".

—BILL HYBELS, autor de éxitos de librería y pastor director de Willow Creek Community Church

Acerca de los autores

Kerry y Chris Shook fundaron Fellowship of the Woodlands en 1993 con ocho personas. Desde entonces, la iglesia
ha crecido hasta contar con más de quince mil miembros y
se ha convertido en una de las iglesias más grandes e influ-
yentes de Estados Unidos. Su sede se encuentra en The
Woodlands, en las afueras de Houston, Texas.

Kerry y Chris Shook trabajan para eliminar las barreras
que impiden a las personas vivir una relación con Jesús, y
creen que la iglesia debería ser un apoyo para el compromiso y tener la capacidad de cambiar la vida de las personas.
Han llegado localmente a miles de personas con escasos recursos y están presentes en numerosos países de todo el
mundo a través de las misiones y ministerios de Fellowship
of the Woodlands.

Su programa semanal de televisión llega a millones de te-
lespectadores y puede verse en los cincuenta estados y en
más de doscientos países.

Kerry y Chris llevan casados veinticinco años y tienen
cuatro hijos.

Un mes para vivir

UN MES PARA

TREINTA DÍAS
PARA LOGRAR UNA
VIDA SIN ARREPENTIMIENTOS

KERRY & CHRIS SHOOK
TRADUCIDO POR ALBERTO MAGNET

VINTAGE ESPAÑOL

UNA DIVISIÓN DE RANDOM HOUSE, INC.

NUEVA YORK

PRIMERA EDICIÓN VINTAGE ESPAÑOL, NOVIEMBRE 2008

Biblioteca del Congreso de los Estados Unidos
Información de catalogación de publicaciones
Shook, Kerry.
[One month to live. Spanish]
Un mes para vivir : treinta días para lograr una vida sin arrepentimientos /
by Kerry y Chris Shook ; [traducción por Alberto Magnet].—1st ed.
Vintage Español.
p. cm.
ISBN: 978-0-307-45553-6
1. Christian life. I. Shook, Chris. II. Title.
BV4501.3.S56418 2008
248.4—dc22 2008035241

Diseño del libro de Debbie Glasserman

www.grupodelectura.com

Impreso en los Estados Unidos de América
10 9 8 7 6 5 4 3 2 1

Para Ryan, Josh, Megan y Steven

Así como nosotros los hemos educado a ustedes,
en muchos sentidos ustedes nos han educado a nosotros.
En nuestras oraciones
pedimos que puedan vivir siempre sin arrepentimientos.

Índice

Prólogo

No hay nada que pueda llevar a una persona a definir mejor sus prioridades vitales que saber que está a punto de morir. Somos muchos los que, de pronto, nos daríamos cuenta de que nos hemos pasado la vida dedicados a cosas que no tenían demasiada importancia. De modo que somos muchos los que desperdiciamos nuestra vida pensando en el "cuando y entonces", creyendo que "cuando" ocurra esto o lo otro, "entonces" empezaremos a vivir de verdad y hacer algo por Dios que realmente valga la pena.

Esa perspectiva garantiza que las personas se arrepentirán. Al final de nuestra vida, lo único que importará es saber si cada uno de nosotros ha cumplido el objetivo que Dios nos ha dado. Jesús tenía doce años cuando dijo: "Debo atender a los asuntos de mi Padre". Sólo veintiún años más tarde, dirá al Padre: "He acabado la obra que me encomendaste". Si todos tuviéramos ese mismo tipo de perspectiva y concentración en nuestras vidas, ¡no habría límites a lo que Dios puede lograr en este mundo!

El miedo a morir paraliza a la mayoría de las personas, les impide asumir los riesgos necesarios para realizar los designios que Dios tiene para ellos y sus vidas. Kerry y Chris Shook desean que sus lectores entiendan la asombrosa perspectiva de que aceptar la idea de la mortalidad nos dará la libertad para vivir una vida con sentido, una vida satisfactoria y sin arrepentimientos. Como hizo con la reina Ester, Dios nos ha puesto a todos en el mundo "para esta hora". *Un mes para vivir* es una manera extraordinaria de descubrir la vida llena de sentido, alegría y abundancia que Dios ha creado para nosotros.

Rick Warren
Pastor fundador de Saddleback Church
Autor del bestseller internacional
The Purpose-Driven Life (Una vida con propósito)

Nota de los autores

Si sólo te quedara un mes de vida, ¿qué cambiarías?

Éste es un libro único en muchos sentidos. En primer lugar, como lo demuestran el título y la pregunta del encabezamiento, no nos dan miedo las preguntas. Tratándose de nuestro primer libro, un libro que hemos esperado más de diez años para escribir, estas páginas son portadoras del mensaje esencial al que nos hemos dedicado, a saber, cómo vivir la vida en toda su plenitud, apasionadamente y con un propósito, tal como fuimos creados para vivirla. Al aceptar la verdad de que nuestro tiempo en este mundo es limitado, podemos vivir haciéndonos dueños de nuestra existencia, sin aplazar más la paz y la alegría que sentimos cuando cumplimos el destino que Dios nos ha dado. A menos que no quieras cambiar nada en tu vida, queremos que te unas a nosotros para explorar lo que significa adoptar un estilo de vida como si sólo nos quedara un mes en este mundo.

Este libro también es único por nuestra manera de escribirlo. Los dos, Kerry y Chris, concebimos nuestra vida y nuestra misión como una sociedad de iguales. Llevamos más de veinte años casados, siempre unidos en nuestra misión, y verdaderamente funcionamos mejor como equipo. A medida que hemos luchado y nos hemos expandido, que hemos crecido y celebrado, hemos vivido el mensaje que se encuentra en estas páginas. Por lo tanto, la mitad de las experiencias y percepciones que compartimos en estas páginas son fruto de Kerry, y la otra mitad de Chris.

Sin embargo para la facilidad de la lectura, este libro está escrito con una sola voz en primera persona. Esto evita la confusión de cambiar de un "yo" (Kerry) a otro "yo" (Chris), y elimina la distracción innecesaria del mensaje vital que queremos compartir. Al fundir las dos voces en una, también queremos destacar que nuestro mensaje trasciende todos los límites demográficos. Afecta tanto a hombres como mujeres, a los que viven solos y en pareja, a ricos y pobres, y a las personas de todas las culturas en todo el mundo.

Cualquiera sea el punto donde te encuentres en tu viaje, te invitamos a dar vuelta la página y a comenzar a responder a las preguntas que cambiarán para siempre tu estilo de vida.

Compromiso con un estilo de vida

UN MES PARA VIVIR

Me comprometo, con la fortaleza de Dios,
a vivir los próximos treinta días como
si fueran mis últimos,
para vivir la vida en toda su plenitud.

Nombre

Nombre de la pareja

Kerry y Chris Shook

Asume el desafío de Un mes para vivir *con un amigo o una
amiga y conéctate a www.OneMonthToLive.com para tener
día a día los estímulos de Kerry y Chris.*

Un mes para vivir

Introducción

VIVIR EL ÚLTIMO SUSPIRO

> La muerte es más universal que la vida;
> todo el mundo muere, pero no todos viven.
> —ALAN SACHS

> Estoy convencido de que el temor de la muerte, o
> de que nuestras vidas lleguen a su fin, no turba tanto
> nuestro sueño como el temor de que… en lo que
> concierne al mundo, podríamos perfectamente
> no haber vivido.
> —HAROLD KUSHNER

*N*uestro tiempo en esta vida es limitado.

Por mucho que esta idea nos haga sufrir, es un hecho. Sin importar quiénes seamos, cuán jóvenes o viejos, el grado de éxito que hayamos alcanzado o dónde vivamos, nuestra condición de mortales sigue siendo nuestro gran elemento en común. Con cada segundo que pasa, dejamos atrás una parte de nuestras vidas. Incluso mientras leemos este párrafo, habrán pasado segundos que nunca podremos recuperar. Nuestros días están contados y cada hora que pasa se ha ido para siempre.

Si a ti te ocurre lo mismo que a mí, es posible que vivas esta realidad como algo duro y desagradable, o puede que te abruma o incluso que te paralice. Sin embargo, ése no es el objetivo que me lleva a escribir este libro, sino todo lo contrario. Estoy convencido de que en lugar de inhibirnos para que seamos prudentes, *aceptar que nuestro tiempo en este mundo es un recurso limitado tiene un poder de liberación insospechado.* Si supiéramos que sólo nos queda un mes de vida, la mayoría viviríamos de modo diferente. Seríamos más auténticos a propósito de nuestra verdadera naturaleza y más conscientes de cómo invertimos el tiempo. Sin embargo, ese contraste suscita enseguida una pregunta: *¿Qué impide que vivamos de esa manera ahora?*

Mi motivación para encontrar la respuesta (y, más aún, para vivirla y ayudarte a vivirla) nace en parte de mi experiencia como pastor. En este papel, he tenido el privilegio de acompañar a muchas personas que se enfrentan al fin inminente de su vida en este mundo. Si bien muchos luchan a través de las etapas del duelo —shock, negación, negociación, culpa, rabia, depresión, aceptación— la mayoría experimenta cambios radicales como resultado de la conciencia que adquieren de su condición terminal. Se toman la libertad de decir lo que verdaderamente piensan y de hacer lo que verdaderamente desean. Piden perdón y perdonan a los otros. Dejan de pensar sólo en sí mismos, se acercan a sus seres queridos y les hacen saber cuánto los aman. Asumen riesgos que nunca habrían asumido antes, se permiten dejar de lado las preocupaciones y aceptan agradecidos cada nuevo día. Parecen adquirir una nueva claridad acerca de sus prioridades, como su relación con Dios y dejar a su paso un legado perdurable.

A lo largo de los años, al ver a otras personas vivir sus últimos días, he empezado a preguntarme: *¿Por qué no podemos vivir todos* *como si nos estuviéramos muriendo? ¿Acaso no es así como se supone que tendríamos que vivir, para empezar? ¿Para descubrir nuestra razón de ser y para utilizar nuestros particulares dones en el tiempo limitado que nos está dado?* Así que el año pasado, en un retiro con los miembros del personal, ensayé un breve experimento y les formulé la siguiente pregunta: Si supieras que te queda un mes de vida, ¿en qué sentido vivirías diferente? Les entregué a cada uno un diario, les planteé el desafío de vivir los próximos treinta días como si fueran los últimos y les pedí que escribieran para registrar lo que sucedía.

¡Los resultados fueron espectaculares! Al cabo de esos treinta días, todos teníamos una mayor claridad acerca del sentido de la vida y una pasión renovada por las cosas que realmente importan. Muchas personas hicieron cosas importantísimas, de las que se hacen una vez en la vida, como ir a Hawai en unas vacaciones de ensueño con su cónyuge, tomarse en serio un estilo de vida sano y perder 10 kilos, o reconciliarse con el padre o la madre que habían dejado de ver hacía años.

Para mí, las cosas pequeñas de todos los días se revistieron de un significado totalmente nuevo y me cambiaron la vida para siempre. Llevar a mis dos hijos más pequeños al colegio todos los días se convirtió en una verdadera alegría. Me volví sumamente consciente del momento sagrado que significa jugar cada mañana con Steven a las veinte preguntas o inventar canciones absurdas con mi hija adolescente, Megan. Hice lo necesario para reunirme con mis dos hijos mayores, Ryan y Josh, en sus restaurantes preferidos una vez a la semana después de las clases, sólo para mantenerme conectado con ellos. Muchos miembros de nuestro personal hicieron todo lo que debían para asistir a los partidos, recitales y reuniones escolares de sus hijos. Al mismo tiempo, observé que el equipo era más productivo que nunca, y que tenían la voluntad de que las cosas que hicieran en el trabajo tuvieran un impacto perdurable.

Desde entonces, he llegado a creer que el estilo de vida del último mes de vida es universal como principio, pero único en su expresión. Si todos viviéramos como si nos quedara un mes de vida en este mundo, todos emplearíamos las horas del día de forma diferente, de maneras que nos son únicas y, sin embargo, creo que todos tendríamos vidas más plenas que podrían dejar un legado para la posteridad.

Un pequeño guión

Quizá no exista ningún lugar donde resuene tanto el eco de lo eterno como un cementerio. Como era de esperar, a mí me fascinan las viejas lápidas y las vidas que representan. Las fechas en algunos viejos monumentos y las inscripciones de las lápidas en la zona de Houston donde yo vivo se remontan al siglo XIX. Mi imaginación me impulsa a pensar en las diversas historias que cuentan dichas inscripciones y me hace reflexionar sobre cómo era la vida en 1823 o en 1914. Sé que la gente en aquel entonces tenía los mismos problemas y aflicciones que todo ser humano experimenta a lo largo de la vida, pero me pregunto si ellos se sentían tan estresados y estaban sometidos a tanta presión como yo. Nuestra tecnología y nuestras comodidades modernas han revolucionado nuestra vida en el siglo XXI, pero, ¿a qué precio?

Mirando esas viejas lápidas, no puedo sino reconocer que toda una vida queda ahora reducida a dos fechas y un pequeño guión intermedio. Algunos monumentos incluyen hechos o dichos, versos de la Biblia o conmovedoras historias pero, en realidad, la vida de cada persona se reduce a lo ocurrido entre esas dos fechas. Se reduce a lo que hay en el guión. Miro aquellos guiones que señalan la existencia de una determinada persona y me pregunto: *¿En aras de qué vivió? ¿A quién amó? ¿Qué pasiones tenía? ¿Cuáles fueron sus mayores errores y sus más grandes arrepentimientos?*

Cuando pensamos en ello, hay muchas cosas en la vida que no

controlamos. Nosotros no decidimos dónde nacemos, quiénes son nuestros padres o en qué periodo o cultura nos toca vivir. Tampoco decidimos las fechas inscritas en nuestra tumba. No sabemos cuándo acabará nuestro tiempo en esta vida. Podría ser la próxima semana, o el próximo año, o dentro de un par de décadas. Sólo Dios lo sabe, y nuestras vidas están en sus manos. Sin embargo, hay un aspecto sobre el que tenemos un amplio control. Somos nosotros quienes decidimos el contenido que le damos a ese pequeño guión.

Eres tú quien decide cómo utilizar ese pequeño guión en el tiempo entre las dos fechas de tu vida en este mundo. ¿Cómo lo utilizas tú? ¿Vives aquel guión sabiendo cabalmente quién eres y por qué estás aquí? ¿O acaso tienes prisa en vivir y dedicas un tiempo valioso a perseguir cosas que, en realidad, no te importan? Los salmistas decían en sus oraciones: "Enséñanos de tal modo a contar nuestros días que traigamos al corazón sabiduría" (Salmos 90:12). Dios quiere que nos demos cuenta de que nuestro tiempo en la Tierra es limitado y que, por lo tanto, deberíamos emplearlo sabiamente. Sin embargo, nos da la posibilidad de escoger cómo utilizamos ese valioso capital.

No se requieren cambios

Si bien muchas personas que he conocido y que se enfrentan a la muerte llevan a cabo cambios drásticos con el fin de tener una buena muerte, de vez en cuando conozco a otras que cambian muy poco. No es que no estén dispuestas a cambiar. Es que han vivido tan sabiamente, o tan auténticamente, que la noticia del final de sus vidas no las altera radicalmente. Es evidente que les duele y se resisten al recibir la noticia. Desean tener cerca a su familia y a sus seres queridos. Pero también se consuelan pensando que han vivido centradas en lo que más les importa, a saber, sus relaciones con las personas que aman, su relación con el

Dios del universo y la realización de su singular propósito en este mundo.

¿Acaso no sería maravilloso que pudieras vivir de tal modo que si supieras que sólo te queda un mes de vida no tuvieras que cambiar nada? ¿Qué te lo impide? ¿Qué esperas? Dios nos recuerda a menudo en las Escrituras que nuestra vida es breve comparada con la eternidad: "Cuando no sabéis lo que será mañana. Pues ¿qué es vuestra vida? Ciertamente es neblina que se aparece por un breve tiempo y luego se desvanece" (Santiago 4:14).

Desde luego, no pretendo estimularte para que vivas limitado al día a día. La mayoría no podemos renunciar a nuestro empleo de la noche a la mañana, ni decir siempre lo que pensamos de verdad, ni actuar siempre espontáneamente respondiendo a una idea cualquiera. Ese tipo de vida es algo egocéntrico y sumamente indulgente, y puede que refleje el hecho de que esa persona no cree en la existencia de nada más allá de esta vida. Sin embargo, la vida es más de lo que nosotros conocemos de ella en este mundo. Aun cuando nos impliquemos en el presente de cada día, debemos pensar en términos del impacto eterno que tendrá nuestro modo de vida. La Biblia nos dice que Dios ha puesto la eternidad en el corazón del hombre (Eclesiastés 3:11). Dios nos ha creado a su imagen y semejanza como seres espirituales en cuerpos de carne y hueso. Si somos sinceros con nosotros mismos, la mayoría intuimos que tiene que haber algo en nuestra existencia más allá de lo que este mundo puede ofrecer.

Éste es el momento en que muchas personas se vuelven hacia la fe. Pero así como hay gente que vive como si el mañana no existiera, otros se sirven de su fe para vivir como si no existiera el aquí y ahora. Están siempre pensando en el Cielo "algún día" en lugar de comprometerse plenamente con la vida en el presente.

La única manera de vivir para la eternidad es entregarse a cada día como si fuera un regalo de Dios. Tenemos que vivir en la frontera entre lo cotidiano y lo eterno. Dios nos ha creado y nos ha regalado un día más de vida, para conocer y vivir su amor, para amar y servir a los que nos rodean, para vivir apasionadamente la vida para la que Él nos ha creado. La naturaleza pasajera de nuestra vida debería mantenernos centrados en lo que más importa.

El desafío de los treinta días

Quiero que seas descarnadamente sincero contigo mismo. *Tu tiempo en este mundo es limitado. ¿No deberías empezar a aprovecharlo al máximo?* Si te quedara un mes de vida, lo verías todo desde una perspectiva diferente. Muchas de las cosas que haces ahora y que parecen tan importantes se volverían inmediatamente insignificantes. Tendrías una claridad absoluta a propósito de lo que más importa y no vacilarías en ser una persona espontánea y en arriesgar tu corazón. No esperarías a mañana para hacer lo que tienes que hacer hoy. Tu manera de vivir ese mes sería el modelo que desearías haber vivido toda tu vida.

Si supieras que te queda un mes de vida, ésta se vería transformada profundamente. Sin embargo, ¿por qué esperamos a que se nos diagnostique un cáncer o a que se nos muera un ser querido para aceptar esta verdad y permitirle que nos libere? ¿Acaso no queremos todo lo que la vida nos ofrece? ¿No queremos llevar a la práctica el fin para el cual hemos sido creados? ¿No sería la vida mucho más satisfactoria si viviéramos de esta manera?

Yo te planteo el desafío de comenzar a vivir tu vida como si te quedara sólo un mes, y he diseñado este libro para ayudarte. Hay cuatro principios universales en el estilo de vida que adoptarías con un mes de plazo: vivir apasionadamente, amar plenamente, aprender humildemente y partir audazmente. He dividido este libro en cuatro partes o "semanas" y quiero alentarte para que vivas estos próximos treinta días como si fueran tus últimos. A cada día corresponde un capítulo diseñado para ayudarte a concentrarte en el principio de aquella semana.

Cada capítulo comprende igualmente dos elementos que te animarán en tu experimento de treinta días. En cada capítulo encontrarás unos "Momentos que importan" con preguntas destinadas a ayudarte a reflexionar sobre tu vida y a concentrarte en lo más importante. El segundo elemento, denominado "Para que dure toda la vida", se añade al final de cada capítulo y sugiere maneras de actuar para concentrarse en las cuestiones de ese día. Estos elementos de acción no requieren tareas para la casa sino *tareas de la vida,* es decir, maneras que te ayuden a personalizar el material propio de tu vida. Puede que quieras destinar un tiempo a pensar en estos puntos, a escribirlos en un diario y a rezar por ellos. Si lees este libro con otros miembros de un grupo, éste será un espacio privilegiado para centrar las conversaciones.

Sea cual sea el uso que des a este libro, mi esperanza y mis oraciones pretenden hacerte pensar seriamente en aquello que más quieres de la vida, así como en las cosas que te impiden realizarlo. Espero que te entregues a la verdad de que algún día tu vida llegará a su fin, y que esto te permita vivir cada día con mayor plenitud.

No tienes por qué esperar a que se presente una crisis para que reflexiones sobre cómo puedes vivir la vida plenamente. Si estás dispuesto a asumir este desafío de treinta días, tienes que estar preparado para que tu vida mejore radicalmente. Es posible vivir sin pesares ni arrepentimientos y entregarte a una vida tan llena de abundancias que te preguntarás por qué antes te contentabas con menos.

No hay ningún tiempo como el presente —¡el ahora mismo!— para empezar. La lectura de este libro requiere tiempo, tu recurso más valioso, y te prometo que no te haré perder ni un solo se-

gundo que dediques a estas páginas. A medida que descubras la
vida para la que fuiste creado, hoy puede ser realmente el primer
día de una vida sin arrepentimientos. Te propongo que pienses en
el día de hoy como el punto de partida de un mes que te garantiza
la posibilidad de cambiar tu vida.

Para que dure toda la vida

1. Lo más rápidamente posible, sin pensarlo demasiado
   ni demasiado tiempo, haz una lista de cinco cosas
   que cambiarías en tu vida si supieras que sólo te
   queda un mes de vida. Escoge al menos una para
   empezar a cambiar ahora mismo.
2. Describe cómo te gustaría que tu vida fuera
   diferente cuando hayas acabado de leer este libro.
   ¿Qué fue lo que te llevó a abrirlo para empezar?
   ¿Qué ocurre actualmente en tu vida que te haya
   preparado para pensar en quién eres y por qué estás
   aquí?
3. Cuéntale al menos a una persona (amigo, miembro
   de la familia o colega en el trabajo) que estás leyendo
   este libro. Pídele a esa persona que marque en el
   calendario la fecha correspondiente a un mes más
   tarde y que, una vez llegado ese día, te pregunte
   cómo ha cambiado tu vida.

Vivir
apasionadamente

La montaña rusa

UNA VUELTA DE VÉRTIGO EN EL BIG DIPPER

> La vida no se mide por el número de veces que respiramos,
> sino por los momentos que nos quitan el aliento.
> —ANÓNIMO

> Alguien debería decirnos, al comienzo mismo de nuestras vidas,
> que nos estamos muriendo. Entonces quizá
> viviríamos la vida hasta el límite,
> cada minuto de cada día. ¡Hazlo! Es lo que yo digo.
> ¡Lo que quieras hacer, hazlo ahora!
> Los "mañanas" están contados.
> —PAPA PABLO VI

Cuando era pequeño, me fascinaba ir al parque de atracciones de Spring Lake todos los veranos, con su olor a algodón de azúcar, los juegos con premios, como en las ferias, la noria y los autos de choque. Sin embargo, la razón principal de mi devoción por ese parque era la montaña rusa. Hasta el día de hoy, el

Big Dipper sigue siendo la montaña rusa más aterradora a la que jamás he subido.

Debo decir que me considero una especie de experto en montañas rusas, y que he probado varias docenas de modalidades, la mayoría de las cuales pertenecen a las categorías de "modelo de la vieja escuela" o de "nueva proeza de la ingeniería". Es evidente que me gustan las montañas rusas que son el último grito de la tecnología, con sus rieles de acero. Alcanzan nuevas alturas y velocidades asombrosas durante el descenso y tienen espectaculares giros y tirabuzones y trechos boca abajo. A mis hijos les fascinan esos modelos y nos divertimos mucho subiendo a ellos.

Sin embargo, el Big Dipper pertenecía indudablemente a la vieja escuela y no tenía ninguno de los atractivos de sus versiones modernas. Aquella criatura era una de esas viejas montañas rusas tradicionales de madera, con vías de madera y andamiaje enclenque, con la pintura saltada y las maderas agrietadas. Uno podía estar muy harto de otras montañas rusas, pero el Big Dipper garantizaba una descarga de adrenalina en todas las vueltas que diéramos.

Apenas los demás adictos a sensaciones fuertes y yo dejábamos la terminal, sentía que se me desbocaba el corazón. Subíamos la primera cuesta *(clic-clic-clic-clic)* hasta llegar a la cima. Y entonces sencillamente se detenía, y yo solía preguntarme: *¿Se habrá roto? ¿Subirán a buscarnos? ¿Qué ocurrirá aquí arriba?* Y entonces se oía un ¡BUM! El suelo dejaba de existir y nos desplomábamos por la pendiente hasta que yo sentía el estómago alojado en la garganta. ¡Tenía que cerrar los ojos y la boca para evitar que entraran los mosquitos!

Colgando de un hilo, sentía una emoción y excitación terribles, y temía de verdad por mi seguridad, y todo ocurría al mismo tiempo. Tomábamos la primera curva y la verdad es que las ruedas en un lado se desprendían unos centímetros de los rieles y, en el lado opuesto, chirriaban y hacían saltar chispas. Justo cuando acababa de recuperarme… ¡BUM!, otra carrera hacia el vacío y otra curva muy cerrada. Yo solía levantar los brazos para impresionar a mis amigos, pero, ¡ay, qué miedo me daba!

Aunque hubiera subido el día anterior, siempre me sentía lo bastante desorientado como para preguntarme qué vendría ahora. Las curvas se sucedían a tal velocidad que el corazón se me desbocaba y me sudaban las manos con que me apoyaba en la delgada barra de seguridad a la altura de las rodillas. Entrábamos en un túnel tan oscuro que a duras penas podía ver el carro que iba por delante, hasta que, de pronto… SRIICH… nos deteníamos bruscamente en la terminal.

Es una experiencia típica de la montaña rusa, ¿no es así? Sin embargo, la característica distintiva del Big Dipper, el rasgo singular que la situaba en una categoría propia, era su edad y su visible falta de mantenimiento. Tenía un aspecto tan destartalado que algunos de mis amigos ni siquiera se subían. Cualquiera podía darse cuenta con sólo verla, y para qué hablar de montar en ella; sólo era una cuestión de tiempo antes de que se soltara de los rieles. ¡El Departamento de Seguridad y Salud Laboral no la había inspeccionado en años! Mis amigos y yo no teníamos ni la menor idea de si nosotros estaríamos en el Dipper cuando eso ocurriera, pero sabíamos sin sombra de duda que algún día saldría volando por los aires. De hecho, años más tarde un amigo me contó que en una ocasión se había subido y que el asiento vacío junto al suyo… ¡había salido literalmente volando del carro en la primera curva!

Momentos que importan

¿Piensas en tu vida más como un recorrido seguro o como una vuelta en la montaña rusa? ¿Qué ámbitos de tu vida

son más seguros que otros? Por ejemplo, puede que corras
grandes riesgos para escalar puestos en tu trabajo, pero eres
demasiado sobreprotector en cuestiones del corazón y arries-
gas poco en tus relaciones.

El síndrome de algún día

A medida que comienza para mí la edad mediana, estoy convencido de que la vuelta en mi montaña rusa preferida sirve como
analogía para ilustrar cómo hemos sido creados para vivir. En los
dos casos, pareciera que recién hemos comenzado y que enseguida se acaba. Uno sabe que en algún momento se tiene que acabar, pero todo ha ocurrido muy rápido. Pareciera que mientras
más tiempo dura la vuelta, más rápido vamos. Los dos recorridos
pueden provocarnos mareos, desorientación y todo tipo de emociones.

Así como el recorrido de la montaña rusa se acaba en un abrir
y cerrar de ojos, nuestra vida en este mundo es pasajera y finita.
Es un aspecto natural de la condición humana. Nacemos y, even-
tualmente, nuestros cuerpos morirán. En lugar de ver esto como
algo que nos deprime o nos paraliza, si estás dispuesto a enfrentar
y hacerte dueño de esa verdad de la vida —una vida que, tal
como la concibes en este mundo, acabará—, puedes ser verdaderamente libre. En lugar de limitarnos, nuestra condición de mortales puede recordarnos permanentemente que debemos ser todo
aquello que estamos destinados a ser.

A menudo tenemos la tentación de irnos por el lado seguro y
de contentarnos con mucho menos que aquello para lo cual estamos destinados. Conozco a muchísima gente cuyo día favorito de
la semana es Algún día. Son incontables las personas que dicen:
"Algún día viviré para sacarle todo el jugo a la vida". "Algún día,
cuando me jubile, me dedicaré a gozar de la vida". "Algún día viviré de verdad como un hombre de Dios y pasaré a la acción. Em-

pezaré a querer más a mi familia". "Algún día, cuando tenga un horario menos duro, participaré en la iglesia". "Cuando tenga más tiempo, me dedicaré a ser una persona más espiritual".

Algún día. Un día. Cuando. Si. Y ya todo se ha acabado. ¿Cuándo vamos a despertar y darnos cuenta de que *ésta* es la vida?

Ésta es tu vida, aquí y ahora mismo. Donde sea que leas estas páginas, pensando lo que pienses, enfrentado a la experiencia que sea, *Algún día* es *ahora mismo*. Siempre nos sentiremos tentados de ceder al síndrome de Algún día, pero se trata de una manera de pensar que nos despoja de algo. Algún día, cuando ocurra eso que estamos esperando, empezaremos a vivir. Cuando todo se calme algún día, podremos saborear la vida. *Pero resulta que las cosas no se calmarán.* Una vez que alcancemos lo que creemos desear (más dinero, un horario menos rígido, el empleo ideal) no tardaremos en darnos cuenta de que no nos llena, y entonces empezaremos a buscar el próximo gran acontecimiento.

Dios no nos creó para que nos quedáramos sencillamente de brazos cruzados y viéramos cómo la vida pasa ante nuestros ojos mientras nos preguntamos por qué no nos sentimos más realizados. Dios nos creó para que asumiéramos riesgos en la fe y venciéramos a los gigantes que nos paralizan con el miedo.

Deberemos ser como aquel adolescente que dio un paso adelante para desafiar al gigante Goliat en el combate a muerte definitivo. A pesar de los miles de hombres del ejército israelita, David fue el único que tuvo el valor para enfrentarse al gigante. Tendría que haber sido el rey Saúl quien se enfrentara al monstruo filisteo, pero él había dejado hacía tiempo de seguir a Dios, abandonado a la indolencia, y ahora permanecía en el lado seguro. Saúl le dijo a David: "Tú no podrás ir contra aquel filisteo y pelear con él, porque eres un muchacho, mientras que él es un hombre de guerra desde su juventud" (1 Samuel 17:33).

Si piensas en ello un momento, te darás cuenta de que Saúl

tenía razón en su valoración. La intención de David parecía ridícula. Si tú hubieras estado ahí, habrías dicho lo mismo: "David, no hagas el ridículo. Sé razonable. Te va a despedazar trozo a trozo". Saúl y el ejército israelita pensaban según los criterios de la razón, mientras que David actuaba impulsado por la fe. Cuando actúas según el criterio de la razón, lo único que puedes ver es lo grandes que son los gigantes. Si actúas impulsado por la fe, lo único que puedes ver es lo pequeños que son los gigantes comparados con Dios.

Lo que distinguía a David de los miles de hombres que se encontraban allí en ese momento era la absurda fe. Permíteme que sugiera que la única manera de acabar con los gigantes que se interponen entre tú y la vida para la que fuiste creado es esa "absurda fe". Saúl y su ejército contemplaban la vida desde una perspectiva a ras del suelo. Cuando contemplas la vida desde ese plano, los gigantes llenan toda la escena. David, por el contrario, contemplaba la vida desde la perspectiva de Dios. Cuando miras la vida desde esa perspectiva, los gigantes se vuelven muy pequeños. Cuando miro la vida desde la perspectiva de Dios, empiezo a entender que esa vida en la fe que todos califican de absurda es la única manera razonable de vivir.

El mundo dice: "No seas ridículo. Sé razonable. No destaques. No asumas riesgos; juega a lo seguro y haz de la comodidad y la seguridad el objetivo principal en tu vida".

Dios nos llama a una vida en la fe, para vivir cada momento plenamente para Él. Dios no nos creó para que nos paseáramos por los "juegos para niños". Así llamábamos en Spring Lake a esas montañas rusas que ni siquiera nos alteraban el pulso porque se movían muy lentamente. Dios nos ha prometido una vida de abundancia si subimos a bordo para vivir la gran aventura para la que nos creó. ¡Una vida como ésa, una vida de absurda fe, es igual de emocionante que una vuelta en la montaña rusa!

Momentos que importan

¿Estás haciendo algo en tu vida actualmente que requiere fe? Si la respuesta es no, ¿por qué no? ¿Miras la vida desde la perspectiva de Dios o desde una perspectiva a ras del suelo?

Dios te ha fijado el camino con claras orientaciones y promete ser el Ingeniero Mayor. Quiere que subas a bordo y le permitas llevarte a lugares que nunca soñaste con conocer. A veces avanza a velocidad de vértigo y te deja sin aliento, como si tu vida colgara de un hilo. Te sentirás totalmente emocionado y realizado y muerto de miedo, todo a la vez. *Ésa* es la vida.

La vida es impredecible. Nunca sabes qué ocurrirá. A veces giras en una vuelta muy brusca y piensas que se soltarán las ruedas, pero Dios es un conductor con experiencia. Sabe perfectamente a dónde va, y ejerce un control absoluto en los momentos en que tú sientes miedo. A veces penetras en unos túneles oscuros donde ni siquiera puedes ver tu propia mano, pero entonces sientes su mano firme sobre tu hombro. Sin embargo, no tardarás en detenerte en la terminal y el recorrido habrá acabado. Pareciera que el recorrido de la vida recién comienza, ¡y ya ha acabado! Sin embargo, si has asumido el compromiso de seguir a Jesús, el trayecto continúa. Dios te lleva consigo al Cielo para toda la eternidad.

Puede que esto te parezca muy alejado de cómo te ves a ti mismo actualmente. Debido a tus circunstancias personales, puede que te sientas como si ya hubieras salido volando de la montaña rusa y te hubieras estrellado en el pavimento. Por muy difícil y abrumadora que parezca tu vida ahora, Dios sigue presente. Dios te quiere más de lo que podrías entender o incluso imaginar. Si supieras que sólo te queda un mes de vida, ¿no querrías renunciar a la montaña rusa segura y subir a aquella que hace revivir tu corazón? ¿No te gustaría dar aquella vuelta que te llena… de alegría, de miedo, con un nivel de compromiso que te haga saborear cada momento? Si supieras que sólo te quedan unas semanas antes de que se acabe esta vida, no creo que te quedarías estancado en el Síndrome de Algún Día. Hoy, quiero desafiarte a que te enfrentes a tus temores con la absurda fe, ¡y que vivas la montaña rusa de tu vida!

Para que dure toda la vida

1. Si estuvieras seguro de que tu vida, tal como la conoces, acabara en unas pocas semanas, ¿cuál sería tu arrepentimiento más grande? ¿Por qué?

2. ¿En qué aspecto de tu vida sufres del Síndrome de Algún Día? Toma la decisión, hoy mismo, de no volver a utilizar la frase "algún día, cuando las cosas se calmen". Piensa que hoy es tu algún día.

3. En lugar de una montaña rusa, ¿qué símbolo o metáfora utilizarías para describir cómo sería tu vida si estuvieras plenamente comprometido? Intenta pensar en algo que sea tan único como tú. Encuentra una foto de ese símbolo y colócala ahí donde puedas verla todos los días, y utilízala como recordatorio de que puedes vivir sin arrepentimientos. Para más sugerencias, entra a www.OneMonthToLive.com.

El tiempo al cuadrado

EMPLEAR TU RECURSO MÁS VALIOSO

> No quiero llegar al final de mi vida
> y descubrir que sólo la he vivido a lo largo.
> También quiero haberla vivido a lo ancho.
> —DIANE ACKERMAN

> Guarda bien tus momentos libres. Son como
> diamantes en bruto.
> Deshazte de ellos y nunca se conocerá su valor.
> Mejóralos y se convertirán
> en las gemas más brillantes de una vida útil.
> —RALPH WALDO EMERSON

En una ocasión, oí hablar de un tipo que acudió al médico para obtener los resultados de su examen físico anual. El médico se reunió con él y le dijo:

—Lo siento, Bob, pero tengo malas noticias. Los análisis demuestran que tienes una enfermedad terminal. Sólo te quedan seis meses de vida.

Bob se tomó un momento para asimilar la noticia y preguntó:

—¿Hay algo que pueda hacer, algún fármaco experimental o algún tratamiento que pueda seguir?

El médico lo pensó un momento y contestó:

—Puedes hacer una cosa. Puedes mudarte al campo y comprar una granja de cerdos y criar cerdos. Luego puedes encontrar a una viuda que tenga catorce o quince hijos, casarte con ella y llevarlos a todos a vivir contigo en la granja de cerdos.

Bob estaba intrigado.

—¿Y eso me ayudará a vivir más tiempo? —preguntó.

—No —dijo el médico—, pero te parecerán los seis meses más largos de toda tu vida.

Puede que alguien gruña al oír un chiste tan sensiblero, pero creo que ilustra un principio fundamental de nuestra relación con el tiempo. Para algunos de ustedes los últimos seis meses les han parecido los seis meses más largos de su vida porque no tienen energía ni pasión por la vida. Quizá se sientan como si se limitaran a repetir ciertos movimientos, sumidos en la apatía y el descontento, preguntándose si esto es lo único que la vida les ofrece.

La mayoría hemos vivido periodos en nuestra vida en que el tiempo parecía transcurrir lentamente mientras mirábamos el reloj, esperando que los segundos pasaran más rápidamente. Por otro lado, es probable que haya quienes recuerden momentos en que las horas pasaban volando. Piensa en esas ocasiones, cuando perdías toda noción del tiempo y te sentías totalmente atrapado por el momento presente, inmerso en la actividad que te ocupaba o disfrutando de las personas que te rodeaban. ¿Dónde radica la diferencia? ¿Por qué hay días que parecen mucho más significativos que otros? ¿Cómo podemos estar plenamente ocupados con el presente y no vernos atrapados por el pasado o paralizados por el futuro?

Para responder a estas preguntas, piensa en cómo verías el tiempo de diferente si supieras que tu último día está a la vuelta de la página del calendario. Si supieras que sólo te queda un mes de vida, es evidente que esos minutos, horas y días restantes se convertirían en tus bienes más preciados. Como un multimillonario que de pronto descubre que sólo le quedan cien dólares, dejarías en seguida de dar tu tiempo por sentado y te volverías consciente de cómo gastas cada minuto. Querrías que cada uno de ellos estuviera lleno de alegría, trascendencia y dedicación a los demás.

El tiempo al cuadrado

Si sus días estuvieran contados, la mayoría de las personas querrían pasar su tiempo en actividades pensadas cuidadosamente y con un objetivo. No he conocido a nadie cuyos días estuvieran limitados que quisiera ponerse al día mirando viejas series de televisión ni dedicar tiempo a reformatear su disco duro. No son intereses malos. De hecho, las tareas y las responsabilidades triviales forman parte de la vida cotidiana. Pero si supiéramos que sólo nos queda un mes de vida, sospecho que la mayoría tendríamos una claridad absoluta acerca de cómo establecer prioridades en nuestro tiempo. Es evidente que las tareas y deberes tienen que llevarse a cabo día a día, pero incluso estas actividades pueden relacionarse con objetivos más amplios, como comunicarnos con nuestro cónyuge, enseñar cosas a nuestros hijos o hablar con Dios. Lo trivial puede convertirse en algo magnífico si estamos conectados con cada hora y con los demás.

Desde luego, nuestras prioridades contribuyen de forma decisiva a nuestra manera de percibir el tiempo y a saber a qué lo dedicamos. Todos tenemos el mismo número de minutos en un día. No hay nada que tú ni yo podamos hacer para aumentar un día hasta las veinticinco horas, para no hablar de las treinta o cuarenta horas que necesitaríamos para ponernos al día. Lo fundamental es que todos tenemos veinticuatro horas y ni un segundo más. Sin embargo, tu manera de invertir esas horas puede establecer la diferencia entre un sentimiento de satisfacción, porque sabes que estás haciendo exactamente aquello para lo que has sido creado, y un sentimiento de pesar o de arrepentimiento. Si quieres vivir sin arrepentimientos, puede que necesites hacer un examen de tu vida y ver a qué has dedicado tu tiempo.

Mejor aún, puedes hacer un análisis de costo-beneficio de tu tiempo para determinar si tu manera de emplear las horas del día produce los beneficios que deseas. Jack Groppel, un entrenador de primera línea de numerosos atletas profesionales, personas famosas y altos ejecutivos, dice que la gestión del tiempo es, en realidad, gestión de la energía. Estoy totalmente de acuerdo. Puedes descubrir el efecto de multiplicar tu tiempo gestionando eficazmente cómo gastas tu energía cada día. Si consideramos que nuestro tiempo es un valioso regalo a nuestra disposición, es mucho más probable sentirse dedicado o motivado para que ese tiempo cuente para algo.

Casi parece una ley natural de la física. Cuando aumentamos nuestra energía y nuestro nivel de dedicación, multiplicamos nuestro tiempo. Puede que trabajes dieciocho horas al día y, aún así, no ser eficaz. De hecho, es posible que te sea perjudicial porque pierdes tu creatividad y tu salud y, a la larga, acabas quemado. La mayoría estaremos de acuerdo en que la adicción al trabajo se origina en un manejo deficiente de la energía. En muchos sentidos, se reduce al contraste entre cantidad de vida (cuánto vivirás) y calidad de vida (cómo vivirás). No hablo de cómo añadir más años a tu vida, sino de cómo añadir más vida a tus años.

Momentos que importan

¿Qué es lo que consume la mayor parte de tu tiempo cada día? Contesta de la manera más específica posible. Muchos diremos que el trabajo consume la mayoría de nuestras horas cada día, pero prueba a descomponer estas horas. ¿Qué es, concretamente, lo que te ocupa en el trabajo? ¿Cuán significativo es? ¿Cuán satisfactorio? ¿Cuánto tiempo dedicas cada día a hacer sólo lo que sabes hacer mejor?

La prueba del tiempo

Somos muchos —y entre ellos me incluyo— los que perdemos gran parte de nuestro tiempo. Basta fijarse en la frecuencia con que usamos la famosa palabra que empieza por "o". *Estamos muy ocupados.* ¿Recuerdas la última vez que le preguntaste a una amiga cómo le iba y ella respondió: "Fantástico. Las cosas avanzan muy lentamente. Dispongo de muchísimo tiempo para terminar todo lo que hago y dedico un tiempo de calidad a estar con mi familia y mis amigos"? Todos trabajamos mucho. Tenemos buenas intenciones y hemos aprendido algunos hábitos y técnicas en el manejo del tiempo que producen avances limitados, pero que dejan poco espacio para las relaciones. Nos subimos a la ola del éxito, pero a medida que ésta avanza cada vez más rápido, sencillamente no sabemos cómo pararla.

Una vez que el tiempo se pierde en algo no hay manera de recuperarlo. Cuando pasa una hora, un minuto o un segundo, se ha ido para siempre. Sin embargo, podemos redimirnos con el tiempo que nos queda. Podemos pensar en la razón de ser que nos ha dado Dios y en el legado eterno que queremos dejar a nuestro paso y permitir que ello nos oriente en nuestro programa para avanzar. ¿Cómo nos lo replanteamos? La única manera de que tú o yo saquemos el máximo provecho del tiempo que nos queda es vivir cada día de tal manera que dejemos un legado valioso en este mundo. En su carta a la iglesia en Corinto, Pablo escribió: "Así, pues, nosotros, como colaboradores suyos, os exhortamos también a que no recibáis en vano la gracia de Dios" (2 Corintios 6:1). Lo que decía era "No malgastes tu tiempo porque el tiempo es tu vida". Si malgastas el tiempo, malgastas tu vida. Y si pretendemos utilizar el tiempo de manera que dejemos una huella perdurable en este mundo, debemos pasar la prueba de la eficacia.

Richard Koch, autor del éxito de ventas del mundo empresarial *El principio del 80/20*, analizó a numerosos empresarios e individuos exitosos y llegó a la siguiente conclusión: Para la mayoría de las empresas, el 20 por ciento de su actividad produce el 80 por ciento de sus resultados. El 20 por ciento de su actividad produce el 80 por ciento de sus beneficios. Koch sostiene que el mismo principio rige para los individuos. Es decir, el 20 por ciento de lo que hacemos en la vida produce el 80 por ciento de nuestros resultados. El 20 por ciento de lo que tú haces en tu vida produce el 80 por ciento de tu felicidad. El 20 por ciento de las personas con que te juntas produce el 80 por ciento de la alegría en tus relaciones.

En otras palabras, el 20 por ciento de lo que haces genera la mayoría de tus resultados en tu vida, y el 80 por ciento de lo que haces es, en su mayor parte, tiempo perdido. Por ejemplo, mucha gente mira demasiado la televisión. Los estudios más recientes incluso demuestran que mirar la televisión más de veinte horas a la semana puede producir una ligera depresión. Por lo tanto, no es una actividad demasiado productiva y no redunda en demasiada alegría, lo cual lo convierte en tiempo perdido. Si dedicas más tiempo a los aspectos que producen mayores resultados y menos tiempo a ocupaciones sin trascendencia, conseguirás más haciendo menos.

Momentos que importan

En términos generales, ¿estás de acuerdo con el principio del 20/80? ¿Coincide con tu vida y tu manera de distribuir tu tiempo? ¿Qué actividades en tu vida considerarías tiempo perdido? ¿Qué te impide dedicar ese tiempo a cosas más importantes?

Relojes eternos

Uno de los desafíos que la mayoría de nosotros conocemos es lo que yo denomino la paradoja de la productividad. Estamos condicionados para creer que para que nuestro tiempo valga la pena, debemos tener algo que lo demuestre. Producimos algo —otro informe, un documento nuevo, un sistema mejor, un producto perfeccionado. Conozco a muchas personas que se sienten presionadas para producir, incluso durante sus vacaciones y su tiempo libre. Son incapaces de relajarse al lado de la piscina, o de salir a pasear, o dormir hasta tarde, porque no tienen nada que demuestre su utilidad.

La verdad es que todos necesitamos un tiempo para descansar y para dedicar a la oración, para serenarnos ante Dios, para reflexionar sobre nuestras vidas y para escuchar su voz. La paradoja es que puede que no tengamos nada que mostrar para justificar estos momentos verdaderamente productivos. Hay una gran libertad en aprender a funcionar con una perspectiva eterna y no sólo mirando el reloj que llevamos puesto. Un tiempo normal de descanso y recuperación, un día de guardar, como el *sabbath*, es esencial en nuestros horarios. Tenemos que sintonizar con una medida más amplia de tiempo que los relojes o los calendarios.

Si supieras que sólo te queda un mes de vida, ¿no te gustaría dedicar más tiempo a compartir con tu familia después de comer? ¿A sentir el rico aroma de una taza de café mientras miras salir el sol por la ventana de tu cocina? ¿A animar a tu hijos en los partidos de básquetbol? ¿A leer un libro, un poema o un fragmento de las Escrituras? ¿A dar un paseo por el bosque de pinos y escuchar el canto de los pájaros?

Ninguna de estas cosas arrojará como resultado un producto ni te permitirá señalar un logro. Sin embargo, son esenciales para nuestro bienestar. Me atrevería a decir que la mayoría de tus recuerdos más preciados se refieren a momentos espontáneos cuando prestabas atención al presente. Hemos sido creados para algo más que el trabajo. Nuestro valor reside en muchas otras cosas, aparte de lo que hacemos.

En pocas palabras, hemos sido diseñados para requerir descanso y añorar la belleza. Incluso nuestro Creador descansó y observó un día de guardar. Ninguno de nosotros pretendería ser más productivo que Dios y, sin embargo, a menudo actuamos como si no pudiéramos darnos el lujo de parar, para serenarnos y dejar que descansen nuestras almas. Si vamos a gestionar nuestro tiempo de tal manera que lo maximicemos, debemos estar dispuestos a vivir según los dictados de un reloj eterno, escuchando a Dios en nuestras vidas, así como escuchamos nuestro organismo y nuestro corazón.

Si vas a poner fin al Síndrome de Algún Día que hemos tratado en el capítulo anterior, tienes que estar dispuesto a dejar que "algún día" ocurra hoy, y hacerlo escuchando y entendiendo cómo hemos sido creados. Saca el máximo provecho de tu tiempo aplicando tu energía a los aspectos que constituyen tus prioridades normales. Recuerda el legado que quieres dejar (en el trabajo que haces, en las relaciones que mantienes y en tu manera de ocupar tu tiempo cada día). No hemos sido creados para ser esclavos del tiempo. Hemos sido creados para ser activos y estar presentes en la vida que nos ha sido dada. Saca el máximo provecho de tu tiempo dedicándolo a un legado que perdurará después de que tu tiempo en este mundo haya llegado a su fin. ¡Hazlo hoy!

Para que dure toda la vida

1. Guarda un diario con el horario de esta semana y anota cómo ocupas cada día. Intenta puntuar tu productividad (lo que logras) junto con tu satisfacción (cómo has vivido cada día). ¿Qué puntuación le darías a la relación costo-beneficio de cómo has invertido tu tiempo?

2. ¿Qué ha sido lo que más te ha hecho perder el tiempo esta última semana? ¿Cuál ha sido el beneficio para ti? ¿Te ha distraído, o entretenido, o te ha permitido evitar a alguien? ¿Hay alguna manera de emplear el tiempo de otro modo y tener un impacto mayor o más importante? Quizá deberías mirar menos la televisión y leer más, o quizá en lugar de navegar por Internet, podrías salir a pasear o hacer un poco de ejercicio. Escribe una breve lista de actividades alternativas en qué ocuparte la próxima vez que te veas tentado a malgastar tu tiempo sin pensarlo.

3. ¿Cómo describirías el actual periodo de tu vida? ¿Te sientes como si estuvieras sepultado bajo la tundra helada, hibernando emocionalmente? ¿O se parece más a la primavera, con nuevas señales de vida en perspectiva? ¿Qué significa para ti aceptar y honrar ese periodo actual de tu vida?

Subida de tensión

CONECTAR CON LA FUENTE PRIMORDIAL

> Tú no tienes un alma. Tú eres un Alma.
> Lo que tienes es un cuerpo.
> —C.S. LEWIS

> Nos hiciste, Señor, para Ti,
> y nuestro corazón está inquieto,
> hasta que encuentre descanso en Ti.
> —SAN AGUSTÍN

Durante las frecuentes tormentas y huracanes a lo largo de la costa del Golfo, a menudo sufrimos bajadas y subidas de tensión que nos llevan a preguntarnos si pronto no tendremos que echar mano de velas y linternas. Las luces parpadean, los electrodomésticos parecen lanzar suspiros y todos los habitantes de la casa aguantamos la respiración y esperamos a ver qué ocurrirá. A veces quedamos sumidos en la oscuridad durante minutos, horas, o incluso días, cuando se estropean los generadores y caen las líneas de alta tensión.

Durante esos momentos, cuando nos juntamos todos en la cocina y empezamos a encender velas y a buscar más pilas, de pronto nos damos cuenta de lo dependiente que somos de la energía eléctrica. Para vivir la vida para la que fuimos creados, también somos totalmente dependientes de la energía. La necesitamos para cambiar. El problema es que a menudo nos creemos capaces de hacer los cambios necesarios con un poco de fuerza de voluntad y no nos damos cuenta de lo dependientes que somos del poder y la energía de Dios.

Las personas que saben que su vida está a punto de llegar a su fin sienten una necesidad desesperada de cambiar. Sin embargo, el anhelo desesperado de cambiar no es suficiente. Para sostener esos cambios, tenemos que estar conectados a una fuente de energía más allá de nosotros mismos, una fuente de energía que no falle, ni parpadee, ni nos deje sumidos en la oscuridad. Tenemos que desplazarnos desde el poder de la voluntad hasta el poder verdadero que nace de nuestra conexión con nuestro Creador. Si has llegado al final de ti mismo y te encuentras exhausto después de intentar controlar tu vida, Jesús te extiende la invitación más importante de tu vida. ¿Estáis cansados? ¿Rendidos? ¿Desencantados de la religión? "Venid a mí todos los que estáis trabajados y cargados, y yo os haré descansar. Llevad mi yugo sobre vosotros y aprended de mí, que soy manso y humilde de corazón, y hallaréis descanso para vuestras almas; porque mi yugo es fácil, y ligera mi carga" (Mateo 11:28–30).

Momentos que importan

¿Qué aspecto de tu vida intentas cambiar más decididamente? ¿Se trata de estar en buena forma física o de perder unos kilos? ¿Se trata de abandonar un hábito malsano? ¿Es una relación con otra persona? ¿Intentas cambiar con tu

fuerza de voluntad o con la fuerza del poder de Dios? ¿Qué palabras o frases de la cita de Mateo 11:28–29 te intrigan? · ¿Por qué?

La energía espiritual

Si bien nuestra vida tiene diferentes facetas, nuestra energía espiritual es más importante que las demás, porque todo lo demás se articula a partir de ella. Hemos sido creados como seres espirituales, y para desarrollar una energía espiritual, tenemos que cultivar una conexión saludable con nuestro Creador. En la Biblia se nos menciona en todo momento que los seres humanos han sido creados a imagen y semejanza de Dios y que poseemos un componente eterno, que es nuestro espíritu. El aspecto más importante de nuestra existencia es la dimensión espiritual, nuestra alma.

A menudo otorgamos una gran importancia a la salud física. Es un aspecto importante, pero muchas personas descuidan por completo su salud espiritual porque no pueden verla. Hay quienes hablan de crecimiento espiritual y de cómo estimularlo en sus vidas, pero para tener el poder que permita el cambio, no tenemos que buscar el crecimiento espiritual, sino la salud espiritual. Las cosas sanas crecen, de modo que no tenemos que centrarnos en el crecimiento espiritual durante esta experiencia de treinta días. Al contrario, céntrate en la salud espiritual. Si sólo te quedara un mes de vida antes de que tu organismo sufriera un colapso, ¿acaso no querrías que esa parte tuya que desea vivir para siempre gozara de la mejor salud posible? La clave de la salud espiritual radica en una estrecha relación con tu Creador. Si estás conectado a tu Creador, crecerás como nunca has crecido y te harás dueño de la energía necesaria para producir cambios duraderos.

Una vida fructífera

¿Cómo adquirimos la salud espiritual? Jesús nos dice:

> Yo soy la vid verdadera y mi Padre es el labrador. Todo pámpano que en mí no lleva fruto, lo quitará; y todo aquel que lleva fruto, lo limpiará, para que lleve más fruto. Ya vosotros estáis limpios por la palabra que os he hablado. Permaneced en mí, y yo en vosotros. Como el pámpano no puede llevar fruto por sí mismo, si no permanece en la vid, así tampoco vosotros, si no permanecéis en mí. Yo soy la vid, vosotros los pámpanos; el que permanece en mí y yo en él, este lleva mucho fruto, porque separados de mí nada podéis hacer. (Juan 15:1–5)

En tiempos de Cristo, todos sabían lo que se requería para producir la mejor cosecha de uvas. Había viñas por todas partes, de modo que los que escuchaban a Jesús sabían perfectamente de qué hablaba. Pero puede que nosotros no lo entendamos con la misma claridad, así que analicémoslo más de cerca.

En primer lugar, Jesús dice: "Yo soy la vid verdadera". En una viña, la vid es la fuente de energía, el conducto vital que proporciona nutrientes y produce las uvas. Después de la vid, Jesús describe los sarmientos (los pámpanos), es decir, nosotros. Si estás conectado a la vid verdadera, entonces eres un sarmiento. Y, aunque no nos guste la idea, los sarmientos por sí solos no pueden producir la fruta. Hemos sido creados para permanecer conectados con una fuente de energía mayor. El sarmiento sirve de sostén a la fruta, pero sin la vid el sarmiento no puede engendrarla. Observa que Jesús dice a los sarmientos, "Permaneced en mí". Permanecer significa sencillamente permanecer conectados. Si deseas gozar de salud espiritual, tienes que seguir conectado con Cristo, que es la vid. Es nuestra tarea. ¡Es lo único que tenemos que hacer! Si quieres rebajar el nivel de tu tensión durante este mes y el tiempo que seguirá, recuerda que tu función en la vida es permanecer conectado con la vid.

A veces, olvido mi función e intento ser la vid. Elaboro un plan con su correspondiente calendario, con los objetivos y el programa. Luego intento llevar mi plan adelante y procuro que todo ocurra según el programa que he establecido. Al final, acumulo tanta tensión que pierdo todas mis energías. Acabo frustrado y agotado, y no hay nada que pueda mostrar como producto de mis esfuerzos. Me olvido de que el sarmiento solo no puede engendrar vida, y que sólo puede extraer su fuerza vital de la vid. Aunque suene como algo curioso, no depende de ti producir los resultados. No eres tú el responsable de producir la fruta, sino Jesús. No tienes por qué sudar y luchar, trabajar más o disciplinarte para ser más espiritual a través de la pura fuerza de voluntad. Cuando te des cuenta de esta verdad, verás que es sumamente liberadora.

La poda eterna

Cualquier jardinero o viticultor sabe que la poda es clave para producir los mejores frutos. Después de una pequeña investigación, descubrí que, actualmente, en la mayoría de las viñas los jardineros enseñan a los aprendices de podadores durante dos o tres años antes de dejarlos cortar las ramas, porque un podador puede arruinar toda una viña si no sabe lo que está haciendo.

Nuestro Padre celestial, el Jardinero Maestro, es un podador experimentado. Sabe cuándo y dónde podar, y cuánto podar para producir los mejores frutos en nuestra vida. A menudo le pedimos su bendición y que haga que nuestra vida sea más fructífera —ya se trate de nuestra familia, nuestro negocio o nuestra economía. Pero rara vez nos agrada el proceso de poda que debemos sufrir para que nuestras oraciones sean oídas. Dios poda aspectos de nuestra vida para que podamos rendir frutos de mejor calidad.

Me imagino que hay algunos entre ustedes que no se sienten bendecidos en esta etapa de sus vidas. Es muy probable que eso se deba a que se encuentran en medio del proceso de la poda. A pesar de lo que puedan sentir, son buenas noticias. El proceso de la poda siempre es doloroso, pero también es siempre productivo. Esas personas tienen un Padre celestial que sabe lo que hace. Es un experto. En este momento, los ha podado para que den más frutos. Él desea que tú cumplas con el objetivo primordial para el que te creó, es decir, dar la mayor cantidad posible de frutos.

Lo único que tenemos que hacer, nuestra única función, es ser los sarmientos y estar conectados con la vid. Si permanecemos conectados con la vid, seremos espiritualmente saludables y estaremos llenos de su energía. Si confiamos en él, disminuiremos nuestro nivel de estrés y nos permitiremos la libertad de comprometernos plenamente con la vida. Cuando nos olvidemos y empecemos a pensar que somos la vid en lugar del sarmiento, sufriremos estrés porque ésa es una función para la cual no fuimos creados.

Por lo tanto, la pregunta es: ¿Cómo podemos permanecer conectados con la vid? ¡Es lo único que tienes que hacer este mes! No tienes que acumular la fuerza de voluntad suficiente para dejar de fumar, no tienes que apretar los dientes y obligarte a mantener esa dieta, y no tienes que pensar en cómo reparar tus relaciones rotas. Lo único que tienes que hacer es conectarte con la vid, con la fuente de energía. En ese momento, Él te dará no la fuerza de voluntad sino la verdadera fuerza. Te dará Su energía para hacer todo lo que tengas que hacer. Creceremos espiritualmente como nunca lo hemos hecho en la medida que permanezcamos conectados con la vid.

Momentos que importan

¿Cómo has observado que Dios poda ciertos aspectos de tu vida? ¿Qué te ha parecido la poda? (Sé sincero, todos nos quejamos en uno u otro momento). ¿Qué resultados ha tenido la poda de Dios en tu vida? ¿Dónde esperas que se produzcan los resultados?

La conexión permanente

¿Cómo mantenemos la conexión con la fuente primordial de energía? Así como las ramas de la vid necesitan nutrientes, agua y sol para producir uvas grandes y jugosas, nosotros necesitamos dos conexiones para conservar la salud, para crecer y producir los mejores frutos. La *comunicación* permanente es la primera. Hoy en día, mediante sus aparatos de alta tecnología, mucha gente está conectada permanentemente con sus oficinas. Sin embargo, nos es mucho más necesario que estemos en permanente contacto con Dios.

Mantenemos esta conexión mediante la oración conversacional. Cuando te despiertas por la mañana, es de vital importancia empezar bien el día hablando con Dios. Puede que pienses en lo que te espera y reflexiones acerca de tus preocupaciones y expectativas para ese día que comienza. Puede que sólo te sientas agradecido por ese regalo de tener veinticuatro horas más de vida y te preguntes a qué le gustaría a Dios que las dedicaras. Como ha dicho Hudson Taylor, no interpretes el concierto primero y afines tu instrumento después. Empieza el día con Dios.

Después, mantén esa conversación abierta durante el resto del día. No tienes por qué utilizar un tono formal ni interrumpir todo lo que estás haciendo. No tienes que hablar con Él en voz alta, porque Dios conoce tus pensamientos, incluso antes de que los formules, de modo que limítate a compartir con él lo que hay en tu corazón. Habla con Dios durante el día acerca de los problemas que te aquejan, las decisiones que debes tomar y las sorpresas que te hacen sentir agradecido. Cuando te sientas irritado y estresado, habla con Dios acerca de ello. Que lo sepa todo. Es capaz de aguantarlo. Durante todo el día puedes mantener la conversación con Dios abierta, en un tono conversacional, para seguir conectado con Él.

El siguiente elemento para una conexión espiritual saludable es la permanente *confesión*. Esto no significa que tengas que ir a buscar a tu pastor, sacerdote o ministro de la fe y contarle los últimos pecados. Tampoco significa que tengas que autoflagelarte ni sentirte mal durante un tiempo determinado. No, simplemente se trata de otra dimensión de tu conversación permanente con Dios a lo largo del día. Cuando seas consciente de que no deberías haber hecho o dicho algo, o de algo que has dejado de hacer por negligencia, confiésalo y sigue adelante.

Todos somos obras inacabadas. Fallamos y sucumbimos a la tentación en momentos de debilidad, pero no tenemos por qué ahondar en ello, ni menos refocilarnos con ello. Si reconocemos nuestras faltas y pedimos la gracia y el perdón de Dios, Él se alegrará de poder limpiar nuestro corazón y de que restablezcamos la relación con Él. Es un proceso cotidiano hecho de muchos momentos. Cuando estropeas algo, cuando cometes errores o cuando pecas, asúmelo y háblale a Dios acerca de ello. La confesión no significa más que asumir la responsabilidad por haber fallado y reconocerlo ante Dios, en lugar de dar excusas o compararte con otros que, en tu opinión, lo hacen peor. Lo fundamental es que te recuerdes a ti mismo que no puedes lograrlo solo, que necesitas a Dios y quieres que continúe influyendo en tu vida para darte la fuerza y la energía que necesitas para progresar. La confesión es una manera de coincidir con Dios en que hemos actuado mal, y el arrepentimiento es tomar la decisión de seguir el camino de Dios.

La comunicación y la confesión nos mantendrán conectados con la fuente primordial de energía, con la vid. Ésa es la clave para ir desde la fuerza de voluntad hasta la fuerza verdadera. Las resoluciones y compromisos son inútiles cuando se asientan en nuestra fuerza de voluntad. Es posible que puedas conservarlos durante un tiempo, pero a la larga tu sola fuerza no será suficiente. Has hecho el cambio desde la fuerza de voluntad a la fuerza de Dios sólo con permanecer conectado.

Para que dure toda la vida

1. ¿Cuáles son los obstáculos que actualmente dificultan tu salud espiritual? En otras palabras, ¿qué te impide conectar con Dios como la fuente primordial de la vida espiritual?
2. Escribe una carta o una oración a Dios, procurando ser lo más sincero posible acerca de tus decepciones y frustraciones actualmente. Piensa en cómo estos problemas o asuntos podrían estar preparándote para una temporada más fructífera.
3. ¿Cómo te va en los aspectos de la comunicación y la confesión? ¿En qué sentido sería diferente tu manera de aplicarlas si sólo te quedara un mes de vida?

La máscara de oxígeno

RESPIRAR ES LO PRIMERO

Ésta es tu vida.

¿Eres quien deseas ser?

—SWITCHFOOT

En caso de que se produzca un cambio en la presión de la cabina,

caerá una máscara de oxígeno

de los compartimientos por encima de sus cabezas.

Se recomienda que los adultos se pongan la máscara

antes de ayudar a los niños pequeños

o a otras personas que requieran su ayuda.

—INSTRUCCIONES DE SEGURIDAD DE LAS AEROLÍNEAS

Dependiendo de la frecuencia con que viajes, puede que conozcas de memoria estas instrucciones. Forma parte del monólogo de todos los asistentes de vuelo a propósito del protocolo de seguridad al comienzo de un vuelo. La razón de ser de estas instrucciones es evidente. No podrías ayudar a nadie si tú mismo te has desmayado por falta de oxígeno.

Sin embargo, estas palabras también contienen una profunda verdad espiritual. Si piensas sacar el máximo provecho de tu paso por este mundo, observando un estilo de vida sin arrepentimientos, debes entablar estrechas relaciones con quienes te rodean. Quieres que las personas que amas sepan cuánto significan para ti. Deseas ser un agente sanador en las vidas que tocas y dejar a tu paso un legado de un impacto perdurable. Sin embargo, la única manera de conseguir estos objetivos para una vida auténtica consiste primero en darse el tiempo y concentrarse en sí mismo. Si no gozas de buena salud espiritual, física, emocional y relacional, ¿cómo podrías ir más allá de ti mismo y ocuparte de otros?

No hay nada de novedoso en esta verdad (los libros de autoayuda, los grupos de recuperación y los sermones inspiradores contienen a menudo este mensaje). Y quizá siempre te ha parecido, como me ha sucedido a mí, algo demasiado centrado en sí mismo, un pretexto más para ensimismarse en una cultura de "yo primero". Como cualquier cosa que se lleva a extremos, el cuidado de sí mismo puede convertirse en una licencia para nunca crecer más allá de nosotros mismos y de nuestras necesidades. Sin embargo, lo de ponerse la máscara uno mismo primero no se refiere a eso.

En realidad, amarnos a nosotros mismos es un mandamiento bíblico. Lo dijo el mismo Jesús al hablar de los mandamientos más importantes: "'Amarás al Señor tu Dios con todo tu corazón, con toda tu alma y toda tu mente'. Es el primer mandamiento, y el más importante. El segundo es semejante: 'Amarás a tu prójimo como a ti mismo'". (Mateo 22:37–39). La mayoría entiende que primero debe amar a Dios y que debemos amar a nuestro prójimo, pero hemos dejado de lado la última parte de este mensaje: amaremos a nuestro prójimo *como a nosotros mismos*. Jesús señala que antes de que podamos amar a otros y establecer una diferencia en sus vidas, primero tenemos que amarnos a nosotros mismos.

Desde luego, esta enseñanza puede utilizarse para justificar el egoísmo, pero la realidad es todo lo contrario. Primero procurarás encontrarte en buen estado de salud para que puedas tener un impacto en el mundo que te rodea. En realidad, hasta que no aprendas a amarte, no puedes aprender a amar y a cuidar de otros como Dios quisiera que amaras. No puedes enseñarle a otra persona algo que tú mismo no has aprendido.

Dios quiere que cultivemos la energía espiritual, física, emocional y relacional. Hemos analizado esa conexión espiritual en el capítulo anterior. Nuestra conexión espiritual con Dios es como un tanque de oxígeno de capacidad ilimitada. Veremos que emerge un cuerpo sano, así como emociones y relaciones sanas, cuando nos ponemos la máscara de oxígeno para ayudar a otros. Analicemos los otros tres aspectos y pensemos en lo que significa "respirar primero" cuando te ocupas de la salud de tu cuerpo, tus emociones y tus relaciones.

La realidad física

Si supieras que sólo te queda un mes de vida, ¿cómo tratarías a tu cuerpo? ¿Dejarías de esforzarte para hacer ejercicios? ¿Pedirías una ración extra de papas fritas en una hamburguesería? ¿Te servirías un gran plato de helado todos los días? Si a tu organismo sólo le quedaran treinta días, puede que sea toda una tentación olvidarse de él y probar sólo aquello que te gusta y tiene rico sabor. Sin embargo, tu manera de tratar tu cuerpo es un aspecto donde la realidad del estilo de vida que adoptarías si te quedara un mes de vida se proyecta mucho más allá de unas cuantas semanas.

Independientemente de que te queden treinta días o treinta años, deberías saber que el trato que le das a tu cuerpo tiene un impacto duradero en la calidad de tu vida. Renunciar a los ejercicios, comer más golosinas y pasar la noche en vela puede ser un gran atractivo durante unos días, pero todos hemos vivido esos bajones en los que nuestro nivel de energía caía en picado porque no cuidábamos de nosotros mismos. Nuestro organismo necesita dormir, ejercitarse, aire puro, agua y alimentos de calidad. Si te quieres sentir bien más tiempo de lo que tarda un helado en derretirse, debes aumentar tu energía física. Y para aumentarla, primero debes concentrarte en desarrollar una idea saludable de tu cuerpo.

¿Cómo se cultiva una idea saludable del cuerpo? Para contestar a esta pregunta, tenemos que dirigirnos a la fuente primordial de nuestro oxígeno, a saber, nuestra conexión espiritual con nuestro Creador. Si no estás conectado con la máscara de oxígeno de Dios, te verás destinado a luchar contra la imagen de tu cuerpo, porque te tragarás las mentiras de la sociedad acerca de lo que es aceptable. Es propio de la naturaleza humana mirar a su alrededor y compararse con los demás, si bien la cultura actualmente se sirve de los medios de comunicación y la publicidad que se concentra en la juventud eterna, la belleza perpetua y los cuerpos delgados y vaporosos.

El enemigo de nuestro éxito prefiere que respiremos el monóxido de carbono que a él le fascina darnos, mensajes como "Es imposible ser demasiado delgado", "Adopta un aire más joven a cualquier precio", "Las apariencias te definen", etc. Cuando creemos estos mensajes, nos envenenamos con ideas erróneas a propósito de la verdadera salud de nuestros cuerpos físicos. Para estar físicamente sanos, tenemos que estar sanos espiritualmente y escuchar lo que Dios dice acerca de nuestros cuerpos. En una carta a los corintios, Pablo escribió: "¿O acaso ignoráis que vuestro cuerpo es templo del Espíritu Santo, el cual está en vosotros, el cual habéis recibido de Dios, y que no sois vuestros?" (Corintios 6:19).

A menudo observo que hay dos extremos cuando se trata de las ideas que las personas tienen acerca de su cuerpo. El primero es que algunos adoran el templo. No adoran a Aquel que está en el templo sino el templo mismo. Son aquellos que dedican incontables horas a embellecer su imagen. Todas las semanas acuden religiosamente al gimnasio a hacer ejercicios y gastan sumas considerables de dinero para mejorar su aspecto. Sin embargo, aquí vemos el principal problema: cuando adoras el templo, es decir, tu cuerpo —algo que está destinado a cambiar—, te sentirás inseguro. El otro extremo es igual de dañino, y son las personas que ensucian el templo. Descuidan totalmente su cuerpo y no les importa en absoluto su estado general de salud. Ya se trate de evitar el ejercicio, de comer demasiado, de fumar o de otros hábitos malsanos, el cuerpo acaba acusando la falta de cuidados. Disminuye tanto la cantidad como la calidad de vida.

Si supieras que Dios viene a cenar esta noche a tu casa, ¿no te darían ganas de ordenar, limpiar y prepararte para su visita? Debes entender que Dios vive actualmente en tu casa. Vive en ti. Tu cuerpo es el templo de Dios, y por eso es tan importante cuidarte y cultivar la energía física.

Si te mantienes conectado a la vid —vuelves a la salud espiritual—, vas desde la fuerza de voluntad a la fuerza de Dios. Y luego Él te da la fuerza para hacer ejercicios. Él te da la fuerza para seguir con la dieta. No se trata de que te conviertas en un triatleta vegetariano que reza a lo largo de toda una comida, pero no te sorprenderán ni adorando ni ignorando tu cuerpo. Lo reconocerás como una creación de Dios que aloja tu alma y Su espíritu, y otorgarás una prioridad a tu salud física.

Momentos que importan

¿Cuál es tu problema físico más importante? ¿El peso? ¿La imagen de tu propio cuerpo? ¿Una lesión o una enfermedad?

¿Qué aspecto te parecería que tendrías si cuidaras mejor tu templo? ¿Qué paso podrías dar para mejorar tu salud física? Consulta nuestro plan diario de ejercicios y dieta en www.OneMonthToLive.com. Encontrarás un apoyo día a día e instrumentos prácticos para sustentar tu nuevo y saludable estilo de vida.

¿Cómo te sientes?

El siguiente aspecto decisivo en el que también debemos respirar primero nosotros es nuestra vida emocional. Muchas personas se comportan según como se sientan. Trabajan con ahínco cuando les da la gana. Van a la iglesia cuando les da la gana. Se portan amablemente con su marido o su mujer cuando les da la gana. Se esfuerzan en ser mejores padres porque se quieren sentir mejor consigo mismos, no porque sus hijos necesiten sentirse amados.

Una parte importante de la madurez, de hacerse adulto, consiste en aprender a reconocer y a vivir nuestras emociones sin que éstas nos controlen. No se trata de que podamos apagar un interruptor y dejar de tener miedo, o pulsar un botón y ser felices. A veces puede que no controlemos lo que sentimos, aunque decididamente podemos controlar lo que hacemos con esas emociones, cómo influyen en nuestros pensamientos y en nuestra conducta. Dado que nuestros sentimientos cambian según nuestro estado de ánimo, las circunstancias, el estado de salud y otros factores, es esencial volver a nuestra fuente primordial, a nuestra conexión espiritual con Dios. A medida que avanzamos por los altibajos de la vida, la verdad de Dios sirve como punto de anclaje, sin que importe la tormenta emocional que estamos viviendo. El Nuevo Testamento dice: "Porque no nos ha dado Dios espíritu de cobardía, sino de poder, de amor y de dominio propio" (2 Timoteo 1:7). Si estoy conectado con mi Creador a través de un diálogo y una confesión permanentes, Él me dará el poder y el dominio de mí mismo que necesito.

Es importante saber que una vida emocional sana no significa que tengas que esconder lo que sientes ni ocultar tus emociones. No, hemos sido creados como seres emocionales, y tenemos que expresar nuestras emociones sin que éstas nos dominen. Muchos estamos condicionados, directa o indirectamente, para creer que mostrar nuestras emociones es incorrecto, o que es un signo de debilidad, o algo femenino y peligroso. Concretamente, hay cristianos que creen que nunca deberían enojarse, nunca estar tristes ni emocionarse demasiado. Es importante que seas sincero con tus propias emociones. No quiero decir con esto que deberías dominar tus emociones suprimiéndolas. La represión y la negación causarán estragos en tu vida, del mismo modo que causará estragos actuar siempre dependiendo de cómo te sientes. Un amigo terapeuta me contó que las personas que suprimen sus emociones hacen lo mismo que quien intenta mantener una pelota de playa sumergida en el agua. Lo pueden lograr durante un tiempo, pero, a la larga, habrá un enorme salpicón y la pelota de playa acabará saliendo a la superficie. Al contrario, no dejes que tu vida esté permanentemente dictada por tus emociones. Siente lo que sientes, pero haz lo que Dios quiere que hagas.

Jesús vivió toda la gama de emociones humanas que cualquiera de nosotros siente y, aún así, nunca pecó. Jesús se irritó. Jesús lloró y rió. Es evidente que experimentó las mismas emociones que nosotros, pero no permitió que éstas dominaran su pensamiento, su conducta ni su interacción con los demás. Él es nuestro mejor ejemplo de cómo sentir todo lo que aflora en nosotros y, sin embargo, ceder ante la voluntad de Dios. También es evidente que Jesús se enfrentó a emociones difíciles a medida que se acercaba su muerte horrorosa, a saber, la soledad, la incertidumbre, el miedo y la aprehensión. Sin embargo, rogó para que se hiciera la voluntad de su Padre en lo que concernía a su vida.

Momentos que importan

¿Cómo sueles lidiar con las emociones intensas? ¿Tienes la tendencia a explotar o lo dejas apaciguarse lentamente? Piensa en la última vez que una emoción te hizo sentir abrumado —miedo, alegría, decepción, excitación, celos o rabia. ¿Cómo la expresaste? ¿Qué te gustaría haber hecho de forma diferente?

Conectado en las relaciones

La única razón por la que nos ponemos nosotros primero la máscara es para respirar y estar en buenas condiciones y ayudar a otra persona a encontrar el oxígeno de Dios. Si bien en las relaciones hay una dosis inherente de desafíos (muchos de los cuales abordaremos en los capítulos siguientes), reflejan uno de los aspectos más importantes de cómo estamos hechos. Así como Dios nos creó como seres atemporales en cuerpos temporales, nos creó para vivir en armonía unos con otros. No estamos destinados a ser autosuficientes ni independientes como para aislarnos y evitar a los demás.

Si supiéramos que sólo nos quedan unas semanas de vida, no querríamos morir solos. Querríamos que nuestros seres queridos nos conocieran en lo más profundo, que supieran lo agradecidos que estamos. Querríamos darles el último mensaje de nuestro corazón y dejar un legado de amor perdurable y de fe constante en nuestras relaciones.

Espero que a todos los que lean este libro les quede muchísimo más —muchos y maravillosos años de salud más— que un mes de vida. Sin embargo, por muchas páginas del calendario que arranquemos mientras estamos vivos, debemos ser igualmente conscientes de lo breve que es la vida. Le pedimos a Dios que nos enseñe a contar nuestros días y que nos ayude a entender que el tiempo es limitado, de modo que podamos usar nuestro tiempo como Él quiere que lo usemos. Sólo entonces podremos cumplir el fin para el que nos creó. Cumplir nuestro fin como creación Suya, conectados con Dios como nuestra cuerda de salvación, nos permite gozar de una buena salud física, emocional y relacional. Respirar primero no es egoísmo. Es esencial.

Para que dure toda la vida

1. ¿Qué valor le darías a tu salud en cada uno de estos cuatro aspectos —espiritual, físico, emocional, relacional— donde 1 es muy malo y 10 es fantástico? ¿Cuál es tu mayor desafío para mejorar tu salud en estos aspectos?

2. Dedica un tiempo a escribir en tu diario un objetivo específico para cada uno de esos cuatro aspectos que puedas cumplir durante el resto del mes. Asegúrate de que los objetivos sean *prácticos* y que se puedan *medir*.

3. Conecta con www.OneMonthToLive.com y dedica quince a treinta minutos a trabajar en tu salud espiritual, física, emocional y relacional.

La trepadora

ARRIESGAR LA GRANDEZA

La seguridad es sobre todo una superstición.
No existe en la naturaleza,
ni los hijos de los hombres la viven como un todo.
A la larga, evitar el peligro no es más seguro
que mostrarse abiertamente.
La vida es una aventura de osadía
o no es nada.
—HELEN KELLER

Los barcos están a salvo en el puerto,
pero los barcos no están hechos para eso.
—WILLIAM SHEDD

Cuando mi hijo Josh tenía unos cuatro o cinco años, un día lo llevé al parque, y él se fue enseguida corriendo a su rincón favorito.

—Levántame a la trepadora —me pidió.

Así que yo lo levanté y él se cogió de las barras y yo lo solté.

Sus pequeños pies colgaban a más de un metro y medio del suelo y él se sentía muy orgulloso, agarrado por sus propios medios y luciendo una enorme sonrisa en la cara. Al cabo de un minuto, se cansó y me pidió:

—Ahora, bájame.

—Josh, suéltate, y yo te tomaré en los brazos —dije yo.

—No, bájame.

—Josh, yo te quiero. Te prometo que te agarraré.

Algunos de los que leen esto se preguntarán qué clase de padre soy. Puede que otros entiendan que yo aprovechaba la oportunidad de enseñarle algo, para que Josh supiera que podía confiar en mí, que si se soltaba, yo estaría ahí para atraparlo. Pero mi hijo seguía agarrado con todas sus fuerzas. Se sostuvo hasta que los nudillos se le volvieron blancos y ya no podía seguir aguantando. Al final, se dejó ir y yo lo atrapé.

Una enorme sonrisa asomó en su cara. Lo senté y él se fue corriendo a los columpios. Se olvidó de todo. Pero yo tuve la sensación de que, a través de esa escena, Dios me enviaba un mensaje, como si dijera: *Es precisamente de esa manera que tú te relacionas conmigo. Te aguantas desesperadamente, intentando contar sólo con tus propias fuerzas. Luchas incansablemente, queriendo controlarlo todo, procurando que todo esté perfectamente en orden, intentando complacer a la gente y supervisando todas las situaciones. Te aguantas y crees que no hay nadie para sujetarte, así que te aferras y aprietas con más fuerza. Mientras estás colgado ahí y los nudillos se te ponen blancos, yo te digo: "Suéltate, y yo te agarraré. Simplemente suéltate, yo te amo y no te dejaré caer".*

Yo hago grandes esfuerzos para que todo funcione como creo que debería funcionar cuando Dios está siempre a mi lado. Y dice: *Te he creado con mis propias manos. Te he creado con un propósito, y he muerto para recuperarte. ¿Por qué no confías en mí? He dado mi vida por ti. Soy el Dios del universo. Puedes soltarte y yo te sostendré.* ¿Por qué me resisto tanto a esta verdad? Todos los días debo llegar hasta un punto en que me doy cuenta de que no puedo controlarlo todo en mi vida, que tengo que dejar ir y rendirme ante Dios. Él siempre me recogerá, y es entonces que percibo su paz y su fuerza en los momentos difíciles de la vida.

Momentos que importan

¿A qué cosas te aferras en este momento a las que podrías renunciar para seguir adelante en tu vida? ¿Qué te impide confiar en aquel Dios que no te dejará caer?

Muestra de talentos

La única manera de arriesgar la libertad es confiar en Dios en todos los aspectos de tu vida. No sólo es agotador empeñarse en no soltarse de las barras, sino que, además, nos impide perseguir los sueños más importantes y gratificantes que Dios tiene para nosotros. Cuando nos aferramos a nuestros propios objetivos y métodos, renunciamos a oportunidades que nos dan su bendición y su fuerza. Dios nos creó para que corriéramos riesgos, no de una manera irresponsable, como los que dicen "Las Vegas, allá voy", sino de maneras que se encuentran fuera de nuestra zona de comodidad y más allá de lo que hemos programado. Quiere que confiemos en Él para alcanzar grandes logros que nunca podríamos alcanzar solos. De hecho, Jesús cuenta una parábola que nos proporciona una verdadera percepción de la estrategia divina.

Jesús compara el reino de Dios con un hombre que emprende un largo viaje y que debe delegar responsabilidades económicas en sus siervos:

"A uno le dio cinco talentos, a otro dos y a otro uno, a cada uno conforme a su capacidad; y luego partió. El que recibió cinco talentos fue y negoció con ellos, y ganó otros cinco talentos. Asimismo el que recibió dos, ganó también otros dos. Pero el que recibió uno cavó un agujero en la tierra y escondió el dinero de su señor. Después de mucho tiempo, regresó el señor de aquellos siervos y saldó cuentas con ellos. Se acercó el que había recibido cinco talentos y trajo otros cinco talentos, diciendo: 'Señor, cinco talentos me entregaste; aquí tienes, he ganado otros cinco talentos sobre ellos'. Su señor le dijo: 'Bien, buen siervo y fiel; sobre poco has sido fiel, sobre mucho te pondré. Entra en el gozo de tu señor'. Se acercó también el que había recibido dos talentos y dijo: 'Señor, dos talentos me entregaste; aquí tienes, he ganado otros dos talentos sobre ellos'. Su señor le dijo: 'Bien, buen siervo y fiel; sobre poco has sido fiel, sobre mucho te pondré. Entra en el gozo de tu señor'. Pero acercándose también el que había recibido un talento, dijo: 'Señor, te conocía que eres hombre duro, que siegas donde no sembraste y recoges donde no esparciste; por lo cual tuve miedo, y fui y escondí tu talento en la tierra; aquí tienes lo que es tuyo'. Respondiendo su señor, le dijo: 'Siervo malo y negligente, sabías que siego donde no sembré y que recojo donde no esparcí. Por tanto, debías haber dado mi dinero a los banqueros y, al venir yo, hubiera recibido lo que es mío con los intereses. Quitadle, pues, el talento y dadlo al que tiene diez talentos, porque al que tiene, le será dado y tendrá más; y al que no tiene, aun lo que tiene le será quitado. Y al siervo inútil echadlo en las tinieblas de afuera; allí será el llanto y el crujir de dientes'" (Mateo 25:15–30).

Puede que la respuesta del amo al tercer sirviente nos parezca dura. Sin embargo, aunque resulte paradójico, esta parábola refuerza el hecho de que Dios no quiere que le temamos de tal manera que se inhiba nuestra voluntad de arriesgar y crecer. El tercer hombre tiene tanto miedo de soltar las barras que permanece colgado. No confía lo suficiente en el respeto y el amor de su amo para darse cuenta de que éste lo sostendrá si arriesga mucho y pierde.

De la misma manera, nosotros también vamos a lo seguro, satisfechos con el actual estado de cosas y dispuestos a justificar nuestro enfoque conservador, convenciéndonos a nosotros mismos de que eso es lo que Dios quiere. Sin embargo, prácticamente todos tienen un espacio para crecer. "Todo aquel a quien se haya dado mucho, mucho se le demandará, y al que mucho se le haya confiado, más se le pedirá" (Lucas, 12:48).

Momentos que importan

¿En qué planos es más probable que asumas riesgos: en el plano personal, profesional, relacional o espiritual? ¿En qué planos sueles ir a lo seguro? ¿Por qué te cuesta menos asumir más riesgos en ciertos planos que en otros?

La gestión del riesgo

¿Qué nos mantiene aferrados a nuestros propios esfuerzos en lugar de arriesgar la grandeza a la que Dios nos destina? Para muchas personas es la pérdida del control. Pensamos que si realmente nos soltamos y dejamos que Dios nos sostenga y nos oriente acabaremos viviendo la vida como una sentencia de cárcel, haciendo algo que detestamos. Sin embargo, esto dista mucho de la verdad. Dios nos ha creado a todos y cada uno con una razón de ser definida y nos ha diseñado de manera especial para realizarla. Ha plantado la eternidad en nuestros corazones junto con las semillas de grandeza que sólo pueden crecer gracias a nuestra voluntad de servir.

¿A qué se parece ese soltarse? Por mi experiencia, a menudo exige paciencia y estar atento a la mano de Dios ahí donde no la esperamos. Dios rara vez se adapta a nuestros programas o hace las cosas de forma clara y lineal, visto desde nuestra perspectiva humana y limitada. A veces ni siquiera nos damos cuenta de lo que estamos destinados a hacer, aquello que realmente nos da energía y nos agrada, hasta que hemos sido obligados a hacerlo, en medio de gritos y pataletas. El escritor y teólogo C.S. Lewis ha dicho que demasiado a menudo somos como niños que nos contentamos con jugar en charcos de barro cuando la belleza y la inmensidad del océano está a sólo unos metros.

Nuestro miedo es probablemente el otro gran obstáculo que nos hace aferrarnos a las barras mucho después de que ha llegado el momento de seguir adelante. Y el temor indudablemente nos paraliza y nos puede confinar fácilmente a una visión muy estrecha de nuestra propia vida. Es casi como si no pudiéramos imaginar cómo sobreviviríamos a menos que las cosas se hagan tal como queremos. Nuestra perspectiva es limitada y no incluye posibilidades que puedan parecer improbables o incluso imposibles cuando dependen de nuestros propios medios.

Todos hemos sabido de historias sobre personas famosas y empresarios exitosos que fracasaron estrepitosamente al comienzo de sus carreras profesionales, sólo para aventurarse "por casualidad" en nuevos asuntos para los que estaban naturalmente dotados. Henry Ford no era un buen hombre de negocios (sufrió cinco bancarrotas), pero era un ingeniero visionario. A Oprah la despidieron de su empleo de reportera de televisión antes de que lanzara su propio programa —hoy todo un éxito— y fundara su influyente imperio mediático. En realidad, si estudiamos la vida de cualquiera, ya sea un personaje histórico o contemporáneo, considerado "exitoso", no dejaríamos de encontrar fracasos, temores y dolores. Pero sin duda descubriríamos que los denominadores comunes de perseverancia y razón de ser convergen para motivar e inspirar a estos hombres y mujeres de éxito a seguir adelante. Han vencido sus temores no sólo encajando los fracasos, sino también aprendiendo de ellos.

La Biblia nos dice que el amor perfecto "echa fuera" al temor

(1 Juan 4:18). No dice que la perfección elimina el temor ni que el amor perfecto garantiza nuestro éxito tal como lo deseamos. Cuando conocemos el amor de Dios, y conocemos el cuidado y la compasión de un Padre que nos ama, que quiere que confiemos en él, podemos soltarnos. Su amor es mucho más grande que nuestros temores. Cuando a uno de mis hijos lo suspenden en un examen de matemáticas o no respeta el toque de queda, no por eso dejo de amarlo. Y, dependiendo de las circunstancias de por qué y cómo han fallado, puede convertirse en un elemento de útil aprendizaje.

De la misma manera, Dios se complace en remediar nuestros fracasos, transformar nuestros errores —ya sean producto de la rebeldía o bien intencionados— es parte de su plan y de nuestra razón de ser primordial. Pensemos en David y Betseba —adulterio, asesinato, negación y, finalmente, confesión y arrepentimiento. Sin embargo, Dios consiguió transformar un error increíblemente egoísta y destructivo en algo poderoso y beneficioso para la vida. Betseba fue la madre de Salomón, que pertenecía al linaje de David, del que más tarde nacería Jesús. Incluso se le menciona en la genealogía de Cristo recogido al comienzo del evangelio de Mateo (1:6).

Adelante, atrévete

Una de las similitudes más llamativas entre las personas que he conocido que se acercaban al final de sus vidas es su manera de enfrentarse a los temores y asumir riesgos. A menudo las cosas que descartamos sólo sirven para que nuestras vidas sigan siendo seguras, cómodas y mediocres. Una llamada difícil a un pariente que se ha separado o a un ser querido. Una conversación con nuestros hijos acerca de lo más importante. Pedir perdón por algo de lo que nos arrepentimos o que hemos dejado sin acabar. Ac-

tuar espontáneamente y vivir el momento. Comer un helado una
calurosa tarde de primavera.

Dejamos pasar tantos momentos, grandes y pequeños, cuando
no estamos dispuestos a terminar con el modelo de menor resistencia y no queremos intentar algo más grande. Sin embargo, si
supiéramos que nuestros días están contados y de pronto nuestras
prioridades estuvieran iluminadas con claridad, sería mucho más
fácil oír la llamada de Dios y lanzarnos. No nos preocuparía lo
que los demás piensen ni digan de nosotros. No nos preocuparía
fracasar ni perder el tiempo, porque sabríamos que el arrepentimiento pesaría más que cualquiera de los dos.

Si estás cansado de mantenerte aferrado a las barras con tanta
fuerza y te sientes como si perdieras asidero en la vida, suelta las
barras de la trepadora y siente los brazos fuerte de un Dios que te
ama y te sostendrá. En el abrazo de la gracia del Padre celestial,
sentirás la seguridad y la paz que siempre has añorado.

Para que dure toda la vida

1. Elabora una lista de asuntos, recursos, dones y
   oportunidades que actualmente debes gestionar.
   Junto a cada uno de ellos, describe cómo te ocurrió
   (por ejemplo, naciste con ello, alguien te lo dio,
   trabajaste para conseguirlo) y luego anota en qué
   medida lo controlabas cuando se presentó.
   Finalmente, anota cómo crees que Dios querría que
   inviertas cada recurso de esa lista y cómo puedes
   seguir adelante con esa inversión.
2. ¿Cuándo te ha decepcionado Dios? ¿En qué sentido
   no hubo comunicación con Él como tú lo hubieras

querido? ¿Cómo influyó eso en tu relación con Él? ¿Cómo puedes confiar en Él como tu Padre que te quiere incluso cuando te sientes decepcionado? Dedica un momento a la oración hablando de tu decepción y a pedirle que te ayude a confiar más plenamente en Él.

3. Anota un riesgo que crees que Dios te impulsa a asumir en este momento de tu vida. Describe tus temores a propósito de ese riesgo. Describe el panorama en el peor de los casos si has asumido el riesgo y has fracasado. Reza pidiéndole a Dios que te ayude a enfrentarte a tus temores para que puedas cumplir con su voluntad.

Dreamsicle

DESCONGELAR LOS SUEÑOS

Nuestra vida más genuina es cuando
soñamos despiertos.
—HENRY DAVID THOREAU

Hay personas que meten sus sueños en una cajita
y dicen: "Sí, tengo sueños, claro que tengo sueños".
Y luego guardan la caja y la sacan de vez en cuando
para mirar adentro. Y, claro, todavía están ahí dentro.
—ERMA BOMBECK

Nuestros sueños pueden ser tan dulces y deliciosos como un *dreamsicle*. ¿Alguien se acuerda de los *dreamsicles*? Un sorbete de naranja envuelto en una capa de helado de vainilla, en un palito. ¡Ay, cómo me gustaban cuando era niño! Lograr que nuestros sueños se cumplan puede ser como perseguir el camión de los helados por el barrio, comprar un *dreamsicle* y gozar de ese gusto fresco y cremoso un día de calor abrasador. Un sueño es algo que nos llama, algo que puede parecer imposible o loco, pero cuyo sabor es más dulce y más gratificante de lo que jamás habríamos imaginado.

Sin embargo, para la mayoría de nosotros, lograr que nuestros sueños se cumplan rara vez es una experiencia fácil. Acabamos sintiéndonos como si nuestro helado se hubiera derretido demasiado rápido, se hubiera desprendido del palito y caído —*¡splash!*— al suelo. O, quizá más acertadamente, no hemos perdido nuestros sueños. Están sencillamente sepultados en la parte trasera del congelador, donde se han vuelto quebradizos y el frío los ha quemado o los cristales han eliminado su sabor dulce.

Las ventiscas heladas no tardan en congelar nuestros sueños. La vida cotidiana tiene una manera de desgastar los sueños de nuestra juventud y difuminar la esperanza de que algún día se cumplan. Nos congela el frío amargo de la decepción, los aplazamientos y las postergaciones. En lugar de soñar en grande y creer que Dios puede lograr grandes cosas a través de nosotros, nos instalamos en el afán de sobrevivir y congelamos nuestros sueños.

Dios nos ha puesto en este mundo por una razón y ha plantado sueños en nosotros de manera que pongamos de nuestra parte para que se cumplan. Tengamos treinta días o treinta años, queremos dejar esta vida en la Tierra sin arrepentimientos. Los "si sólo…" y los "que pasaría si…" nos perseguirán a menos que tengamos la convicción de que nos hemos esforzado en hacer realidad nuestros sueños. Sin embargo, muchas personas no tienen ni idea de cuáles son sus sueños ni de lo que quieren en la vida. ¿No te sientes así, a veces? Quizá cuando las cosas en el trabajo no van bien y te preguntas si no te habrás equivocado de profesión. Quizá cuando has fracasado en una relación o cuando las circunstancias te llevan a preguntarte si te encuentras en el lugar adecuado. O puede que ocurra cuando estás aburrido y te enfrentas a la banal rutina de todos los días. Son momentos en los que olvidamos nuestros verdaderos deseos y sueños porque quedan sepultados bajo una avalancha de dolor.

Creo que Dios quiere traer a la vida ese sueño —ahora congelado— que Él había puesto en tu corazón. Quiere rescatarte de una existencia trivial y devolverle la vida a tu sueño. El salmo dice: "Gustad y ved que es bueno Jehová" (Salmos, 34:8). Yo he descubierto que no hay nada más gratificante que descubrir y seguir el sueño que Dios ha plantado en tu corazón.

Momentos que importan

¿Cuán conectado te sientes con tus sueños actualmente? ¿Tu vida cotidiana demuestra que persigues decididamente tus sueños? ¿Qué te impide perseguirlos?

Los sueños flotan

En los sueños hay más variedad que en los sabores de los helados. Pero sólo por querer algo y procurar alcanzarlo no significa que ése sea el sueño que Dios plantó en nuestros corazones. ¿Cómo sabes si un sueño pertenece de verdad a Dios o si sólo es una idea que de pronto te ha venido a la cabeza? Para empezar, el sueño de Dios nunca irá en contra de Su palabra, porque Su voluntad nunca contradice Su palabra. Si tu deseo va en contra de la palabra de Dios, no es Su sueño. Pablo nos contó el secreto para saber si un sueño pertenece a Dios cuando dijo: "Y a Aquel que es poderoso para hacer todas las cosas mucho más abundantemente de lo que pedimos o entendemos, según el poder que actúa en nosotros" (Efesios 3:20). El sueño de Dios llegará a la cumbre cuando todo lo demás se derrita. Así como el helado flota en una bebida y se queda en la superficie, lo mismo sucede con los sueños que Dios tiene para nosotros.

Su sueño flota hasta la superficie, primero, porque requiere fe. Si un sueño pertenece a Dios, será tan grande en tu vida que no podrás realizarlo solo. Si lo puedes lograr solo, no necesitas fe. La Biblia dice: "Pero sin fe es imposible agradar a Dios" (Hebreos 11:6). De modo que si un sueño pertenece a Dios, flotará hasta la superficie porque será tan grande que no podrás hacer que se cumpla solo. Tendrá que ser un asunto de Dios.

El sueño de Dios también flota hasta la superficie porque establece una diferencia en las vidas de los demás. No es un sueño egoísta. Si sueñas con ganar enormes cantidades de dinero para poder jubilarte temprano, vivir rodeado de lujo y sustraerte a las necesidades de los demás, es evidente que no es el sueño de Dios. Al contrario, si quieres ganar mucho dinero para donarlo, para servir al reinado de Dios y jubilarte pronto para empezar una nueva carrera donde Él te llama, podría ser de Dios. Sólo tú puedes saber cuál es el sueño de Dios para tu vida. Dios nos creó como seres sociales, capaces de establecer relaciones como Él, y quiere que amemos y cuidemos de los demás tal como lo hace Él.

El sueño de Dios también flota hasta la superficie porque viene de tu corazón, del centro de tu ser. Cada vez que Dios te da un sueño, lo planta en lo profundo de tu corazón. La palabra usada en el Nuevo Testamento para "corazón" es a menudo *kardiva*, una palabra griega que significa "el tú verdadero". Las Escrituras usan el vocablo "corazón" para hablar de tus motivaciones internas, de tu amor y tus pasiones. Cuando Dios te da un sueño, lo planta en tu corazón. Cuando te comunica una pasión por algo, quiere que la persigas porque esa pasión forma parte de tu ser, no porque Él tenga la intención de adueñarse de tu vida. Dios no te infunde la pasión por un sueño y luego te llama para llevar a cabo un plan que no guarda ninguna relación con Él. Él no procede de esa manera, ni tampoco es una manera adecuada de gestionar las cosas, y Dios nunca desperdicia los recursos que Él mismo ha creado.

Momentos que importan

¿Cómo distingues entre tus propios sueños egoístas y los sueños que Dios ha plantado en tu vida? ¿Cómo te ha revelado Dios Su sueño y lo ha reforzado en tu vida? ¿Cómo has respondido normalmente en el pasado? ¿Cómo sería de diferente tu respuesta si sólo te quedara un mes de vida?

Caminos rocosos

Por otro lado, hay quien existe sólo para inventar juegos y engañarte. Este enemigo le teme a tu corazón porque sabe lo que Dios puede hacer a través de personas normales como tú para establecer enormes diferencias en este mundo. Satanás sabe que el sueño comienza en tu corazón, de modo que está decidido a herirte en tu corazón, a dejarlo fuera de juego y a congelar el sueño que te ha dado Dios con un frío que hiela el alma. No deja de lanzarte mensajes que te dicen que no eres capaz de lograrlo, que nunca llegarás a hacer nada sustancial. Satanás desea que fracasemos en la vida para desarmarnos y para que pongamos fin a nuestra persecución del sueño.

No es extraño que la vida sea tan dura. La Biblia dice que Dios tiene un plan para nuestras vidas, un plan grandioso de complejo diseño. Sin embargo, Satanás también tiene un plan para nuestras vidas. En ninguna parte se expresan con tanta claridad estos propósitos opuestos como en esta cita: "El ladrón no viene sino para hurtar, matar y destruir; yo he venido para que tengan vida, y para que la tengan en abundancia" (Juan 10:10). El objetivo de Dios es darte un sueño. El objetivo de Satanás es despojarte de ese sueño. Y deberías saber lo implacable e insistente que puede ser.

Cuando no logra arrebatarnos el sueño de Dios en nuestras vidas, Satanás cambia de táctica e intenta que dudemos de los sueños. Uno de sus más grandes aliados es nuestra impaciencia, junto con el temor, las preocupaciones, la ansiedad, las dudas y las frustraciones que suelen acompañarlas. Puede que persigamos el sueño y nos volquemos en su consecución. Puede que pongamos de nuestra parte y nos preguntemos por qué Dios no responde enseguida. Pero Dios no es una máquina vendedora automática y sus designios en el tiempo suelen ser distintos de nuestras expectativas. Si los ejemplos de las Escrituras y de nuestras propias experiencias actualmente son indicaciones, habrá un periodo de espera antes de que el sueño se materialice. Viviremos un desvío, una ruta indirecta en el camino que nos conduce a la realización de nuestros sueños.

En este periodo de espera, empezamos a hacer preguntas como: "¿Cuándo ocurrirá todo esto? ¿Algún día ocurrirá de verdad?" "¿Cuándo llegará el día en que me case, Dios mío?" "¿Cuándo, Dios mío, llegará el día en que supere este problema?" "¿Cuándo, Dios mío, tendremos un hijo?" "¿Cuándo, Dios mío?" Si en este momento te encuentras en la sala de espera de la vida, no estás solo.

Dios le dijo a Abraham que sería el patriarca de una gran nación. ¡Y Abraham tenía noventa y nueve años cuando tuvo su primer hijo! Moisés se convirtió en el líder que guió al pueblo judío para que abandonara su cautiverio en Egipto —una condición que duró cuatro siglos— pero antes Dios lo mandó al desierto a cuidar de un rebaño de ovejas durante cuarenta años. Incluso Jesús, el Salvador, esperó treinta años antes de comenzar su misión en este mundo.

¿Por qué dispone Dios que todos pasen por la sala de espera de la vida? Yo creo que es porque quiere que aprendamos a confiar en Él. Mientras esperamos, nos enteramos de que siempre está ahí junto a nosotros y que nos promete que "no te desampararé ni te dejaré" (Hebreos 13:5). Puede que no entendamos los designios de Dios en el momento, pero siempre podremos confiar en Su corazón.

Cuando la vida se pone difícil, cuando estamos dolidos y cansados, debemos recordar lo que está en juego. Cuando estamos heridos, nos sentimos tentados de sepultar nuestros sueños en lo más profundo de nuestros corazones, donde quedarán congelados. Todas las heridas de nuestro pasado pueden hacernos creer que Dios jamás nos usará. Fallamos muchas veces. Nos sentimos hecho un desastre. Estamos muy débiles y cansados, y queremos renunciar al sueño, pensando que es demasiado tarde.

Pero cuando se trata de Dios, nunca es demasiado tarde.

La gran paradoja es que Dios se complace en sanar nuestras heridas y convertirlas en fortalezas para llevar a cabo los sueños que tiene para nosotros. Dios puede tomar aquellas experiencias dolorosas que te gustaría olvidar y utilizarlas para establecer una diferencia en la vida de otras personas. En la Biblia, los hermanos de José lo venden y lo convierten en esclavo, y actúan como el Enemigo que nos despoja del sueño. Dios se sirve de las circunstancias para llevar a José al poder durante una hambruna, cumpliendo así el sueño. Siempre debes recordar que, independientemente de lo que estés viviendo, ningún problema puede destruir el sueño que Dios tiene para tu vida.

Para que dure toda la vida

1. Saca tu "caja de los sueños". ¿Qué hay adentro? ¿Cuáles son tus sueños congelados? En otras palabras, ¿qué intentarías hacer por Dios si supieras que no puedes fallar?

2. Escribe una descripción de un sueño que tengas y

que creas que es el sueño de Dios. ¿Cómo ha flotado hasta "llegar a la superficie" de tu vida? ¿Cómo requiere la fe de tu parte para que se cumpla? ¿Cómo sirve a otros?

3. Dedica un tiempo de tu oración y pídele a Dios que te revele algo que puedas hacer hoy y ayudar a cumplir el sueño que tiene para tu vida.

La patada de arranque

VIVIR LA VIDA AL MÁXIMO

> No te preguntes qué necesita el mundo.
> Pregúntate qué te hace sentir vivo, y entrégate a ello.
> Porque lo que el mundo necesita
> son personas que han despertado a la vida.
> —HOWARD THURMAN

> Nunca es demasiado tarde para que seas
> lo que podrías haber sido.
> —GEORGE ELIOT

¿Te has sentido impotente en algún momento de tu vida? Muchas personas me dicen que la principal razón por la que no intentan cambiar es que se sienten incapaces de producir un cambio en la fuerza del conjunto de circunstancias de sus vidas. Quizá tengas un hábito con el que te sientas incapaz de romper. O quizá tengas un problema en una relación y, a pesar de que lo has intentado todo para cambiarlo, ésta sigue deteriorándose. O quizá sea un problema en el trabajo que te quita la energía y la creatividad, y no ves la solución. Puede que tu horario sea demasiado pesado, que tengas cientos de asuntos pendientes y te sientas completamente abrumado y quemado. Tus baterías emocionales se han agotado, y tu energía mental se ha evaporado. No estás solo, porque todos vivimos momentos similares de impotencia.

Hace poco fuimos con toda la familia a una excursión en *motocross* y todos quedamos sorprendidos por los baches y las curvas y altibajos en el circuito que recorrimos. Cuando llegó nuestro turno, nos dieron algunas instrucciones sobre el manejo de la moto ya que, con sus 250 c.c., es un motor grande y potente.

Y entonces tuve una idea: ¿qué pasaría si sencillamente *empujo* mi moto por el sendero trazado? Supongamos que no le doy la patada de arranque, que no utilizo la potencia del motor, sino que me limito a empujar el vehículo por la pista, por los cerros y las curvas cerradas. Sería una locura, ¿no? Sin embargo, ésa es precisamente la manera en que muchos nos enfrentamos a la vida. Cuando nos damos cuenta de que contamos con todo el poderío de Dios, se produce una transformación fundamental. Su potencial inagotable de energía nos proporciona el brío que necesitamos para impulsar nuestra vida. Contamos con los caballos de fuerza que nos da Dios, ya se trate de sanar nuestro matrimonio, reparar nuestra economía, salvar a nuestra familia, intervenir en nuestros lugares de trabajo o rescatar nuestras propias vidas. Su poder está a nuestro alcance para ayudarnos a vivir la vida para la cual nos creó, si bien una gran parte del tiempo nos alimentamos de nuestras propias fuerzas. Intentamos escalar cerros y enfrentarnos a los problemas sin la energía necesaria para llegar al final de la carrera.

Las personas que se enfrentan al final de sus vidas se ven obligadas a reconocer su impotencia y sus limitaciones. Mientras más se debilitan, más tienen que depender del cuidado de los demás. Al final, saben que ya no controlan una parte importante de su vida. A la larga, se ven obligadas a recurrir a Dios. Lo paradójico es que cuando finalmente dejan de luchar y se apoyan en la fuerza de Dios, descubren una verdadera energía que les permite vivir al máximo lo que les queda de vida.

Tú tienes la misma energía ilimitada disponible todos y cada uno de los días. ¿Te sientes como si hubieras tenido que empujar una moto a lo largo de un camino accidentado? Con un motor poderoso, lo único que tienes que hacer es darle la patada de arranque y utilizar la energía de Dios en tu vida. En los Efesios, Pablo dice: "[Ruego] para que sepáis cuál es la supereminente grandeza de su poder para con nosotros los que creemos, según la operación del poder de su fuerza, la cual operó en Cristo, resucitándole de los muertos" (Efesios 1:18–20). Él te dará toda la energía que necesitas para adoptar el estilo del último mes de vida.

La caída baja

La vida guarda grandes similitudes con el *motocross*. Circuitos difíciles y curvas pronunciadas, terreno irregular y rizados profundos. De pronto hay un tramo liso, pero, cuidado, se aproxima otra curva. En el *motocross,* los baches y cerros se llaman *whoops*. No son más que las sacudidas y rasguños normales, los baches y moretones que debemos esperar como parte de la diversión. Y luego están los accidentes.

Cuando un piloto de *motocross* toma una curva y se inclina demasiado y vuelca, se denomina "caída baja". Pero cuando el piloto llega a una curva y gira, el impulso lo inclina hacia el lado exterior. Aquello se denomina "caída alta". Este tipo de caída suele ser mucho más violenta debido al impulso y a la mayor fuerza de gravedad. Son accidentes graves que pueden poner en peligro la vida del piloto o acabar con su carrera deportiva.

Hay momentos en que todos tenemos una caída en el circuito de la vida. No se trata de saber si fracasaremos o no, se trata de saber cuándo fracasaremos. Forma parte de la vida. Todos los que han tenido éxito también han fracasado muchas veces. Mientras Thomas Alva Edison se esforzaba en inventar una luz eléctrica, declaró: "No he fracasado. Sólo he descubierto diez mil maneras que no funcionan". Nosotros necesitamos esa misma persistencia para seguir adelante. La fuerza más importante que necesitamos en la vida es la fuerza para volver a comenzar. ¿Y cómo volver a comenzar después de una caída? ¿Cómo sales del punto de partida y vuelves a comenzar una vez más después de fracasar?

Mi ejemplo preferido de alguien que se libra de una caída alta es uno de los apóstoles de Jesús, Simón, también llamado Pedro. En cuanto a caídas, ¡Pedro quedó en estado lamentable! Sin embargo, Dios le dio la fuerza para volver a empezar. Pedro se convirtió en uno de los grandes defensores de Cristo, uno de los más grandes de todos los tiempos, además de ser el fundador de la Iglesia. Si reconstruimos la escena de la caída de Pedro, surgen tres lecciones que son tan relevantes para nosotros como lo fueron para él. Cuando las circunstancias de la vida nos golpean con dureza, y sufrimos una caída, y nos quemamos, es maravilloso saber que Dios es el Dios de las segundas oportunidades, y que quiere darnos la fuerza para volver a comenzar. No es sólo la fuerza para un nuevo inicio, sino también es la fuerza para volver al circuito y correr más rápidamente que antes.

Momentos que importan

¿Cuándo fue la última vez que viviste una caída alta? ¿Cómo la manejaste? ¿Cómo ha seguido influyendo el im-

pacto en tu vida? ¿En tus relaciones con tus seres queridos?
¿En tu relación con Dios?

Las lecciones de las pérdidas

Si vas a tener las fuerzas para volver a comenzar, debes aprender de tus derrotas. La clave para no sólo aprender esta lección sino hacerse dueño de ella y saber activarla implica reconocer nuestros fracasos con humildad. Pedro era uno de los miembros originales del equipo de Cristo. De hecho, Jesús le cambió el nombre, de Simón a Pedro, que significa "piedra". Y Jesús dijo: "Tú serás el capitán del equipo, mi ancla, mi fundación. Crearé todo mi equipo en torno a ti. Tú eres la piedra. Tú eres el campeón, Pedro" (ver Mateo 16:17–18).

Tal como nos sucede a nosotros, Pedro pecó de presumido. La noche en que Jesús reunió a su equipo en el salón superior, antes de la gran carrera, les advirtió: "Ésta será la carrera más difícil de vuestra vida. Las condiciones del circuito serán las más duras que hayáis vivido. Esto no se parece en nada a lo que habéis visto antes. Los brincos son más altos, las curvas son más cerradas y, antes de que acabe, todos vais a estrellaros".

Pero Pedro dijo: "Yo no, Señor. ¿Acaso no te acuerdas? Yo soy la piedra. Yo soy el campeón. Yo no me estrellaré. Puedes contar conmigo. Estaré contigo en la línea de llegada. No me importa lo duros que sean los saltos, ni me importan lo cerradas que sean las curvas. No me importa en qué condición esté el circuito. Puedes contar conmigo. Yo te seguiré sin titubear hasta el final" (ver Mateo 26:31–33).

¿Y entonces qué sucedió? Apenas habían dado la partida, Pedro se estrelló. Fue una caída alta, una caída peligrosa. No sólo le falló a su amigo, sino que incluso alegó no conocerlo. Tuvo miedo, perdió su temple y negó tres veces a Jesús. Y luego, las cosas empeoraron. Entre los espectadores en las gradas había uno que era especial: "Entonces, vuelto el Señor, miró a Pedro; y Pedro se acordó de la palabra del Señor, que le había dicho: 'Antes de que el gallo cante, me negarás tres veces'. Y Pedro, saliendo fuera, lloró amargamente" (Lucas 22:61–62).

Jesús nada tuvo que decirle a Pedro. Sólo lo miró, y Pedro recordó cómo se había jactado de su lealtad sólo horas antes. Jesús miró en el corazón de Pedro y vio el arrepentimiento, la culpa, la vergüenza. No condenó a Su amigo ni exclamó "¡ya te lo había advertido!", como podría haberlo hecho yo. Le lanzó una mirada de compasión y no dijo una palabra.

Al igual que Pedro, algunos se encuentran en medio de la escena de un accidente. Puede que sea una caída en tu relación matrimonial, una caída con tus hijos o con tu padre, una caída en tu negocio o una caída emocional. Y Jesús no tiene que decirte nada. Sólo mira con compasión el fondo de tu corazón. Él ve la culpa, el arrepentimiento y la vergüenza. Sin embargo, algo te dice. Te dice que debido a la fuerza de Su amor por ti, el fracaso nunca es definitivo. Debido al poder de la Cruz —el sacrificio primordial engendra un poder superior a la muerte— nuestras debilidades, fracasos y egoísmo nunca podrán vencernos. El fracaso nunca es fatal. Tenemos al Dios de la segunda oportunidad, un Dios que quiere darnos la fuerza para que volvamos a comenzar.

Tengo que reconocer mis pecados para que me puedan perdonar. Tengo que reconocer mis fracasos para que pueda aprender de ellos. "El que oculta sus pecados no prosperará, pero el que los confiesa y se aparta de ellos alcanzará misericordia" (Proverbios 28:13). Cuando reconocemos nuestros errores, se nos brinda otra oportunidad. Cuando asumimos la responsabilidad por nuestros fracasos y no los atribuimos a otras personas, Dios nos perdona y nos da la fuerza para volver a comenzar.

Hay algo más. También debes desprenderte de tu culpa. ¡Déjala ir! Después de que un piloto se ha estrellado o ha sufrido una caída es importante que vuelva a montarse en la moto lo antes posible para superar sus miedos. Es una manera de volver a montar el caballo, que en este caso es una *motocross*. Puede que sientas que estás tan lejos del camino de Dios que jamás podrás volver a Él. Has cometido numerosos errores y has tomado muchas decisiones egoístas, y también has decepcionado a muchas personas. Piensas que tu carrera ha acabado en una caída estrepitosa.

Y bien, tengo que darte una noticia: prepárate para una carrera espectacular. Dios dice: "Aún tengo una carrera para que corras". Piensa en lo que dijo el ángel después de que Cristo resucitó de entre los muertos: "Pero id, decid a sus discípulos, y a Pedro, que él va delante de vosotros a Galilea" (Marcos 16:7). Y el ángel dijo: "Está vivo. No está aquí. Tenéis que ir a contar a los discípulos que está vivo, y no olvidéis a Pedro. Recordad que Pedro todavía está entre los discípulos. No olvidéis a Pedro".

Jesús sabía que Pedro estaba totalmente amargado y que pensaba que Dios no volvería a servirse de él. Creía que lo había estropeado todo y que, para él, la carrera ya había acabado. Cristo quería que él supiera: "Pedro, todavía tengo una carrera para que participes. Sé cómo te sientes, pero sigues estando entre los Míos. Todavía tengo un plan para tu vida. Voy a darte la fuerza para que vuelvas a comenzar, para que te conviertas en un gran campeón para Mí". Hoy en día, Dios te dice lo mismo: "No te he olvidado. Tengo una fantástica carrera para que corras. ¡Levántate y vamos!"

Momentos que importan

¿Cuál es la lección más dura que has aprendido de una de tus caídas en la vida? ¿En qué medida aprender esa lección fortaleció tu carácter? ¿Y tu fe?

El poder de la negación

Después de aprender de sus pérdidas y dejar ir su culpa, el próximo paso de Pedro fue rendirse a la fuerza de Dios. Era casi como si Pedro se diera cuenta de que había empleado el combustible equivocado —que contribuyó a los problemas de su motor y a su espectacular caída. Como Pedro, para volver a empezar tenemos que rendirnos al poder de Dios. Sin embargo, rendirse significa ceder, entregarnos a Su manera de hacer las cosas. Jesús lo explicó de la siguiente manera: "Si alguno quiere venir en pos de Mí, niéguese a sí mismo, tome su cruz cada día y sígame" (Lucas 9:23). Jesús dice que nos neguemos a nosotros mismos con el fin de encontrar la plenitud. Debo tomar la decisión de renunciar a mi manera y seguir el plan y el propósito que Dios tiene para mi vida si de verdad quiero sentirme realizado y vivir en la abundancia que Él me ha prometido.

Es exactamente lo contrario de lo que oímos cada día en el mundo que nos rodea. Tenemos que intercambiar mantras —desde *satisfacerme* a mí mismo a *negarme* a mí mismo. Pedro negó a Cristo y se estrelló, pero cuando aprendió a negarse a sí mismo, se convirtió en un campeón. ¿Cómo se entiende eso? Cada día de mi vida llego hasta el lugar donde me doy cuenta de que no puedo conseguir lo que quiero. Llego hasta el lugar donde digo que quiero estar con mis hijos, pero estoy cansado. Me siento como un egoísta. Quiero ser mejor cónyuge, pero no tengo el amor que necesito. Quiero marcar una diferencia en el trabajo, pero no me quedan energías. Cada día de mi vida, llego hasta el lugar donde caigo de bruces y digo: "Dios, no puedo lograrlo. Me doy por vencido". Y Dios dice: *"Por fin. He estado esperando que llegara ese momento. Ahora puedo implicarme y darte Mi energía y Mi fuerza".*

Cuando nos encomendamos a Dios como la fuente de toda la fuerza en nuestra vida, obtenemos resultados que nunca podríamos alcanzar solos. Nunca, por mucho que lo hubiéramos intentado. Fallaremos una y otra vez en nuestros intentos de cambiar si sólo lo hacemos por nosotros, y lo hacemos solos. Dios tiene muchos otros recursos que pone a nuestro alcance, una fuente de energía inagotable en un circuito espectacular que ni siquiera imaginamos. Es el plan para el que Dios te ha destinado, la carrera que te propone. ¡Estás diseñado para ir a toda velocidad!

Para que dure toda la vida

1. Haz una lista de todas las cosas que puedas pensar que te impiden confiar plenamente tu vida a Dios, incluyendo las decepciones y heridas del pasado, las pérdidas, las dudas, etc. Cuando termines, pregúntate qué sería necesario para que pudieras confiar en que, de alguna manera, Dios puede utilizar cada una de ésas decepciones, dudas, etc. para que se cumpla el propósito para el que te ha destinado. Dedica un minuto en cada oración para cada una de ellas, y pide ayuda para poder desprenderte de ellas.

2. ¿Cuál es tu temor más grande en lo que se refiere a confiar plenamente tu vida a Dios? ¿Cuál es el fundamento de ese temor? Escribe para definir cómo te enfrentarías a ese temor si sólo te quedara un mes de vida.

3. Cuando hemos fallado y queremos volver a empezar, a menudo conviene hablar con una persona de nuestra confianza. Llama a alguien hoy y haz planes para reunirte con él/ella a tomar una taza de café para que puedas contar dónde te encuentras en tu circuito de la fe.

SEGUNDO PRINCIPIO

Amar plenamente

El quid del asunto

NO HAY QUE ESPERAR PARA RELACIONARSE

Es vanidad
querer vivir muchos años,
y ser imprudente para vivir bien.
—THOMAS A. KEMPIS

La medida de una vida, al fin y al cabo,
no es su duración,
sino su donación.
—CORRIE TEN BOOM

Al final, cuando todo ha sido dicho, lo único que importa son las relaciones. No importa cuánto dinero tengamos, dónde vivamos o cuántos bellos juguetes hayamos coleccionado. Nada de esto puede acompañarnos ni consolarnos, llorar con nosotros o amarnos. Nuestra inversión en nuestros seres queridos es el único legado que tiene la fuerza para perdurar más allá de nuestro paso por la vida.

Al introducirnos en esta segunda parte y concentrarnos en

amar totalmente, analizaremos el impacto que el estilo de vida del último mes puede tener en nuestra relación con Dios y con los demás. Dios nos creó para que tuviéramos una relación vertical con Él y horizontal con las personas que nos rodean. Aunque tengamos un profundo deseo de conectar con nuestras familias, amigos y comunidades, todos hemos vivido dificultades en las relaciones con los demás. Expectativas, decepciones, traiciones, heridas, mentiras, malentendidos, son muchos los obstáculos para amar a otras personas y para ser amados por ellas. Sin embargo, fuimos creado para relacionarnos, y si nos quedara un mes de vida, estaríamos más preocupados que nunca por esas personas.

Si alguna vez has perdido a un ser querido, sabes lo difícil que es acabar de resumir cualquier asunto pendiente entre tú y esa persona. Puede ser tan sencillo como expresar cuánto se quieren o tan complicado como hablar del impacto de toda una vida de fracasos y luego pedir perdón. En cualquiera de los casos, los dos lo consideran una prioridad, como para reorganizar agendas, si fuera necesario, viajar grandes distancias y hablar con el corazón.

Si tú fueras el que tiene los días contados, querrías tomar contacto con las personas en tu vida que más valoras. Querrías darles el regalo de un momento juntos, decirles todo lo que quieres decir y darles a conocer tu verdadero yo. Tendrías ganas de dejarles recuerdos, palabras y una dedicación personal que quedaría por largo tiempo después de que te hayas ido.

Sin embargo, hoy en día casi todos estamos tan ocupados, siempre en movimiento, que mantener relaciones estrechas, incluso con nuestros cónyuges y nuestra familia más cercana, se convierte en todo un desafío. Trabajamos largas jornadas para proveer lo que necesitan nuestros seres queridos, para darles lujos y facilidades que nosotros mismos quizá no hayamos tenido, pero hemos dejado de pasar momentos de calidad con ellos. Podemos regalarles objetos y vacaciones muy caras, pero nos cuesta darles nuestro tiempo y nuestra dedicación exclusiva.

¿Por qué, entonces, no vivimos como si lo que más nos importara fueran las relaciones? ¿Por qué esperamos a que la gente se muera para llevarles flores? Parece una paradoja que la mayoría valoremos las relaciones, pero no dediquemos energía a invertir plenamente en ellas. En el ajetreo a velocidades supersónicas en que vivimos, muchos tenemos la tendencia a dar a los otros por sentado. Un cónyuge a veces se convierte en sólo un jugador de apoyo más o en un compañero de habitación que colabora en la economía doméstica. Nuestros hijos se convierten en seres que entorpecen nuestros horarios cuando tenemos que llevarlos al colegio, al entrenamiento de fútbol o al centro comercial. Las reuniones familiares se convierten en una obligación, como la fiesta de la empresa en Navidad. Pero si sólo nos quedara un mes de vida, de pronto descubriríamos cuánto necesitamos a los demás y cuánto nos necesitan ellos a nosotros.

Momentos que importan

Si sólo te quedara un mes de vida, ¿con quién te gustaría pasar tu tiempo? ¿A quién tendrías que pedirle disculpas? ¿Quiénes tienen que saber hoy que los quieres? ¿Qué es lo que te impide dedicar el tiempo necesario y pronunciar esas palabras ahora?

Estudios sociales

Si bien la mayor parte de nuestra vida todavía está por delante, es una tentación dar por sentado a las personas que importan en nuestra vida. Queremos proteger nuestros corazones del intrincado asunto que significa relacionarse y despreocuparnos de lo

que ocurre bajo la superficie. Nos volvemos fuertes e independientes, y no dependemos de nadie más que de nosotros mismos.
El único problema es que por mucho que intentemos aislarnos de
los demás, es algo que va contra la naturaleza humana. Desde
luego, existen las personas extrovertidas y también las introverti-
das. Pero todos hemos sido creados como seres relacionales, criaturas sociales que desean pertenecer. Dios nos creó así, a su
imagen y semejanza.

En el primer libro de la Biblia encontramos dos verdades fundamentales de la existencia humana. En la historia de la creación
divina del hombre y la mujer, vemos que necesitamos algo más
que nosotros mismos, al parecer, incluso más que nuestra sola relación con Dios. "Después dijo Jehová Dios: 'No es bueno que el
hombre esté solo: le haré ayuda idónea para él'" (Génesis 2:18). Y
así fue que Dios dispuso que Eva compartiera el Edén con Adán.

Tú ya conoces el resto de la historia: la fruta prohibida, la se-
ducción de la serpiente, la expulsión del Edén. Y lo que parece
más asombroso es que Adán y Eva lo vivieron juntos. "Al ver la
mujer que el árbol era bueno para comer, agradable a los ojos y
deseable para alcanzar la sabiduría, tomó de su fruto y comió; y
dio también a su marido, el cual comió al igual que ella" (Génesis
3:6). Eran cómplices en el delito y, al tomar la decisión de deso-
bedecer a Dios, abrieron la puerta al pecado y nunca volvieron a
ser los mismos. Se convirtieron en padres de la condición humana, de la naturaleza egoísta que todos heredamos. Al igual que
Adán y Eva, queremos ser como Dios y que las cosas se hagan
como queramos. Ese episodio en el jardín del Edén plantó las semillas del conflicto y, desde entonces, las relaciones entre los seres
humanos no han vuelto a ser como las de entonces.

Momentos que importan

¿Quién es la persona que más te ha decepcionado en tu vida? ¿Cómo has manejado esa relación? ¿A través de la culpa, la distancia, la negación o el perdón? ¿De alguna otra manera? ¿Cómo ha influido ese dolor y esa decepción en tus otras relaciones?

El precio del amor

De modo que hemos sido creados para tener una intimidad social y emocional con aquellos que nos rodean, si bien nuestros deseos están contaminados por nuestra inclinación egoísta a que todo gire alrededor de nosotros. Estas fuerzas se mantienen en conflicto prácticamente durante toda nuestra vida. Queremos amar a otras personas y, a la vez, ser conocidos y celebrados y amados por los demás. Pero éstos nos decepcionan, nos hieren y no siempre responden como quisiéramos. Así que nos conformamos con irnos a lo seguro, diciéndonos que, al fin y al cabo, no los necesitamos, aunque nuestros corazones nos digan lo contrario. La Madre Teresa dijo en una ocasión que el tipo de pobreza más horrible era la soledad. Tenía razón, porque sin amor estamos emocionalmente en bancarrota.

El amor no se puede comprar, pero sin duda tiene un precio, y éste se llama sacrificio. El amor siempre implica arriesgarse a ser herido. Hasta en las mejores relaciones, existe un sentido de la pérdida potencial (siempre existe al menos la posibilidad de que algún día esa persona muera y nos deje solos). Amamos a alguien, nos casamos y luego descubrimos lo dolorosa y difícil que puede ser una relación íntima. Muchos de ustedes han vivido el dolor indescriptible de perder a los padres. Los hijos en los cuales invertimos toda nuestra vida crecen y, a la larga, se van. Nuestros mejores amigos cambian de empleo y son enviados a la otra punta del país. No dejamos de querer a todas esas personas, pero nos duele no poder estar con ellas y no podemos permanecer conectados con ellas como quisiéramos. El dolor es un aspecto inherente de cualquier relación importante.

Si queremos amar a otras personas y soportar los males del corazón así como celebrar que podemos compartir con otras vidas, necesitaremos un amor más grande que el propio. Tenemos que vivir la experiencia de la plenitud del amor de Dios por nosotros para renunciar a nuestros deseos egoístas y dar libremente a los demás. Primero tenemos que mirar hacia Dios. Aunque hayamos sido creados para necesitar a los demás, los otros nunca podrán sanar nuestra añoranza de ser amados como ama Dios. Él nos ha demostrado Su amor de una manera que cambió el curso de la historia y sigue cambiando innumerables vidas hasta el día de hoy.

El sacrificio más grande de amor en la historia se produjo con la muerte de Cristo en la cruz. Dios permitió que Su único hijo se hiciera mortal —el Verbo hecho carne— y que luego sufriera la muerte más horriblemente dolorosa y públicamente humillante, a saber, la crucifixión. El amor de Dios por nosotros es de verdad incomprensible. Nuestro amor tiene límites, pero el amor de Dios no. Es un amor completamente incondicional, sin cuerdas atadas.

El sacrificio de Dios me recuerda la historia de un hombre encargado del funcionamiento de un puente levadizo en la bahía de un pequeño pueblo de la costa. Cada día llegaba hasta la oficina junto al puente desde donde controlaba el mecanismo. Cuando tiraba de la palanca, el puente con la línea férrea se elevaba y pasaban unos barcos enormes. Luego tiraba de la palanca hacia abajo y el puente bajaba para que el tren pasara sin problemas.

Su hijo pequeño iba casi todos los días con él al trabajo. Le fascinaba ver a su padre subir y bajar el puente. Un día que estaban juntos, al padre le comunicaron que pasaría un tren no previsto en el horario y que él debía bajar el puente levadizo. El hombre miró por la ventana justo cuando iba a bajar la palanca y vio a su hijito jugando entre los enormes engranajes del puente junto a la orilla. Le gritó, pero su hijo no lo oyó debido al estruendo y los ruidos cerca del agua.

El hombre salió de la oficina corriendo hacia su hijo para agarrarlo y ponerlo en un lugar seguro, pero entonces se dio cuenta de la horripilante verdad. Si él no empujaba la palanca en ese mismo momento, el tren se precipitaría al océano y cientos de pasajeros morirían. Pero si bajaba el puente, moriría su hijo. En el último segundo que le quedaba, tomó su terrible decisión. Corrió hacia la oficina, bajó la palanca y cayó de rodillas, sufriendo la agonía de ver cómo su hijo moría aplastado. Con las lágrimas bañándole la cara, miró hacia fuera y vio pasar el tren que cruzaba el puente, sin problemas. A través de una ventana del coche comedor, alcanzó a ver a la gente comiendo, bebiendo y riendo, totalmente ignorantes del supremo sacrificio que el hombre acababa de consumar para que ellos pudieran vivir.

La mayoría vivimos como si ignoráramos el sacrificio que Dios ha consumado. Entregó a Su único hijo, que vino a este mundo y murió por nosotros para redimirnos de nuestra antigua culpa, para darnos una razón de ser en el presente y para darnos un futuro en el que está contemplado el Cielo. Cuando piensas en lo que significa sacrificarse por aquellos que te rodean, quizá antes debieras pensar en todo lo que Dios ha sacrificado por ti. Mi oración para todos los que leen esto es la misma que escribió Pablo a la iglesia de los efesios: "Por la fe en vuestros corazones, a fin de que, arraigados y cimentados en amor, seáis plenamente capaces de comprender con todos los santos cuál sea la anchura, la longitud, la profundidad y la altura, y de conocer el amor de Cristo, que excede a todo conocimiento" (Efesios 3:17–19).

Tu problema no es que no ames a Dios lo suficiente. Es que no entiendes cuánto te ama Él. Si pudieras entender aunque fuera un poco lo que Dios te ama, dejarías en Sus manos todas las cosas de tu vida. Dios habría renunciado a Su hijo para que viniera a este mundo y muriera en la cruz aunque tú fueras el único ser humano en la Tierra. Aunque fueras el único pasajero de ese tren no previsto, Él bajaría el puente, a costa de perder a Su único hijo, para salvar la brecha entre tú y Él. Eso es la medida de cuánto te ama.

Con Su amor como tu fundamento, descubrirás una nueva fuerza en tu manera de relacionarte con los demás. Puedes ser libre para ser tú mismo, sin pretender que ellos te validen, aprueben de ti o te den su autorización. Al mismo tiempo, los liberarás de la presión de tener que ser para ti más de lo que es humanamente posible. Si dejas a un lado los horarios cargados y las prioridades indefinidas y asumes el hecho de que el tiempo que te queda en este mundo es limitado, vivirás una intimidad más profunda que nunca.

Para que dure toda la vida

1. Haz una lista de las personas que te gustaría ver y con quién compartir con el corazón si supieras que sólo te queda un mes de vida en este mundo. ¿Qué pasos específicos darías para tomar contacto con algunas de ellas y compartir tu corazón? Podría ser tan sencillo como salir una noche con tu cónyuge o reunirse con un buen amigo.

2. Escoge a alguien a quien sabes que has herido con tus palabras, tus actos o tu silencio. Escribe una carta pidiéndole perdón a esa persona y explicándole todo

lo que tienes que decir antes de que sea demasiado
tarde. Deja la carta de lado unos días, luego vuelve a
leerla y decide si deberías mandarla.

3. Piensa en tu agenda para los próximos dos días. Por
muy ocupado que estés, encuentra un momento
para sorprender a alguien que quieres. Invita a un
amigo a un buen restaurante. Recoge a los hijos
temprano en el colegio y acompáñalos al parque.
Secuestra a tu mujer en la oficina e invítala a salir a
tomar un café. Encuentra maneras de añadir
conexiones de calidad a tu vida de todos los días.

El océano

EXPLORAR LAS PROFUNDIDADES DEL PERDÓN

Aquel que no puede perdonar a los otros
destruye el puente
que él mismo debe cruzar.
—GEORGE HERBERT

Aquel que carece de la fuerza para perdonar
carece de la fuerza para amar.
—MARTIN LUTHER KING JR.

Cuando voy a la playa, me he dado cuenta de que mucha gente se acerca a la orilla, pero nunca se mete en el agua. Se tienden sobre sus toallas y se asan al sol, lo cual mantiene ocupadas las consultas de los dermatólogos. Otros entran en el agua y chapotean unos minutos, quizá hasta la cintura, pero nunca se alejan demasiado de la orilla. Algunos exploran un poco más allá. Se ponen una máscara, un tubo y unas aletas y parecen zambullirse más profundamente. Pero siguen estando en la superficie.

Con mi familia nos encanta hacer submarinismo, y hace unos años todos conseguimos nuestros certificados oficiales de submarinistas. Ya se trate de restos de navíos hundidos o de tiburones (en realidad, a mí los tiburones no me interesan tanto), nos encanta explorar ese mundo submarino que cubre más de dos terceras partes de la superficie terrestre. Yo no tardé en aprender que un submarinista puede bucear cómodamente hasta una profundidad de unos cuarenta metros. Al principio, parece mucho, pero piensa en ello. El lugar más profundo del océano se encuentra en la Fosa de las Marianas, a 11.000 metros de profundidad. Son 11 kilómetros, ¡y nosotros sólo podemos bajar 40 metros! Aunque bajemos en un sumergible, la mayor parte del océano es demasiado profundo y vasto para ser explorado.

El amor de Dios es similar. Normalmente, sólo chapoteamos en la superficie, aunque Él nos ofrece unas profundidades de la vida muy diferentes. Si sólo nos quedara un mes de vida, seguro que la mayoría de nosotros se aventuraría a aguas más profundas, entendiendo que la única manera de estar en paz es confesando nuestros pecados y viviendo el perdón y la misericordia que Dios otorga con tanta liberalidad.

Nuestros pecados, faltas y fracasos no se desvanecen. O confesamos o reprimimos. En la rutina de nuestras vidas ajetreadas no resulta difícil reprimir nuestros errores, sirviéndonos de la negación. Sin embargo, si el fin estuviera próximo, nos daríamos cuenta de que no podemos seguir esperando. La clave de cómo dejamos este mundo se resume en cómo vivimos el perdón y lo practicamos con quienes nos rodean.

Momentos que importan

Si sólo te quedara un mes de vida, ¿por qué cosas pedirías perdón? ¿A quién? ¿A quién tendrías que perdonar tú?

Bajo la superficie

Un buzo con un traje especialmente diseñado para soportar la presión puede bajar mucho más (hasta unos 300 metros) que yo con mi equipo de submarinismo. La oración de Dios funciona de la misma manera. Nos permite ir mucho más profundamente y llegar al corazón de lo que más importa, es decir, el perdón. Puede que ya te lo conozcas de memoria, pero piensa en cómo lo explica Jesús:

Deberías rezar de la siguiente manera:

"Padre nuestro que estás en el Cielo,
santificado sea tu Nombre;
venga a nosotros tu reino;
hágase tu voluntad
en la Tierra como en el Cielo.
Danos hoy nuestro pan de cada día;
perdona nuestras ofensas,
como también nosotros perdonamos
a los que nos ofenden.
No nos dejes caer en tentación,
y líbranos del mal".

Por tanto, si perdonáis a los hombres sus ofensas, os perdonará también a vosotros vuestro Padre celestial. Pero si no perdonáis sus ofensas a los hombres, tampoco vuestro Padre os perdonará vuestras ofensas (Mateo 6:9–15).

Por familiar que parezca este pasaje, ¿cuán a menudo pensamos de verdad que rezamos? ¿*De verdad* queremos que Dios responda a aquella parte que dice: "perdona nuestras ofensas, como también nosotros perdonamos a los que nos ofenden"? ¿Queremos sinceramente que Dios nos perdone en la misma medida en que nosotros perdonamos a los demás? Todos queremos recibir ese perdón, pero cuando se trata de otorgar nuestro perdón por el daño que otros nos han hecho, todo cambia. La herida punzante, la profundidad del dolor, las traiciones, las decepciones… el perdón es más difícil.

Se parece a intentar ver con claridad en las profundidades del océano. Para ver cualquier cosa por debajo de su superficie, necesitas una máscara. Y para perdonar a los demás, también tienes que zambullirte bajo la superficie. En la superficie, no hay un motivo lógico para perdonar a alguien que me ha herido. Sin embargo, cuando miro por debajo de esa superficie, la Biblia me da algunos poderosos motivos para perdonar.

El primero de esos motivos es que Cristo lo ordena. Si has dedicado tu vida a conocerlo y a seguirlo, el perdón no es un acto optativo. Pablo escribió con claridad: "De la manera que Cristo os perdonó, así también hacedlo vosotros" (Colosenses 3:13). A lo largo de las Escrituras, el perdón no aparece como una sugerencia. Si quieres seguir a Jesús, es un mandamiento. Aunque resulte difícil y se plantee como todo un desafío emocional, todos tenemos que practicar el perdón. Debemos decidirlo nosotros, las veces que sea necesario. Puede que persistan nuestros sentimientos y las consecuencias de las heridas que hemos sufrido, pero se nos ordena perdonar por un motivo, a saber, que nuestra supervivencia depende de ello.

Si intentas bucear en las profundidades del océano sin un traje adecuado, no sobrevivirás. Mientras más profundamente te sumerjas, a más presión estará sometido tu cuerpo, ya que el agua es mucho más densa que el aire. Si sigues descendiendo, acabarás sometido a una presión tan fuerte que te colapsará los pulmones y te aplastará el esqueleto.

De la misma manera, si intentas vivir sin perdonar, no sobrevivirás. Es esencial perdonar por nuestro propio bien. De otra manera, nos ahogaremos en la amargura. Cuanto más profundo te sumerjas en el océano del resentimiento, mayor será la presión y la tensión. A la larga, la presión será tan intensa que tus relaciones, tu alegría y tu salud se resentirán. Las investigaciones médicas y fisiológicas han revelado que la amargura y el estrés tienen consecuencias nefastas. A menudo creemos que si nos aferramos a nuestra herida, nos estamos vengando de la persona que nos hizo daño. En realidad, sólo nos hacemos daño a nosotros mismos. Si queremos disfrutar plenamente de la vida, debemos dejar ir a la amargura.

Momentos que importan

¿Cómo has vivido las consecuencias de la amargura en tu vida? ¿Cuáles han sido las consecuencias físicas? ¿Cuál es el impacto de la amargura en tu vida actualmente? ¿En qué medida está relacionado con tu capacidad de perdonar y ser perdonado?

No aguantes la respiración

La regla número uno del submarinismo es nunca aguantar la respiración. Los instructores inculcan este principio a sus alumnos porque cuando se encuentran a grandes profundidades y respiran de la botella de oxígeno, el aire les llena los pulmones de forma natural. Si aguantan la respiración mientras ascienden a la superficie, el aire en sus pulmones se expande y puede provocarles daño. ¡No sería una experiencia agradable sentir que los pulmones te estallan bajo el agua! Esto explica por qué los instructores les recuerdan constantemente a sus alumnos que nunca aguanten la respiración.

La regla número uno cuando nos sumergimos en las profundidades de la vida es nunca guardarse la amargura. Pensemos que en la mayoría de los casos las heridas no aparecen de la noche a la mañana. Suele comenzar con un dolor leve que luego se convierte en una infección imparable. A menudo los frutos de la amargura provienen de la semilla de la ira. "No se ponga el sol sobre vuestro enojo, ni deis lugar al diablo" (Efesios 4:26-27). Pablo escribió que nunca deberíamos llevar nuestra rabia encima durante más de veinticuatro horas. ¿Por qué? Porque si la mantenemos viva el segundo día, la rabia muta y se convierte en amargura. Si no te desprendes del resentimiento, a la larga estallarás.

Nos desprendemos de la ira y la amargura siendo sinceros con nuestros propios sentimientos, hacia los demás y hacia Dios. No siempre nos gusta reconocer que nos sentimos dolidos o que alguien se las ha ingeniado para ofendernos. El orgullo alimenta nuestro engaño, aunque por dentro estemos hirviendo de rabia. Si a nuestra amargura no le ponemos límites, no tarda en convertirse en una amargura maligna.

A menudo sucede que no sólo nos sentimos heridos por otros, sino que también estamos furiosos con Dios. Y pensamos: *Dios, es contigo que estoy amargado porque tú has permitido esto. Podrías haberle puesto fin ya que eres todopoderoso. Pero dejaste que sucediera, de modo que, en última instancia, tú eres el responsable.* Y luego reprimimos nuestros sentimientos porque se supone que no debemos irritarnos con Dios. Sin embargo, Dios es lo bastante grande como para lidiar con nuestra rabia. En cualquier caso, sabe que estamos enojados con Él. Yo solía pensar que si reconocía que estaba enojado con Dios, era probable que él me castigara descargando un rayo sobre mí. Pero Dios no hace ese tipo de cosas. Nos ama tal como somos. Quiere que volquemos nuestros corazones en Él, que reconozcamos nuestros sentimientos y digamos: "¡Dios mío, qué enojado estoy! Estoy furioso y amargado. ¿Por qué lo has permitido? No lo entiendo".

Tenemos que expresar nuestros sentimientos ante Dios y llegar a un punto en que podamos rezar: "Dios, confío en que tú sabes qué es lo mejor. Sabes que estoy enojado, así que, por favor, perdóname y ayúdame a sanar". Cuando haces eso, comienza el proceso de sanación. Es lo que le ocurrió a David. En el Salmo 32:5, dice: "Mi pecado te declaré y no encubrí mi iniquidad. Dije: 'Confesaré mis rebeliones a Jehová', y tú perdonaste la maldad de mi pecado". Cuando abro mi corazón a Dios, comienzo a sanar. Expulso la amargura, y entonces puedo respirar el perdón.

No nos agrada perdonar a quienes nos han hecho daño, pero no importa. El perdón no tiene que ver con lo que sentimos. Perdonamos porque tomamos una decisión consciente y decimos a Dios: "Decido perdonarlos gracias a Tu fuerza, porque Tú me lo has ordenado y porque es por mi propio bien". Y, cuando cinco minutos más tarde vuelve a nuestro pensamiento el dolor infligido, podemos repetir esa oración todas las veces que sea necesario. En una ocasión alguien dijo que perdonar era liberar al prisionero y descubrir que el prisionero, en realidad, era uno mismo.

Dios dice que hay que perdonar por nuestro propio bien, porque la amargura bloquea las bendiciones con que Dios te quiere colmar. Si te abres a Dios perdonando y rezando por quienes te han hecho daño, las bendiciones volverán a fluir. La sanación comienza por tu alma. Jesús fue el mejor ejemplo de alguien que perdonaba naturalmente. En uno de Sus últimos momentos en la cruz, comenzó a rezar: "Padre, perdónalos porque no saben lo que hacen" (Lucas 23:34). De ahí nace la fuerza para perdonar, de la conciencia de que hemos sido perdonados, antes que nada, a través del sacrificio de Cristo en la cruz.

Echar el ancla

No podemos dar lo que no hemos recibido. Sabemos que hemos recibido el perdón, pero no entendemos cabalmente la profundidad de la misericordia divina, lo cual hace aún más difícil perdonar a los demás. Si puedo comprender una pequeña parte de todo lo que Cristo me ha perdonado, es mucho más fácil perdonar a otros que me han hecho daño.

Cuando no confesamos ni nos entregamos al perdón que tan libremente se nos otorga, empezamos a hundirnos. Si pensamos en nuestros errores, pecados y fracasos del pasado, veremos que son como un ancla enorme que nos lastra. Hay personas que están tan acostumbradas a arrastrar un ancla de culpa que casi ni recuerdan que está ahí. Sin embargo, sus efectos son devastadores: ansiedad, depresión, insomnio, hipertensión y úlceras. La culpa puede envenenar todas las facetas de nuestra vida.

Por eso, es bueno saber que gracias a ese regalo de Dios, no tienes por qué arrastrar el ancla de la culpa que tanto te lastra. "Él volverá a tener misericordia de nosotros; sepultará nuestras iniquidades y echará a lo profundo del mar todos nuestros pecados" (Miqueas 7:19). Cuando te presentes ante Dios con tu ancla de culpa, Él te la quitará y la lanzará a las profundidades de Su océano de perdón.

Hasta que hayas vivido la plenitud de la gracia y el perdón de Dios, nunca podrás perdonar del todo a los otros. Nunca estarás en paz, ni verás la visión que Dios tiene para ti y para tu vida. Tampoco vivirás las bendiciones con que te quiere colmar. El perdón no significa fingir que, en realidad, no te sientes dolido. No hay que quitarle importancia a la ofensa. El perdón no es una ex-

periencia superficial. Nos exige sumirnos en una profunda sinceridad y decir la verdad: "Lo que has hecho me ha herido
profundamente, pero decido perdonarte gracias a la fortaleza de
Dios".

El perdón verdadero es como nadar en un océano más
profundo de lo que jamás podríamos imaginar. Significa vivir
una ola de amor que lava nuestros pecados, nuestra amargura
y nuestra culpa. Si sólo te quedara un mes de vida, ¿no querrías ir más allá de lo superficial, hacia el límpido océano del
perdón?

Para que dure toda la vida

1. Haz una lista de las personas que tienes que
   perdonar. Anota la ofensa (aquello que te hizo daño)
   —junto a cada nombre. Después, haz una lista de
   todas las personas a las que tienes que pedir perdón.
   Junto a sus nombres, anota brevemente qué hiciste
   para herirlos. Finalmente, dedica un tiempo de
   confesión con Dios. Pide que el poder de Cristo te
   bañe y te llene de Su perdón, lo cual te permitirá
   perdonar a otros.

2. Escribe una carta a Dios y dile todo lo que piensas.
   Cuéntale de todo aquello por lo que tienes rabia,
   todo lo que tienes en contra de Él y todas tus dudas.
   Sé sincero y confía en que Él puede manejarlo todo
   —cualquier cosa— que le lances, sin importar lo
   oscuro, desesperado y dudoso que puedas mostrarte.
   Luego, pídele que sane tu corazón mientras rompes
   la carta.

3. Escoge una foto bonita, una concha o cualquier otro recuerdo que represente al océano. Colócalo en un lugar visible como recordatorio para pedir el perdón de Dios y para perdonar todos los días a los que te rodean.

El Everest

SALVAR LOS OBSTÁCULOS A LA UNIDAD

> Debemos rezar con los ojos puestos en Dios,
> no en las dificultades.
> —OSWALD CHAMBERS

> Sé que Dios no me encargará nada que no pueda manejar.
> Sólo desearía que no confíe tanto en mí.
> —MADRE TERESA

Me fascina mirar esos programas épicos sobre los escaladores del Everest. Me siento sumamente intrigado por aquellas personas capaces de arriesgarlo todo para alcanzar la cumbre más alta del planeta. Esos tipos son capaces de enfrentarse a sensaciones térmicas de cuarenta grados bajo cero, con las manos y los pies congelados y heridos, y casi sin aire para respirar. Sin embargo, son capaces de darlo todo para llegar a la cumbre. Y ahí estoy yo, sentado, comiendo una barra de Twinkie, absolutamente agotado, como si estuviera ahí con ellos, arriesgando mi vida.

El monte Everest mide más de 29.000 pies, pero cuando un alpinista llega a los 26.250, entra en lo que se denomina la zona
mortal. A esas altitudes tan extremas, no puede subsistir ningún
ser humano. El organismo es incapaz de aclimatarse a un nivel
tan bajo de oxígeno, de manera que si uno se queda demasiado
tiempo en la zona mortal acaba muriendo. Es lo que le sucedió a
un alpinista en mayo de 2006. Los otros escaladores lo dejaron en
la zona mortal mientras ellos seguían su ascensión hasta la cima
del Everest. Todos los que pasaron a su lado vieron que estaba en
peligro, pero creyeron que formaba parte de otro equipo y que
otros se ocuparían de rescatarlo.

Poco después de aquella tragedia, otro escalador, Lincoln Hall,
fue encontrado en la zona mortal. Fue rescatado por una partida
de cuatro escaladores y once sherpas, que renunciaron a su propia
ascensión para quedarse junto a Hall y luego bajar con él. Hall se
recuperó completamente. ¿Dónde radica la diferencia entre la supervivencia de uno y la muerte del otro? El trabajo de un equipo
que no sucumbió al egoísmo.

Ese estilo de trabajo de equipo hoy en día es casi inexistente.
Con las superestrellas del deporte acaparando la gloria y los grandes consorcios llevándose todos los créditos, es raro conocer a
un equipo unido y eficaz. Compiten demasiados proyectos individuales, lo que equivale a sabotear el objetivo más adecuado
para el equipo. Ya se trate de un equipo deportivo, de un grupo
de amigos, de socios comerciales o de un matrimonio, muchas
relaciones se rompen porque es muy difícil congeniar con otros.
Todos tenemos un proyecto propio que nos impide comunicar
con claridad y seguir adelante con lo necesario para estrechar
lazos.

Si nuestros días en este mundo estuvieran contados, bus-
caríamos maneras de construir puentes, de ayudar a sanar y disfrutar de nuestras relaciones más importantes. Nadie quiere dejar

esta tierra sin haber dejado en orden sus asuntos. Queremos dejar a nuestros seres queridos después de haber llegado a la cumbre de nuestras relaciones como resultado de tener el valor para amar.

Momentos que importan

¿Cuán satisfecho te sientes con el estado de tus relaciones más importantes en este momento? ¿Cómo definirías a cada una: excelente (nunca han sido más estrechas), bien (nos entendemos, pero hay cierta tensión), bastante dura (tenemos conflictos por cualquier cosa) o terrible (no conseguiremos arreglar las cosas)? ¿Qué te impide llegar a donde quieres llegar en cada una de ellas?

La cadena relacional

Todos sabemos que puede ser una ascensión muy pronunciada ir desde donde estamos hasta donde queremos estar. A partir de mi experiencia y de la experiencia de personas a quienes he dado mis consejos, hay tres cadenas montañosas que normalmente impiden que haya unidad en las relaciones.

La primera es la que yo llamo el monte del Malentendido. La mayoría de las relaciones no tienen la fuerza suficiente para superar esta primera cumbre, y los malentendidos y los altercados se acumulan rápidamente y alcanzan la altura de Pikes Peak. Al comienzo de una relación, todo parece muy positivo. Juntos ascienden por un camino liso, uno junto al otro. Y, de pronto, ¡zas!, se encuentran los dos con una enorme roca de malentendidos que parece sacarlos a ambos del camino.

Es una situación que puede fácilmente convertirse en zona mortal antes de alcanzar la unidad en una relación. En un matrimonio, sólo se tarda unos pocos meses (¡a veces, sólo semanas!) en llegar a ese punto. Equivale al momento en que la luna de miel llega a su fin y uno de los dos se percata de que, a fin de cuentas, no se ha casado con una persona perfecta. A veces, puede que la fuente del conflicto sea una asociación comercial, donde antes los dos compartían una visión unitaria. Sin embargo, cuando de pronto surge un conflicto, los socios se dan cuenta de que no piensan para nada igual. En lugar de aferrarse al ideal —que el cónyuge, amigo, socio o compañero de equipo era una buena elección y que siempre te entenderás con él— debes comprender que las diferencias de opinión son parte natural e inevitable de todas las relaciones. No podemos leer el pensamiento de los demás, por mucho que nos parezcamos. Todos somos humanos, así que la ambigüedad en la comunicación y los malentendidos son inevitables.

La segunda montaña que debemos escalar en cualquier relación es la actitud que yo denomino "yo primero". Pertenece a la naturaleza humana decir: "Atenderé a tus necesidades sólo si primero atiendes a las mías". Ya se trate de mis hijos peleándose por quién viaja en el asiento delantero del auto o de mi deseo de apoderarme del control remoto del televisor, todos quisiéramos conseguir lo que deseamos sin pensar en lo que necesitan quienes nos rodean. La actitud de "yo primero" deja a los demás en una zona mortal mientras nosotros seguimos egoístamente hacia la cima.

Como es evidente, esto crea un conflicto natural y permanente. Tenemos que aprender a llegar a acuerdos y a inventar soluciones creativas que satisfagan las necesidades de las dos partes. Si de verdad queremos a alguien, será más fácil cambiar nuestro programa —no convirtiéndose en mártir, sino teniendo un diálogo abierto acerca de lo que está en juego, sobre cómo se sienten las dos personas implicadas y cómo pueden cambiar las cosas.

La tercera y última cumbre en esta cadena montañosa es la más mortífera, la montaña de los Errores. Así como tenemos malentendidos y deseamos ponernos antes a nosotros mismos, todos cometemos errores y todos metemos la pata. Muchas relaciones se abandonan en la montaña de los Errores. Todos nos hemos sentido heridos por los actos o las palabras de los demás. Cuando eso ocurre en una relación, es fácil hacerse fuerte y negarse a seguir por ese camino porque la montaña es, sencillamente, demasiado empinada. Quieres protegerte para que tu corazón no vuelva a estar herido. Pero esto sólo te lleva por un camino diferente, de vuelta a la montaña de "yo primero", y al cabo de poco tiempo estás tan lejos que la relación se acaba.

Estas tres montañas marcan el paisaje de cualquier relación. Puede que nos intimide el ascenso o que pensemos que no superaremos el desafío y, por lo tanto, decidamos abandonar. O puede que nos convirtamos en el tipo de persona que sabe lo que se requiere para superar los obstáculos y sigue escalando. Ninguno de nosotros quiere de verdad abandonar, y si sólo nos quedara un mes de vida, eso sería más evidente que nunca. Para amar realmente a las personas en nuestra vida, tenemos que superar estos obstáculos relacionales y aprender a ir más allá de los errores y de nuestros propios intereses. Tenemos que crecer en nuestra voluntad y nuestra habilidad para volcarnos en las personas que queremos, motivarlas para que sigan el camino con nosotros y darles las armas para que perseveren cuando ya no estemos con ellas.

No es cosa fácil. Las relaciones no son para los que se rinden enseguida. Y necesitaremos un poco de ayuda sobrenatural, a saber, la fuerza de Dios para amar. Sin embargo, las provisiones son ilimitadas, y el precio de sus recursos nunca sube, porque son gratis.

Momentos que importan

¿Cuál de las tres montañas —malentendidos, "yo primero" o los errores— ha echado a perder tus relaciones más importantes en los últimos tiempos? ¿Cómo has manejado la situación? ¿Qué harías de forma diferente si pudieras?

La cuerda de la aceptación

En la Biblia encontraremos estrategias para que las montañas relacionales no adquieran proporciones demasiado grandes y sean manejables. Para perseverar y mejorar nuestras relaciones, antes debemos conectar con la cuerda de la aceptación. Los escaladores utilizan una técnica con unas cuerdas llamadas amarras. Esta consiste en asegurar a un escalador a una cuerda para que éste no caiga si resbala en la roca. De la misma manera, no podemos alcanzar nuevas alturas con seguridad si no conectamos con una cuerda de aceptación. "Por tanto, recibíos los unos a los otros, como también Cristo nos recibió, para gloria de Dios" (Romanos 15:7). Uno de nuestros problemas más graves en las relaciones es que siempre queremos cambiar a las personas con que nos relacionamos. Aceptar a los demás significa dejar de intentar *cambiarlos* y empezar a *entenderlos*.

Dirás que decirlo no cuesta nada, ¿no? Sin embargo, en más de veinte años de matrimonio, he aprendido un secreto muy valioso: *la aceptación significa dejar de intentar que mi cónyuge cambie y empezar a apreciarlo.* Apreciar a la gente significa sencillamente valorarlos lo suficiente como para creer entenderlos. Para ser sincero, no es algo natural en mí aceptar completamente a las personas en mi vida. Mi inclinación egoísta quiere cambiar a las personas con que interactúo e intentar que se parezcan más a mí. Es algo sobrenatural en mí aceptar a la gente en mi vida tal como es, trabajar mis propios defectos y faltas de carácter y confiar en Dios en mi trato con otras personas. Cuando Él nos da la fuerza para aceptarnos los unos a los otros, aprendemos a conectar de verdad con la cuerda de la aceptación y llegamos juntos a cumbres más altas.

Tracción con acción

Junto a la aceptación, ganamos tracción con actos de amor. Nada es más importante para los escaladores que la tracción de sus botas. Puedes tener el resto del equipo, pero si no tienes las botas adecuadas, nunca ascenderás por el terreno difícil. Los elementos esenciales de las relaciones estrechas son esos pequeños gestos de amor, todas las cosas aparentemente insignificantes que tanto significan para la otra persona. Cuando no eres consecuente y les dices a los otros lo importantes que son, pero nunca lo demuestras con gestos de afecto, la relación se debilitará. La claridad y la seguridad que tus gestos de amor brindan a las personas que te rodean no pueden ser subestimadas y te proporcionarán la tracción para llevarte a la cumbre.

Todos los escaladores también conocen la importancia de estar sujetos a la pared para no caer al vacío. Es un punto de sujeción y protección a prueba de fallos. En nuestras relaciones, ese punto de apoyo es el perdón. Es el gesto de amor que le permite a la relación crecer y madurar en el tiempo. Las mejores relaciones se basan en el perdón, porque en todas las relaciones participan personas imperfectas que cometen errores. Cuatro poderosas palabras te mantienen sujeto mientras escalas la montaña de los errores. "Lo siento. ¿Puedes perdonarme?"

Los obstáculos —los malentendidos, el egoísmo y los errores— forman parte de todas las relaciones, pero podemos superarlos y acercarnos más a las personas que amamos si estamos dispuestos a practicar la aceptación, los gestos de afecto y el perdón constante. Este tipo de comportamiento necesita que el amor sobrenatural de Dios nos inspire y nos ayude a ir más allá de nuestras expectativas e inclinaciones naturales. Él está más que dispuesto y siempre disponible para ayudarnos a amar a los demás como Él nos ama a nosotros. Con los instrumentos adecuados que nos proporciona, no sólo podremos disfrutar de la vista desde todo lo alto sino, además, gozar de la escalada.

Para que dure toda la vida

1. Diagnostica y anota lo que, en tu opinión, necesita cada relación importante en tu vida para ser más sana. Puede que sea tan sencillo como pasar más tiempo juntos con una determinada persona, conversar de un tema difícil hasta entonces sin abordar o mandarle a alguien una nota o un e-mail para contarles que piensas en ellos.

2. ¿Cómo comunicas tu entrega con las personas que amas? ¿Tienes la tendencia a hablar más de lo que demuestras o a mostrar más de lo que dices? Los psicólogos dicen que todos tendemos a inclinarnos por un método en lugar del otro —decimos lo que sentimos, pero puede que no lo mostremos tanto, o lo demostramos continuamente y suponemos que nuestros actos hablan por nosotros. Identifica cuál

sería tu estilo y practica el estilo opuesto con las
personas que más estimas.

3. Dedica un tiempo a la oración para cada persona
   que consideres esencial en tu vida. Pregúntale a Dios
   cómo puedes mejorar tus relaciones con esas
   personas de vital importancia para ti.

El cuadrilátero

RESOLVER CONFLICTOS MEDIANTE EL JUEGO LIMPIO

> Lo contrario al amor no es el odio,
> sino la indiferencia.
> —ELIE WIESEL

> Puede que se olviden de lo que dijiste,
> Pero nunca olvidarán cómo los hiciste sentir.
> —CARL W. BUECHNER

Habiendo crecido con Mohamed Alí y las películas de *Rocky*, siempre he admirado a los boxeadores, su fuerza, agilidad, resistencia y determinación. Hay algo en la manera de abordar cada combate que me fascina hasta tal punto que hace poco visité el gimnasio de boxeo de Lee Canalito, en el centro de Houston, para aprender a boxear, y tuve la oportunidad de entrenar con Ray Sugaroso. Su objetivo consistía en entrenarme para pelear unos cuantos *rounds* con algunos de los mejores boxeadores del gimnasio. Mi objetivo era procurar que mi organismo de mediana edad no sufriera daños irreversibles.

Al final, sobreviví, pero les cobré un respeto completamente diferente a los boxeadores. Aunque mis rivales me trataron con mucho cuidado, uno de ellos me propinó un golpe en la mandíbula que me dejó con dolor de cabeza el resto de la semana. Aprendí que, aunque soy un boxeador medianamente decente, es probable que nunca acuda a Las Vegas para competir por el título mundial. Y, para ser sincero, no tenía una idea muy acabada de lo que era el boxeo hasta que Ray y su gente me hicieron subir al cuadrilátero.

Así como yo no tenía ni idea de cómo boxear, la mayoría no tenemos ni idea de cómo resolver los conflictos. Los conflictos son inevitables en las relaciones. Cuando dos personas únicas e imperfectas se relacionan es imposible que estén de acuerdo en todo. Por eso tiene una importancia fundamental saber abordar eficazmente los problemas relacionales. En realidad, nadie nos enseña a enfrentarnos y a resolver las situaciones de punto muerto que la vida trae inevitablemente consigo, sobre todo en el matrimonio. Creo que debería haber una ley que estipulara que antes de casarse las parejas deberían seguir un curso de resolución de conflictos. Sin embargo, incluso en la amistad, en los equipos de trabajo, los comités y la familia ampliada, resulta difícil saber cuándo resistir y cuándo ceder y tirar la toalla. Si sólo te quedara un mes de vida, te gustaría saber cómo superar esos temas pendientes y finalmente resolver los conflictos con tus seres queridos.

El juego limpio

La Biblia nos proporciona los principios para un juego limpio. Si bien yo quiero concentrarme en cómo se pueden aplicar a tu relación con tu cónyuge, también se puede aplicar a las relaciones con tus socios comerciales, compañeros de trabajo y amigos. Estos principios no garantizan que ganarás o que tendrás razón cada vez que surge un conflicto, pero sí garantizan que te sentirás más cerca de tus seres queridos a través del proceso de enfrentarse al conflicto.

Uno de estos principios suena como algo simple, pero puede ser muy difícil de observar siempre: mantenerse en el cuadrilátero y lejos de las cuerdas. A veces el conflicto se vuelve un poco acalorado y complicado, pero en nuestras relaciones primordiales tenemos que tener el valor suficiente para mantenernos dentro del cuadrilátero hasta que lleguemos a una solución, sin importar el tiempo que tardemos. Si de verdad apreciamos a alguien, debemos reunir el valor necesario para enfrentarnos y abrirnos camino entre las emociones desagradables que surgen con los conflictos. Son emociones tan poderosas y malsanas que hacemos lo posible por evitarlas. Los hombres suelen inhibirse ante las emociones fuertes porque no se sienten cómodos cuando tienen que tratar con ellas. El resultado es que algunos hombres se salen de la zona de combate cuando aparecen los problemas porque desean evitar las discusiones a cualquier precio. Hay pocas cosas más frustrantes para una mujer que ver que su marido elude el conflicto y se refugia en su cueva, donde se vuelve distante, se desentiende y se aísla.

Todos nos hemos inventado tácticas para enfrentarnos a los conflictos, y éstas reflejan nuestro temperamento, nuestra experiencia o los ejemplos que hemos tenido cuando niños. La mayoría se ha entregado a una de cinco maneras fundamentales de combate. La primera es la que yo llamo la técnica de "irse a las cuerdas", un estilo inventado por Mohamed Alí en sus mejores años. En medio del combate, Alí se dejaba ir contra las cuerdas y se cubría, sin responder a los golpes. Sus rivales pensaban que aquello era signo de cansancio y se decían "Ya lo tengo", y se iban a las cuerdas y empezaban a lanzarle golpes. Pero a Alí sus rivales no le hacían daño alguno. Se apoyaba en las cuerdas y conservaba toda su energía, mientras sus rivales se frustraban al no poder dar en el blanco. Al final, el contrincante quedaba cansado de tanto golpe en vano.

Los boxeadores que se van a las cuerdas solucionan los problemas diciendo: "No hay manera de que me metas en una pelea". Evitan el conflicto, se niegan a comprometerse y se inhiben cuando afloran las emociones. Su regla número uno es evitar los conflictos a cualquier precio. Sin embargo, ya se puede intuir cuál será el problema. Evitar el conflicto a cualquier precio a veces produce una paz muy frágil pero, sobre todo, socava la relación, la mantiene en un nivel superficial y dominada por el miedo. Sin una solución, la relación permanece en un nivel superficial y no llega a cultivarse la intimidad que nace de enfrentarse juntos a los problemas graves.

Después, viene el artista del K.O., que con su actitud dice: "Se hace a mi manera o no se hace". Estos boxeadores relacionales luchan hasta ganar y conseguir que la otra persona se rinda. El artista del K.O. dice: "Siempre tengo razón y se hará siempre como yo digo". Si bien los artistas del K.O. suelen vencer, la relación empieza su cuenta atrás porque la otra persona no tiene voz y a la larga se cansará de intentarlo.

Luego están los boxeadores que van a la lona. Son boxeadores que tiran la toalla con facilidad. Siempre son los primeros en ceder. Se convierten en felpudos y en mártires puesto que su técnica es caer y hacerse el muerto. Esto produce una falsa paz y a la larga crea una gran amargura en la persona que siempre cede y un orgullo peligroso en la que no cede nunca. No es una manera saludable de discutir.

El cuarto es el boxeador del un-dos, un-dos, y se inclina por una solución de acuerdo mutuo. Tú ganas la mitad y yo gano la otra mitad. A veces cedo yo, a veces tú. Este estilo puede ser más sano y más eficaz que los demás porque al menos existe la voluntad de permanecer en el cuadrilátero con la idea de que cualquiera de los dos puede ganar.

Sin embargo, el mejor estilo es el del compañero de entrenamiento, la persona que se compromete a ser compañero de equipo y a ayudar al otro. Los compañeros de entrenamiento se quedan en la lona y no se van a las cuerdas. Por muy desagradable que sea, permanecen hasta que se alcance una decisión de común acuerdo que para ambos es la mejor. Los compañeros de entrenamiento saben que la relación es más importante que cualquier discusión que pueda surgir, como también entienden que el proceso suele ser más importante que el resultado.

Si el tiempo se acabara y estuvieras contando los días que te quedan, ¿no te gustaría llegar a establecer una paz verdadera con tus seres queridos? La única manera consiste en permanecer en el cuadrilátero, solucionando cualquier conflicto no resuelto antes de que sea demasiado tarde. Por las experiencias que he tenido con personas cuyo tiempo de vida es limitado, es uno de los más grandes regalos que pueden hacerle a sus seres queridos.

Momentos que importan

¿Qué estilo de boxeador eres tú? ¿Cómo crees que has desarrollado ese estilo? ¿Cómo describirías la fórmula de solución de los conflictos entre tus padres? ¿Cómo influyó ese estilo en el tuyo? Si tuvieras un mes de vida, ¿qué cambiarías en tu manera de resolver los conflictos? ¿Por qué?

Reglas básicas

Si pensamos permanecer en el cuadrilátero para que la relación pueda crecer, debemos comprometernos a jugar limpio. En un combate de boxeo, el árbitro reúne a los contendientes en el centro del cuadrilátero y dice: "De acuerdo, vamos a pelear. Éstas son las reglas básicas: nada de golpes por debajo del cinturón, nada de agarrarse o hacer tropezar y (en el caso de Mike Tyson) nada de morder". Una vez dichas las reglas, éstas conforman las expectativas y acciones de ambos contendientes.

Antes de que pelees con tu pareja o con alguien que aprecias, debes establecer las reglas básicas, así como fijar límites que los dos respetarán. Antes de tener un enfrentamiento con un compañero de trabajo, tienes que recordarle a la otra persona que estás decidido a encontrar una solución, no a encontrar un chivo expiatorio. Antes de sentarte a resolver un problema con un amigo, tienes que dejar claro tu compromiso con él y con la amistad. Ese amigo tiene que saber que estás dispuesto a soportar las emociones desagradables que se manifiestan en un enfrentamiento porque valoras la relación y deseas mantenerla viva.

Al comienzo de un combate, los boxeadores se ponen unos protectores bucales. Nosotros debemos hacer lo mismo. Pablo nos habla de su mejor protector bucal en su carta a los efesios: "Ninguna palabra corrompida salga de vuestra boca, sino la que sea buena para la necesaria edificación, a fin de dar gracia a los oyentes" (Efesios 4:29). Las palabras pueden dejar heridas tremendas, heridas que pueden quedar y agriarse con los años. Debemos estar dispuestos a controlar nuestro lenguaje, sobre todo en el calor de la lucha, si queremos que la relación sobreviva al conflicto en cuestión. Se ha dicho que el verdadero arte de la conversación es no sólo decir la frase correcta en el momento correcto, sino también aprender a no decir la frase equivocada en el momento más tentador. Eso no significa que debamos evitar el quid del conflicto. No lo ignoramos ni lo dejamos de lado, sino que desvelamos sinceramente lo que sentimos, aunque salgan chispas. Hay que ponerse de acuerdo, para empezar, en que ciertas palabras están prohibidas. No deberías dejar caer la palabra *d*, de *divorcio,* como si fuera una granada de mano en medio de una discusión con tu cónyuge. Puedes expresar la intensidad de tus sentimientos sin recurrir a palabras groseras ni abusivas. Ésas son palabras que sólo consiguen atascar la comunicación que necesitas para resolver el conflicto.

Después de ponerse el protector bucal, la siguiente regla básica para el juego limpio es no atacar. Aprende a atacar el problema sin atacar al otro. Nunca digas: "Tú has hecho esto. Es todo culpa tuya. Eres un/a mentiroso/a". Cuando intentas culpar y ponerle un nombre a la culpa, la otra persona activará sus defensas y no llegarás a ninguna parte. Nunca se podrá llegar a una reconciliación si los dos están a la ofensiva. Lanzar misiles por encima de esas murallas defensivas sólo te separará más de la otra persona en lugar de acercarte a ella.

En lugar de atacar, intenta ser dueño de tus sentimientos. Si los dos asumen la responsabilidad por los errores cometidos, entonces podrán entrenarse y crecer juntos en lugar de hacerse daño y arrepentirse. De modo que es recomendable empezar con los propios sentimientos. Nadie puede descartar tus sentimientos. Son válidos por el solo hecho de que son tuyos. La clave está en expresarlos sin dejar que se adueñen del conflicto.

Otra estrategia consiste en evitar traer cosas del pasado al conflicto presente. Puede ser muy tentador desplegar la lista de ofensas, agravios y engaños que has documentado a lo largo de tu relación con la otra persona. Esto sólo consigue distraer la atención del conflicto en cuestión. Toma la decisión de ceñirte al tema y no te apartes de él hasta llegar a una solución. Cuando una persona se pone histórica, no debería sorprenderte que la otra se ponga histérica.

Éstas son las reglas básicas, orientaciones para tener en cuenta con antelación. Si te comprometes a jugar limpio, te sorprenderá cómo se alcanzan las soluciones más rápidamente y la solidez que se da a la relación. Mantente dentro del cuadrilátero, enfréntate a la pelea que tienes por delante y procura jugar limpio.

Momentos que importan

¿Sueles pelear con tus seres queridos? ¿Cuál de estas reglas básicas te cuesta más observar? En otras palabras, ¿sueles pegar por debajo del cinturón? ¿Cómo han respondido los demás a esa táctica?

Decisiones encontradas

En el matrimonio, es imprescindible mantenerse dentro del cuadrilátero, jugar limpio y acabar con una solución conjunta que satisfaga a las dos partes y que afiance la relación. Sin embargo, de vez en cuando puede que surja la ocasión en que los dos no puedan ponerse de acuerdo. En esas situaciones, hay que centrarse más en la reconciliación que en la solución. Recuerda que tu relación es más importante que estar de acuerdo en todo, de manera que pueda haber desacuerdo sin que sea desagradable.

Puedes caminar de la mano con otra persona sin tener que estar de acuerdo en todo. "La sabiduría que es de lo alto es primeramente pura, después pacífica, amable, benigna, llena de misericordia y de buenos frutos, sin incertidumbre ni hipocresía" (Santiago 3:17). Las parejas maduras pueden manejar las raras situaciones en que se produce una decisión no unánime. Descubrirás que hay ciertas cosas en las que nunca están de acuerdo. No me importa cuánto quieran los dos al Señor ni lo enamorados que estén el uno del otro, nunca estarán de acuerdo en todo porque Dios los hizo diferentes. No es una cuestión de tener razón o no. Es una cuestión de verlo desde diferentes perspectivas.

Si estás decidido a mantener una mente abierta y a aceptar los puntos de vista de la otra persona, entonces podrán guardarse mutuo respeto incluso cuando están de acuerdo en no estar de acuerdo. No se trata de un acuerdo intermedio, al menos no de ese tipo de acuerdos negativos, de reparación rápida, destinados a mantener una paz precaria para luego seguir adelante. Las decisiones no unánimes permiten, e incluso aprecian, la perspectiva única que cada cual puede aportar al conflicto.

El paso más importante que puedes dar es integrar al Príncipe de la Paz en el cuadrilátero. Para un matrimonio perfecto, se necesita contar con tres: un marido, una mujer y Dios. No se trata de traerlo a tu rincón y decir, "Dios, ayúdame en esta discusión". No, tienes que introducirlo en el meollo de la situación porque Él es el único que puede satisfacer tus aspiraciones más profundas. Introducirlo en el conflicto no significa que te vuelvas pasivo y flexible. Jesús se enfadó y expresó Sus emociones. Sin embargo, como Hijo perfecto de Dios, jamás pecó, lo cual me demuestra que la rabia no es mala, y que no es necesariamente un pecado. De hecho, la rabia es la emoción más apropiada que alguien puede tener cuando le importa mucho una relación. Pero tenemos que estar preparados para tratar con nuestra rabia y manejarla como lo hizo Jesús, es decir, para cumplir con la voluntad de Su padre, para amar a los otros. La clave consiste en aprender a caminar con Él todos los días. El verdadero secreto para la reconciliación, para superar los conflictos y jugar limpio es parecerse más a Jesús.

Para que dure toda la vida

1. Describe por escrito el último gran conflicto que tuviste con un ser querido. Imagina que eres un espectador, incluso un comentarista, y analiza la

pelea. ¿Ha sido una lucha justa? ¿Se respetaron las
reglas básicas? ¿Cómo describirías los estilos de cada
uno de los contrincantes? ¿Quién ha vencido? ¿Ha
sido una victoria limpia?

2. ¿En cuáles de tus actuales relaciones hay conflictos
   que requerirían que saltes al cuadrilátero si supieras
   que sólo te queda un mes de vida?

3. Dedica un tiempo a la oración, pidiéndole a Dios
   que te advierta cuándo pides a otras personas que
   satisfagan necesidades que sólo Él te puede dar.
   Pídele que te dé lo que más pides de Él.

El papel de lija

LIMAR LAS ARISTAS

> Recuerda que todas las personas
> que conoces temen algo,
> aman algo y han perdido algo.
> —H. JACKSON BROWN JR.

> Las únicas personas con las que deberías estar en
> iguales términos
> son aquellas que te han ayudado.
> —JOHN E. SOUTHARD

*T*al vez alguien haya leído el último capítulo y se ha dicho: *Claro, todo esto está muy bien a propósito de cómo resolver los conflictos, pero si supieran la cantidad de gente con la que tengo que tratar que me irrita, incluyendo algunos miembros de mi familia. Los quiero, pero me vuelven loco.* Por mucho que procuremos ser tolerantes, la mayoría de nosotros se topará con personas en la vida a quienes cuesta amar y con las que cuesta entenderse. Así es la naturaleza humana. Sin embargo, si sólo nos quedara un mes de vida, querríamos ver más allá de las cosas superficiales que nos irritan. Para mejorar esas relaciones, tenemos que replantear nuestra manera de verlas.

Todos sabemos que puede ser muy útil usar el papel lija cuando trabajamos en carpintería o en el acabado de muebles. Sin embargo, si tomamos el papel lija y nos frotamos la piel, no es una sensación agradable, sino abrasiva y dolorosa. Hay ciertas personas en nuestras vidas que son igual de hirientes e irritantes. Nos frotan del lado que no deberían, se nos meten bajo la piel.

Puede que te topes con personas lija todos los días en tu lugar de trabajo. ¡Puede que algunas incluso vivan en la misma casa que tú! A menudo las personas que queremos son las que más nos irritan. Sin embargo, ¿con cuánta frecuencia te detienes a preguntarte cuánto irritas a los que te rodean? Puede que seas la persona lija entre tus amigos y tu familia. La verdad es que todos somos personas lija. Todos irritamos a otras personas en determinados momentos, y eso forma parte del plan que Dios tiene para nuestras vidas.

Sí, lo has leído correctamente. Las personas lija forman parte de los planes de Dios para tu vida. Dios permite que existan las personas lija en tu vida para darte un acabado y convertirte en una herramienta más precisa para Sus fines. Pablo nos dice: "Pues somos hechura suya, creados en Cristo Jesús para buenas obras, las cuales Dios preparó de antemano para que anduviéramos en ellas" (Efesios 2:10). En griego, la palabra aquí traducida como "hechura" significa "obra de arte u obra maestra". Dios te modela hasta hacer de ti una herramienta perfecta para llevar a cabo su grandioso plan para ti.

Esto introduce un giro fantástico en aquellas relaciones que nos irritan. Se les permite entrar en nuestras vidas por nuestro propio bien, para suavizar nuestras aristas y hacer que nos parezcamos a Cristo. Esto suena a algo maravillosamente espiritual, pero ¿cómo nos entendemos con todas las otras herramientas del taller? Si sólo se nos parecieran un poco más, disfrutaríamos de una armonía total, ¿no? Además de ser una idea muy poco realista, esa dicha también nos quitaría la posibilidad de convertirnos en lo que Dios quiere para nosotros.

Momentos que importan

¿Quiénes son las personas lija en tu vida en este momento (quizá alguien de tu familia, un compañero de trabajo, un jefe, un subordinado, un amigo o un vecino)? ¿Con qué frecuencia tienes que relacionarte con ellos? ¿Cómo sueles relacionarte con ellos?

Pruebas en el taller

La Biblia nos proporciona un principio rector para que nos entendamos con las personas lija y para que eso tenga un impacto duradero en nuestras relaciones. No es fácil, pero adoptar este principio puede cambiar radicalmente nuestra dinámica relacional. Si no sólo hemos de tolerar sino también crecer en nuestras relaciones con las personas lija, tenemos que adoptar la perspectiva del carpintero sobre las personas y su modo de actuar. Tenemos que aprender a ver a las personas difíciles en nuestra vida bajo una nueva luz.

El primer paso en este proceso es saber en qué te molestan los otros. Si bien cada individuo es único y cada relación es especial, he encontrado algunas categorías que nos ayudan a pensar en nuestras relaciones irritantes. El primer grupo me hace pensar en una cinta para medir. Son personas que no dejan de comentarte que no das la talla. Son perfeccionistas insaciables y se sienten obligados a establecer medidas para todos los demás. No paran de medir, aquí y allá, sabiendo que hay quienes nunca llegarán a la marca. En otras palabras, son personas que juzgan según sus propios criterios de corrección.

Otro tipo de persona fácilmente reconocible es el martillo. Los martillos pueden ser tan discretos como un tren de mercancías, obligan a otros a cumplir con lo que ellos han planificado y suelen imponerse. Cuando trabajan con un martillo, todos andan de puntillas porque no se sabe cuándo puede caer el martillazo. Pueden ser personas ruidosas y exigentes, o sutiles y manipuladoras. Sin embargo, se obstinan siempre en utilizar la fuerza a su manera para conseguir lo que quieren.

A continuación, encontramos el tipo de personas que parecen naturalmente dotadas para minimizar a los demás. En una discusión, estas personas sierra saben exactamente lo que tienen que decir para crear el mayor daño. Puede que las palabras sean sarcásticas o directas, pero estas personas tienen una habilidad asombrosa para ir al grano y dejar a los demás sangrando en el suelo. Las personas sierra siempre vencen en las discusiones verbales, no porque tengan razón, sino porque saben dónde hay que golpear para debilitar al otro.

¿Hay algún tipo de persona tornillo en tu vida? Son esas personas que le ponen a uno encima las garras y no saben cuándo soltarnos. Tienen muchas necesidades y suelen apretar a los demás hasta dejarlos agotados. Estas personas no tienen referencias cuando se trata de fronteras sociales o relacionales. Van rebotando de una crisis en otra, y necesitan constante apoyo y estímulos. Las personas tornillo hincan sus dientes en la vida de los demás y afectan todas sus relaciones.

En la caja de herramientas de la vida también encontramos la picadora, personas con personalidades explosivas que sólo esperan el momento de explotar y soltar chispas por todas partes. Hay un parentesco entre las picadoras y las hachas, que a su paso van dejando siempre un terreno sesgado. Tienden a ser personas negativas, siempre gruñendo y buscando maneras de destrozar las esperanzas y planes de los demás. Sus primas, las hachas pequeñas, suelen producir cortes menos graves, pero guardan los rencores y las heridas del pasado mucho más tiempo. No han aprendido a… sí, ya lo has adivinado… a enterrar el hacha de la guerra.

En último lugar, aunque no las menos importantes, están las personas masilla. Son personas en la vida que no tienen consistencia ni columna vertebral, siempre deseosas de caer bien y siempre amables. Cambian como camaleones, de modo que nunca se sabe quiénes son ni qué piensan realmente. Las personas masilla siempre dicen que sí, aún cuando siempre abarcan más de la cuenta.

Cuando catalogamos a las personas de esta manera resulta tentador pensar: *¿Cómo diablos se supone que tengo que entenderme con tantas herramientas irritantes en el taller?* O puede que pienses ¡que he descrito a todos los miembros de tu familia hasta el último detalle! En cualquiera de los dos casos, debemos aprender a ver más allá del daño que pueden hacer cada una de estas herramientas y, en su lugar, ver cómo construimos juntos un futuro mejor.

Momentos que importan

Vuelve a pensar en las personas lija que anotaste antes en este capítulo. ¿Cómo encaja cada una de ellas en esta categoría de herramientas? ¿Cuáles son las herramientas que más te molestan? ¿Por qué?

La perspectiva del carpintero

Nadie es normal. Tú no eres normal. Yo tampoco soy normal. Todos somos únicos. No hay nadie más en el mundo como tú. Aunque todos seamos muy diferentes, estamos todos en la misma caja de herramientas. Y en lugar de trabajar juntos para construir relaciones duraderas, respondiendo a la voluntad de Dios, a menudo nos vemos tentados a criticar. Siempre es más fácil señalar las faltas y defectos de los demás que ver las propias.

Jesús menciona esto en Mateo 7: "¿Por qué miras la paja que está en el ojo de tu hermano y no echas de ver la viga que está en tu propio ojo? ¿O cómo dirás a tu hermano: 'Déjame sacar la paja de tu ojo', cuando tienes la viga en el tuyo? ¡Hipócrita! saca primero la viga de tu propio ojo, y entonces verás bien para sacar la paja del ojo de tu hermano" (versículos 3–5).

Tenemos una visión muy aguda cuando se trata de ver la paja en el ojo ajeno. Vemos un grano de polvo, una falta, un problema, pecado o defecto de carácter en la vida de otros, y no podemos aguantarnos las ganas de señalarlo. Y exclamamos: "Ya se vé que tienes un problema". Sin embargo, Jesús dice: "El verdadero problema es que intentas sacar la paja del ojo ajeno cuando no ves que tienes una viga de cuatro pulgadas por cuatro en el tuyo propio". Hay todo un aserradero de personas con vigas de ese tamaño que andan por ahí diciendo: "Dios mío, ¿has visto el problema que tienen en sus vidas? Gracias a Dios que no soy como ellos". Están tan obsesionados con señalar la astilla de los demás que no alcanzan a darse cuenta del madero que ellos llevan en sus propias vidas.

Señalemos que Jesús no dice que debemos ignorar la paja. Son muchas las personas que creen que cada vez que alguien señala algo como un pecado, es demasiado severo emitiendo juicios. No se trata de eso. Tenemos que ver la paja en el ojo ajeno y ayudarlos a sanar con la ayuda de Cristo. Nuestro papel no es el de jueces sino el de agentes sanadores. Sin embargo, a veces nos acercamos a ellos y decimos: "Oye, tienes un poco de serrín en el ojo, déjame que te ayude", y luego vamos y los golpeamos en la cabeza con el poste de teléfono que sale de nuestro propio ojo. Ellos acaban pensando: *"Gracias, pero mejor no. Prefiero tener el serrín en el ojo que recibir un golpe en la cabeza con esa cosa enorme".*

En familia, somos muy rápidos cuando se trata de señalar los defectos de todos los demás y pasar por encima de nuestras flagrantes debilidades. Yo he descubierto que si me concentro en mis propios defectos y dejo que Dios me dé el valor de enfrentarme a mis propias faltas, mis defectos de carácter y mis errores, no siento la necesidad de ayudar a otros a ver su pequeña astilla. Si me olvido de intentar cambiar a los demás y me limito a dejar que Dios pueda cambiarme a mí, las personas que importan en mi vida se muestran mucho más abiertas conmigo.

La fuerza del serrín

Cuando se somete el serrín a un intenso calor y a la presión, se convierte en un material sólido de construcción llamado madera aglomerada. La mayoría de la gente la ha visto en sus hogares sin saber de qué está hecha. Es pesada, fuerte y a menudo se usa en la construcción.

De la misma manera, Dios permite que existan personas lija y que se produzcan conflictos con otros elementos de la caja de herramientas en nuestra vida por un motivo, a saber, para aumentar el calor y la presión que nos hará más fuertes. Le interesa mucho más nuestro carácter que nuestra comodidad. Pablo describe el "proceso del aglomerado" de la siguiente manera: "Y no solo esto, sino que también nos gloriamos en las tribulaciones, sabiendo que la tribulación produce paciencia; y la paciencia, prueba; y la prueba, esperanza" (Romanos 5:3–4).

Por muy incómodo o perturbador que nos pueda parecer, Dios

coloca intencionadamente a algunas personas en nuestra vida para que nos froten por el lado que no deben, para suavizar las aristas de nuestro carácter y para que nos parezcamos más a Jesús. Forma parte de su plan para fortalecer y templar mi carácter, y Dios les permite a esas personas contribuir a ello. Incluso nuestros críticos pueden enseñarnos y ayudarnos a crecer. Deberíamos ser selectivos y no absorber todas las críticas que nos lancen ni descartarlas categóricamente. Al contrario, ante el problema de la crítica yo preconizo la técnica del chicle. Mastícalo y escúpelo, no te lo tragues. Aprovéchate de las críticas rumiándolas, absorbiendo el 10 por ciento, más o menos, que vale algo, aprendiendo de ellas y luego escupiendo el 90 por ciento restante. No te lo tragues entero, sino deja que el sabor de la crítica te ayude a crecer.

Dios quiere que aprendas de las personas lija en tu vida, las ha colocado ahí por un motivo. Algunos de ustedes tienen un martillo en su vida. ¿Se han detenido a pensar que quizá Dios ha permitido que ese martillo esté ahí para que aprendan a ser más fuertes y no amilanarse ante él o ella, en lugar de mostrarse débil y dejar que caminen sobre ustedes como si fueran felpudos? Puede que Dios intente hacer de ti un líder más fuerte, dándote la oportunidad de enfrentarte a ese martillo aunque sea incómodo.

Puede que tengas una cinta de medir en tu vida. ¿Alguna vez has pensado que Dios permite que esa cinta exista para que aprendas a medirte con Él y no con esa persona? Dios nos recuerda que debemos ser humildes y confiar en Él cuando estamos a punto de reventar de rabia, miedo o irritación. Para ver las relaciones en una nueva perspectiva, tenemos que reconocer los beneficios que Dios desea para nuestra vida. La próxima vez que alguien te irrite, haz una pequeña pausa y hazle a Dios unas cuantas preguntas. *¿Qué intentas enseñarme? ¿Qué intentas inducir en mi carácter? ¿Qué intentas mostrarme a propósito del liderazgo? ¿Qué intentas revelarme acerca de la vida?*

Finalmente, tienes una perspectiva totalmente nueva de las personas difíciles en tu vida cuando te das cuenta de que Dios no sólo las ha puesto ahí por un motivo sino que también te ha puesto a ti en sus vidas por un motivo. Quiere que les reveles parte de Su amor, Su paciencia y Su misericordia. Puede que tú seas el único rostro de Jesús que ellos vean jamás. Dios quiere que los sorprendas con Su amor de una manera que sólo es tuya.

Para que dure toda la vida

1. Vuelve a leer la descripción de las diversas herramientas. ¿Cuál es la herramienta que mejor describe cómo te comportas con otros? ¿Te pareces más a un martillo, una sierra, un hacha o alguna otra herramienta? La verdad es que la mayoría somos varias herramientas a la vez y reaccionamos de distinta manera, dependiendo del contexto y de nuestra química con otras personas. Piensa en cómo tus diferentes relaciones despiertan diferentes reacciones defensivas u ofensivas.

2. ¿Cuán a menudo te sientes tentado a señalar los problemas en la vida de otra persona —rara vez, de vez en cuando, a menudo? ¿Qué es lo que suele motivar tus observaciones en relación con las faltas de los demás? Dedica un tiempo de la oración a pedir a Dios que te ayude a eliminar la viga de tu propia vida antes de hablar de la paja en la vida de los demás.

3. Describe a una persona en tu vida que siempre te frota de la manera que no debe. ¿Cómo has intentado relacionarte con él/ella en el pasado? Si supieras que sólo te queda un mes de vida, ¿qué querrías decirle a esa persona? ¿Qué te impide hacerlo ahora?

El regalo

AGRADECER A QUIENES TE RODEAN

La gratitud libera la plenitud de la vida.
Convierte lo que tenemos en suficiente, y más.
Convierte la negación en aceptación,
el caos en orden, la confusión en claridad.
Puede convertir una comida en una fiesta,
una casa en un hogar, un extraño en un amigo.
—MELODY BEATTIE

Sólo podemos decir que estamos vivos en aquellos momentos
en que nuestro corazón es consciente de lo que atesoramos.
—THORNTON WILDER

El sabor de una tarta de manzana. El olor del humo de la leña una tarde de otoño. El ruido de los pequeños que chillan de alegría la mañana de Navidad. El sol poniéndose detrás de los montes. La textura de la arena entre los dedos de los pies en la playa. Un momento especial vivido en torno a una comida deliciosa con la familia y los amigos.

La mayoría de las personas que saben que sus días están contados entienden la importancia de los pequeños detalles de los sentidos de los que a menudo no nos damos cuenta. Saben lo que es despertarse todos los días con un corazón agradecido. He visto hombres y mujeres que sufrían dolores crónicos con una sonrisa en los labios mientras tomaban el café por la mañana o se tomaban de la mano con su cónyuge. Sentían una gratitud inconmensurable por gozar de un día más, por una oportunidad más que se les brindaba de dedicarse a su vida en todos los detalles.

En nuestra cultura hablamos mucho de gratitud, pero nos cuesta practicarla. La mentalidad consumista que crean los medios de comunicación y la publicidad, sumado a nuestra tendencia humana a comparar, nos deja siempre con ganas de más. Nos dicen —y a menudo nos lo creemos— que lo que tenemos no es suficiente. Estamos condicionados para que aceptemos que el próximo juguete electrónico, el próximo par de zapatos de diseño, las próximas vacaciones al trópico o la próxima relación romántica nos harán sentirnos realizados. Sin embargo, los bienes materiales, las experiencias emocionantes e incluso las personas no pueden saciar la sed espiritual en nuestras vidas.

Sólo Dios puede aplacar nuestra sed con Su agua de la vida. Como hemos visto en los capítulos anteriores, cuando lo buscamos a Él primero, somos libres para dar mucho más de nosotros mismos a los que nos rodean. Cicerón observó con agudeza que "la gratitud no sólo es la más grande de las virtudes, sino la madre de todas las demás". Cuando nos sentimos agradecidos, estamos contentos y llenos de la paz que sólo Dios puede darnos. Si nos centramos en lo agradecidos que estamos por lo que tenemos, estaremos a salvo de la amargura y de la avaricia que nos hace querer más.

Momentos que importan

¿Cuándo fue la última vez que te detuviste a saborear un momento agradable? ¿En qué circunstancias ocurrió? (¿en vacaciones, con la familia, el día de Acción de Gracias?) ¿Qué te impide vivir momentos como ése más a menudo?

Segundas oportunidades

La experiencia de Jesús, como queda recogida en Lucas 17, es un ejemplo de cómo incluso las personas a las que se brinda una segunda oportunidad en la vida a veces se olvidan de agradecer la fuente de todas las cosas buenas. "Yendo Jesús a Jerusalén, pasaba entre Samaria y Galilea. Al entrar en una aldea, le salieron al encuentro diez hombres leprosos, los cuales se pararon de lejos y alzaron la voz, diciendo: "¡Jesús, Maestro, ten misericordia de nosotros!" (versículos 11–13). Todos esos hombres tenían una cosa en común, y era que su condición era desesperada.

La lepra era el mal más temido en tiempos de Jesús. Siempre empezaba con manchas en la cara, que luego se convertían en una hinchazón y que a la larga crecían hasta tal punto que el rostro quedaba desfigurado e irreconocible. En la etapa siguiente, los dedos de los pies y las manos literalmente se caían. La muerte venía precedida por un estado de coma. Era una manera horrorosa de morir.

En tiempos de Jesús, la primera consecuencia de la lepra era una sentencia de muerte. Una vez señalado, el leproso debía abandonar hogar, familia y amigos, y era expulsado de la ciudad. Según la estricta ley vigente en aquel entonces, un enfermo de lepra no podía acercarse a menos de 40 metros de las personas sanas. Si desobedecía esa prohibición, le arrojaban piedras y era lapidado hasta la muerte.

¿Te puedes imaginar estar condenado a no poder tocarte con nadie el resto de tu vida? ¿A no recibir nunca el abrazo de un niño, a no volver a sentir la mano de un padre sobre tu hombro o jamás volver a disfrutar del abrazo de tu cónyuge? Era lo que aquellos diez hombres vivían desde hacía años. Algunos quizá tenían lepra desde que eran niños, porque la enfermedad progresaba muy lentamente. Habían abandonado toda esperanza después de haberlo probado todo y saber que nada podía curarlos. Pero entonces ocurrió algo extraordinario. Encontraron al carpintero de Nazaret, al que llamaban el Mesías. "[Jesús] los miró y les dijo: 'Id, mostraos a los sacerdotes'. Y aconteció que, mientras iban, quedaron limpios" (Lucas 17:14).

Era muy raro ver a alguien sanar la lepra, pero, al parecer, ya había ocurrido en otras ocasiones, porque existía una ley que decía que aquel que sanaba la lepra debía presentarse ante un sacerdote. Éste determinaría si el leproso estaba sano o no y, según su dictamen, se le permitía volver a su familia, sus amigos y su comunidad. Por eso, resulta curioso que Jesús les hubiera dicho que se presentaran ante el sacerdote *antes* de que estuvieran curados, como si ya les hubiera devuelto la salud. Era una prueba de fe. ¿De verdad creían que Jesús era quien decía ser? Los hombres obedecieron y superaron la prueba.

Imagínate a ese grupo de hombres mientras se dirigían al templo. Se miraron y vieron que las pústulas de la piel habían desaparecido por completo y no tardaron en darse cuenta de que estaban sanados. ¡Podían volver a casa! Un regalo como ése sin duda era celebrado con saltos y exclamaciones de júbilo y saludos efusivos. Se sentían embargados por la alegría y por la urgencia de encontrar al sacerdote, volver a casa y recuperar sus vidas. Sin embargo, por el camino uno de ellos dijo: "Un momento. Tengo que volver y agradecer al que ha obrado este milagro. Tengo que expresar mi gratitud al que nos ha hecho este increíble obsequio". Puede que los demás dijeran: "¿Qué dices? Tenemos que ir a ver a nuestras familias. No las hemos visto en años". Y el otro respondiera: "Sí, pero primero quiero ir a agradecer a Jesús".

Tres veces su tamaño

Quizá la parte más trascendente de esta historia viene a continuación. "Entonces uno de ellos, viendo que había sido sanado, volvió glorificando a Dios a gran voz, y se postró rostro en tierra a sus pies, dándole gracias. Este era samaritano. Jesús le preguntó: '¿No son diez los que han quedado limpios? Y los nueve, ¿dónde están? ¿No hubo quien volviera y diera gloria a Dios, sino este extranjero?'" (Lucas 17:15–18). Aquel hombre venía de otro país y, sin embargo, fue el único que volvió para agradecer a Jesús. "Y [Jesús] le dijo: 'Levántate, vete; tu fe te ha salvado'" (Lucas 17:19). Aquel hombre acababa de recuperar algo que tú y yo damos por sentado todos los días. Tenía una vida nueva. Tenía su salud y viviría para ver el día de mañana. Pero se había dado cuenta de que aquél era un valioso regalo que le había hecho Dios, así que volvió para agradecerle a Jesús. La verdad más triste de toda la historia es que él era el *único*. De los diez, el único que expresó su gratitud. Volvió y se arrodilló a los pies de Jesús.

La gratitud tiene la virtud de cambiarnos por completo. Aquel antiguo enfermo no sólo había sanado físicamente, sino también espiritualmente. Hay una fuerza en la gratitud que nos sana espiritual, emocional y relacionalmente. Un espíritu de gratitud abre nuestros corazones a Dios y nos permite ver el mundo como es realmente, vivir la vida en toda su plenitud y disfrutar de cada aliento. Ése es el poder de la gratitud, y uno se puede imaginar lo dolido que estaba Jesús cuando hizo las tres preguntas: ¿Acaso no eran diez hombres? ¿Dónde están los otros nueve? ¿Sólo uno ha vuelto para agradecerme?

Antes de que juzguemos con demasiada severidad a los nueve

que no volvieron para agradecer a Jesús, tenemos que reflexionar sobre nuestras propias vidas. ¿Qué hay en nuestros corazones humanos que damos por sentado tantas cosas? Una vez que conseguimos la única cosa que deseamos desesperadamente, no agradecemos a Dios por ella. ¿Cuántas veces nos habremos metido en problemas y rogamos a Dios que provea lo que necesitamos? "Dios mío, haré lo que sea", decimos. "Ayúdame esta vez y te serviré el resto de mi vida". Y cuando Dios provee, aunque no sea exactamente lo que queremos, nos olvidamos de agradecerle.

Ese día fueron diez los hombres que recibieron un regalo, pero sólo uno lo abrió. Diez personas recibieron la vida, pero sólo uno entendió que había más en su vida que su tiempo en este mundo. Es lo que hace la gratitud, es decir, nos cambia. Abre nuestros corazones a Dios para que podamos vivir todas las bendiciones que nos prodiga.

Cuando pienso en cómo la gratitud potencia nuestra capacidad de amar, pienso en el relato del Doctor Seuss, *Cómo el Grinch robó la Navidad*. Mi fragmento preferido en toda la historia es cuando el Grinch ha entendido el verdadero valor de la Navidad: "Y hay quienes dicen que ese día el corazón del Grinch creció hasta tres veces su tamaño". La gratitud nos hace crecer el corazón de la misma manera. Nos volvemos plenamente conscientes de los detalles de la vida que tanto amamos, de las cosas sencillas que nos alegran y, quizá lo más importante, de las personas que Dios ha puesto en nuestro camino. La gratitud, expresada con palabras sencillas, da alas a nuestra capacidad para gozar de la vida.

Momentos que importan

La mayoría de las veces, ¿te pareces al hombre que volvió a agradecer a Jesús o a los nueve que siguieron su camino? ¿Con qué frecuencia agradeces a quienes están presentes y

contribuyen a tu bienestar? ¿A quién te gustaría dar las gra-
cias hoy si supieras que sólo te queda un mes de vida?

Uno entre diez

La ingratitud tiene el efecto contrario. La ingratitud encoge nuestros corazones y los vuelve más insensibles. Es un obstáculo para
la sabiduría y las bendiciones de Dios en nuestras vidas. En realidad, lo opuesto a un corazón agradecido es un corazón insatisfe-
cho y gruñón, quejoso y negativo. Siempre que adopto una
actitud negativa, no puedo dejar de pensar que Dios está insatis-
fecho conmigo, que mi actitud es como una cachetada en la cara
a pesar de todo lo que Dios me ha dado.

Cuando pienso en la relación —uno entre diez— que Jesús habrá visto en el caso de los leprosos, me doy cuenta de que ese por-
centaje se parece bastante al que impera hoy en día. Puede que
haya sólo un 10 por ciento de las personas en este mundo que
está plenamente vivas. Agradecen de verdad todos los regalos que
Dios les ha hecho, y mantienen los ojos completamente abiertos
ante el don sagrado de la vida. Celebran cada nuevo día y se sienten profundamente agradecidos con Dios. Aprovechan cada
aliento, cada momento y cada oportunidad para celebrar la vida.

Al mismo tiempo, diría que el 90 por ciento de las personas en
el mundo hoy en día nunca se detiene a dar gracias a Dios por las
bendiciones en sus vidas, ni saborean jamás las riquezas del regalo
de la vida. Nunca. A veces, me encuentro en el grupo del 10 por
ciento, con los ojos muy abiertos y agradeciendo cada momento,
viviendo la vida al máximo, inspirado por esa gratitud. Sin embargo, muchas veces me encuentro entre el 90 por ciento, atare-
ado entre una cosa y otra, tal o cual reunión, yendo de un lado a
otro a toda prisa en innumerables actividades que parecen urgentes. Me vuelvo miope, con la mirada enfocada en mi pequeño
mundo, incapaz de ver el cuadro de la vida en su conjunto.

Si sólo te quedara un mes de vida, querrías aprovecharla al máximo. Querrías reír y alternar con las personas que más quieres. Querrías apreciar las pequeñas cosas, aquellas cosas que a otros les parecen absurdas pero que a ti te fascinan. Y querrías dar gracias a Dios por permitirte vivirlas. Ya se trate del aroma de las palomitas recién hechas que comes cuando vas al cine, de la vista desde lo alto de una hermosa montaña, el sabor del pollo frito que prepara nuestra madre o la sensación que tenemos cuando un niño nos toma de la mano, todos gozamos de las bendiciones de esos momentos. Cuando agradecemos a los que nos rodean, hacemos crecer el amor que existe entre nosotros. Cuando expresamos nuestra gratitud hacia Dios, aumenta nuestra capacidad de vivir la vida sin arrepentimientos.

Para que dure toda la vida

1. Haz una lista de cinco o seis pequeñas cosas que siempre das por sentado y que ahora quieres agradecer. Párate un momento y huele las rosas, y agradece a Dios por las pequeñas cosas que hacen que la vida sea bella.

2. Revisa tu lista y escoge una de esas cosas para vivirla hoy. Quizá signifique comer tu plato preferido. Puede que quieras escuchar uno de tus CD favoritos que no has escuchado en mucho tiempo. Podría ser disfrutar del olor del café recién hecho. Sea cual sea tu elección, intenta disfrutarla.

3. Haz una lista de las personas en tu vida con las que te sientes más agradecido. Intenta pensar más allá de las figuras obvias (la familia y los amigos) y piensa en las personas que contribuyen con algo a tu vida

todos los días y que, sin embargo, tienden a pasar desapercibidas. Ya se trate de la profesora de tu hijo, tu ayudante en la oficina, el conductor del bus que tomas todos los días o el camarero de tu bar favorito, recuerda agradecerlo hoy.

Última llamada

EL CORAZÓN SE DESVELA

Di lo que quieras decir
cuando tengas el sentimiento y la oportunidad.
Mi remordimiento más grande son las cosas que nunca hice,
las oportunidades perdidas y las cosas no dichas.

—Jim Keller

Él se convirtió en lo que somos
para poder hacernos como Él.

—San Atanasio

En 1876, cuando Alexander Graham Bell pronunció las primeras palabras en un invento rudimentario llamado teléfono, nadie podría haber imaginado cómo el mundo se haría más pequeño a medida que las líneas de comunicación se expandieran para conectarnos a todos. Sin embargo, como todos los grandes inventos que hacen las cosas más fáciles, también creó complicaciones.

Hoy en día tenemos comunicación por satélite, teleconferencias, aparatos inalámbricos, celulares y manos libres. Aunque parezca que uno se puede comunicar con cualquiera en cualquier lugar y en cualquier momento, me pregunto con qué frecuencia se produce la verdadera comunicación. Las líneas de comunicación se están rompiendo a un ritmo alarmante entre maridos y mujeres, padres y adolescentes, jefes y empleados, compañeros de trabajo y amigos. La gente no para de hablar, pero rara vez parece que escuchan lo que el otro les dice, para no hablar de los mensajes no verbalizados.

Los expertos nos dicen que el 80 por ciento de todas las comunicaciones son no verbales: las expresiones faciales, los gestos de la mano y el lenguaje corporal. Así que cuando hablamos con alguien por teléfono, sólo expresamos el 20 por ciento de lo que intentamos comunicar. Esto no significa que yo esté a favor de que tiremos los teléfonos celulares a la basura. Sin embargo, si sólo te quedara un mes de vida, sería hora de abordar seriamente la comunicación con las personas que te rodean.

Para expresar tu amor a las personas clave en tu vida es esencial que les cuentes lo que consideras más importante, les pidas perdón y les recuerdes los momentos que han compartido. Tienes que escuchar, quizá por primera vez, lo que te dicen tus seres queridos. Debes reparar los malentendidos y las líneas de comunicación estropeadas. Si vamos a vivir como si nos quedaran cuatro semanas, tenemos que estar dispuestos a movernos desde el colapso de la comunicación al restablecimiento de la comunicación. Pronunciamos miles de millones de palabras todos los días en nuestros hogares y lugares de trabajo, en las iglesias y colegios, pero para conectarnos de verdad tenemos que empezar con la palabra más poderosa de todas.

Momentos que importan

¿Tienes en este momento de tu vida una relación en la cual las líneas de comunicación se están deteriorando? ¿Ha habido falta de comunicación, una mala comunicación o una falta de adecuación entre palabras y actos? ¿Cómo has respondido a esa persona?

Culpa de la traducción

Si alguna vez has estudiado una lengua extranjera, sabes cuánto se puede alterar el sentido de una frase o como se puede perder del todo en una traducción. Cuando usamos la misma lengua, también puede ocurrir. Por eso es imprescindible proporcionar un contexto para las palabras. Las personas que nos rodean querrán saber qué es lo que motiva nuestra comunicación con ellas. La única manera de que puedan conocer realmente nuestras intenciones es que nosotros desvelemos nuestro corazón. Como en las antiguas cabinas de teléfono, tenemos que depositar algo en la relación antes de que nos dé el tono de marcar. Antes de que abras la boca para hablar, tienes que abrir tu corazón. Como dice Oswald Chambers: "Lo invisible y lo espiritual en las personas determinan lo exterior y lo verdadero".

El ejemplo más dramático de un corazón abierto que habla es el que cambió el curso de la historia y que sigue orientando innumerables vidas hoy en día. "El Verbo se hizo carne y habitó entre nosotros lleno de gracia y de verdad; y vimos su gloria, gloria como del unigénito del Padre" (Juan 1:14). Jesús se comunicó con nosotros renunciando a Su hogar en el Cielo, viniendo a la Tierra y encarnado en un ser humano para que pudiera revelarnos Su corazón. Nos abrió Su corazón y se hizo totalmente vulnerable. Se arriesgó a ser rechazado y, de hecho, fue mal entendido por muchos, sobre todo por los que detentaban el poder.

¿Por qué hizo eso? Por una razón: para que pudiéramos ver cómo es Dios. Para comunicarse con nosotros de la mejor manera posible, como la Palabra que trasciende todas las barreras de las lenguas. Hasta que abramos nuestros corazones a nuestros seres queridos, nunca viviremos un restablecimiento de la comunicación. Antes de que fluyan las palabras, deben verse nuestros corazones. Tenemos que arriesgarnos a la vulnerabilidad de tal manera que podamos sufrir un posible rechazo.

Una manera fundamental de abrir nuestros corazones a quienes nos rodean es compartiendo nuestro tiempo. En nuestras vidas sobrecargadas a menudo intentamos relacionarnos con otros con un criterio de eficacia, haciendo lo que sea necesario para ahorrar tiempo, energía y dinero. Sin embargo, siempre que escatimamos recursos para la comunicación en una relación con la intención de ser eficientes, se pierde toda eficacia. Las relaciones no existen ni se cultivan con criterios de eficiencia. Cuesta tiempo comunicarse de manera eficaz, pero recuerda que acabamos pagando un precio cuando descuidamos las relaciones. Las salidas con nuestro cónyuge. Las actividades y excursiones con nuestros hijos. El tiempo que dedicamos al equipo de trabajo en la oficina. Suelen ser las primeras cosas que descuidamos cuando estamos ocupados y necesitamos más tiempo en el trabajo. Sin embargo, si estuviéramos en la cuenta regresiva de nuestros días, es muy probable que desearíamos haber invertido más tiempo en esas actividades.

No sólo debemos compartir nuestro tiempo. También tenemos que compartir nuestros problemas. Para que los otros vean mi corazón, tengo que reconocer mis necesidades. A menudo nos parecemos al personaje de un libro de cuentos para niños titulado *El caballero de la armadura oxidada*. El valiente caballero parte a matar dragones y a combatir en feroces batallas, pero cuando vuelve a casa no sabe cómo quitarse la armadura. Tenemos que aprender a quitarnos la armadura si queremos conectar con los demás. Es evidente que tenemos que tener una armadura. De otro modo, no podríamos luchar en los combates en que inevitablemente nos vemos envueltos. Es necesario que existan límites sociales y profesionales. Pero si quieres restablecer la comunicación en cualquier relación, ya sea con un compañero de trabajo, un empleado, tu jefe, tu marido, tu mujer o tu hijo adolescente, tienes que aprender a quitarte la armadura, a ser vulnerable y a mostrar tu corazón, reconociendo que tienes necesidades.

Si eres un líder y quieres que tus seguidores conecten contigo, que trabajen tanto como tú y que sean leales, debes estar dispuesto a mostrarte a ellos tal como eres. A reconocer tus errores y hablarles de tus necesidades. A compartir lo que piensas de verdad. La gente se une cuando sus líderes son lo bastante fuertes como para compartir sus debilidades. Abre tu corazón antes de abrir la boca y verás con asombro la diferencia que eso establece en la comunicación.

Por debajo de las palabras

También tenemos que aprender a escuchar antes de abrir la boca para emitir nuestro mensaje. A menudo nos limitamos a asentir con la cabeza y hacemos un esfuerzo deliberado para que parezca que prestamos atención a lo que otros dicen cuando, en realidad, sólo estamos pensando en lo que diremos a continuación, en lo que queremos comer al mediodía o a qué hora tenemos que ir a buscar a los hijos después del entrenamiento. Al contrario, tenemos que escuchar más allá de las palabras para ver el dolor en el corazón del otro. No tienes por qué ser un terapeuta, ni un pastor, ni un trabajador social para darte cuenta de la cantidad de gente a tu alrededor que sufre. Por muy espectacular que parezcan sus vidas desde tu perspectiva, a todos les duele algo. Si escuchas a tus seres queridos por debajo de las palabras, escucharás el dolor y conectarás con ellos en un nivel más profundo.

Escuchar también significa que miras en los ojos de otras personas e intentas descubrir qué es lo que de verdad aman, cuáles son sus intereses y con qué sueñan. Cuando uno de mis hijos tenía unos tres o cuatro años, a veces venía a conversar conmigo mientras yo leía el periódico por la mañana. Echaba a un lado el diario, me apretaba la barbilla suavemente y me giraba la cara hasta que lo quedaba mirando frente a frente. Quería asegurarse de que tenía toda mi atención, porque quería que se fijaran en él, que lo escucharan y lo entendieran.

Mi hijo no está solo. Dios nos creó con la añoranza de que los demás nos entiendan. Queremos que nos vean no como los personajes públicos que se esfuerzan en parecer exitosos y dar la impresión de que lo controlan todo, sino como somos de verdad. Queremos a alguien que haya mirado en nuestros corazones, con todas sus imperfecciones, y aún así nos quiera. Cónyuges, hijos, amigos, compañeros de trabajo y de equipo, todos quieren que los respetemos, dándoles toda nuestra atención, prestándoles nuestros oídos tanto como nuestros corazones. Quieren que les veamos y aún así les queramos.

Momentos que importan

¿Te consideras una persona que sabe escuchar? Fundamenta tu respuesta, sea sí o no. ¿Qué te impide escuchar con más atención a las personas que más te importan? ¿Cómo te escuchan ellos a ti?

La verdad es confianza

Después de haber visto a muchas personas enfrentarse al final de su vida, he observado lo motivadas que se sienten, finalmente, para contar la verdad. Cuando recordamos que tenemos los días contados, entendemos que no podemos dedicar tiempo a otra cosa que no sea la verdad.

En las relaciones, lo que está en juego es demasiado valioso para que no vayamos directamente al grano, hablemos a espaldas de los demás o no digamos la verdad. Cuando hablas directamente, te ganas el respeto de los demás. Así como Jesús es "lleno de gracia y de verdad" (Juan 1:14), nosotros tenemos que ser sinceros y hablar con franqueza. En su libro titulado *Las cinco disfunciones de un equipo,* un éxito de ventas sobre los negocios, Patrick Lencioni llega a la conclusión de que hoy en día, en la mayoría de los casos, la gente no dice la verdad ni comparte sus verdaderos sentimientos. A veces intercambian chismes, a veces asestan la puñalada por la espalda, o puede que tengan opiniones muy bien formadas y se las guardan y se amargan, pero muy pocas personas dicen la verdad. ¿Por qué? Sencillamente porque es más fácil actuar como si todo fuera bien y decir lo que los otros quieren escuchar. Todos actúan amablemente porque nadie quiere realmente compartir la verdad en un plano emocional. Lencioni cree que esta tendencia demuestra una falta de confianza en la organización.

Las grandes relaciones, como las grandes organizaciones, se fundan en la confianza, y la confianza se crea diciendo la verdad. Mientras más digas la verdad, más cultivas un ambiente donde todos se pueden mostrar con sinceridad. Esto facilita la verdadera comunicación, que a su vez permite crear una gran empresa, una gran familia o un gran matrimonio, porque todo lo grande se construye sobre los cimientos de la confianza. En los Efesios 4:15, leemos: "Antes siguiendo la verdad en amor, crezcamos en todas cosas en aquel que es la cabeza, a saber, Cristo". Debemos estar dispuestos a decir la verdad, pero también a templarla con gracia.

Cuando estás enojado, tienes ganas de hablar de ello. Cuando te sientes herido, tienes ganas de hablar de ello. Cuando tienes una opinión tajante, quieres compartirla. Sin embargo tu manera de compartir la verdad puede ser tan importante como las propias palabras.

Si respetas a otros cuando dicen la verdad, aunque te digan cosas que no te gusten acerca de ti mismo, de tus decisiones o de tus actos, ellos entenderán que los valoras. Aunque no estés de acuerdo, tu manera de responderles transmite un mensaje que mejora la comunicación que tendrás en el futuro o la estropea. A veces la verdad puede ser complicada, pero siempre crea confianza y fortalece los cimientos de una relación.

Hacerse oír por encima de la estática

Me asombra la tecnología de teléfonos celulares. Con este pequeño aparato, cuando viajo me conecto con un satélite en el espacio que me comunica con mi casa en Houston. Aunque estemos separados por miles de kilómetros, de pronto puedo oír las voces de mis hijos. Hay veces en que parecemos estar a mundos de distancia de nuestros seres queridos y sufrimos debido a su distancia emocional. Es en momentos como ése que Dios quiere zanjar la brecha. Quiere que acudas a Él para que te ayude a conectarte con las personas importantes en tu vida. Él les abrirá los corazones. Cristo se comunicó con nosotros de esa manera, a través de la conexión con Su Padre. Yo me conecto mucho mejor con las personas que importan en mi vida cuando antes me comunico con Dios Padre. De hecho, si estás casado y los dos se sienten cerca de Dios, también se sentirán más cerca el uno del otro. Mientras más me acerque a Dios y conecte con Él, el satélite, más clara es la señal que Él envía a la gente con que quiero comunicarme. Puede que te encuentres en una situación en que una relación se está desmoronando y tú no sabes qué hacer. Llama a Dios. Pídele que abra el corazón de esa persona y te dé las palabras necesarias para hablar.

Dios nos dice: "Clama a mí y yo te responderé, y te enseñaré cosas grandes y ocultas que tú no conoces" (Jeremías 33:3). Cuando lo llamamos, nunca suena ocupado. Nunca nos deja esperando. Cuando no tenemos las palabras para transmitir lo que sentimos, cuando tenemos cosas difíciles que compartir que harán daño a nuestros seres queridos, cuando sentimos la necesidad de encontrar el momento y el lugar para decir a esas personas todo lo que significan para nosotros, podemos pedirle ayuda a Dios. Sé sincero y pide: "Dios, dame las palabras para hablarle a mi mujer y demostrarle cuánto la amo. Dios, dame las palabras para hablar con mis hijos adolescentes y llegar de verdad a ellos porque ahora mismo me cuesta. Padre Celestial, ayúdame a saber qué decir a un amigo al que he mentido".

Si tus relaciones no son lo que tú quieres que sean y si tienes que trabajar para comunicarte con las personas más importantes de tu vida, Dios te quiere ayudar. Él te permitirá escuchar por encima del ruido de la estática para que puedan escuchar mutuamente sus corazones. Lo único que tenemos que hacer es pedirlo. "Si alguno de vosotros tiene falta de sabiduría, pídala a Dios, el cual da a todos abundantemente y sin reproche, y le será dada" (Santiago 1:5).

La verdadera comunicación tiene que ver con la conexión, con el compartir y con la comprensión. Si de verdad queremos quitarnos la armadura que nos reviste a lo largo de nuestra vida, tenemos que estar dispuestos a arriesgar nuestro corazón y revelar quiénes somos. Debemos estar dispuestos a escuchar, a identificar las necesidades no dichas de los demás, y a entender sus sueños. A medida que compartes la verdad y le pides a Dios que abra los canales de comunicación, tu vida se enriquecerá con relaciones gratificantes, transparentes y sólidas.

Para que dure toda la vida

1. Mira la agenda de números de tu teléfono celular. De las personas en tu lista, ¿quienes son las más importantes? ¿Con qué frecuencia las llamas, en comparación con otras personas de esa lista? ¿Cuán a menudo te comunicas de verdad con ellas?

2. Escribe una carta, manda un correo electrónico o llama a alguien que es importante para ti pero que vive lejos. Recuerda la última vez que estuviste con esa persona y cuéntale lo que significa para ti.

3. Intenta llevar a cabo un ayuno de 24 horas sin medios de comunicación (ni televisión, ni radio, ni computadora, ni periódicos) para ayudarte a deshacerte de las distracciones y escuchar a las personas en tu vida. Después de llevar a cabo el ayuno, anota en qué sentido te afectó.

Aprender
humildemente

El poder de las estrellas

DESCUBRIR QUIÉN ESTÁS DESTINADO A SER

> Apunta a la luna. Aunque falles, estarás
> entre las estrellas.
> —LES BROWN

> En cada uno de nosotros vive el héroe
> que espera la llamada para entrar en acción.
> —H. JACKSON BROWN JR.

Me fascina mirar a las estrellas una noche clara y ver cientos, a veces miles de brillantes piedras preciosas que asoman en la oscuridad. Son momentos en los que me doy cuenta de lo pequeño que soy y de lo grande que es Dios. Y me pregunto en qué medida le importo, cómo es posible que no esté perdido entre siete mil millones de personas en la Tierra así como Polaris, la Estrella del Norte, se funde en la nebulosa de la Vía Láctea.

En uno de sus poemas, conocidos como los Salmos, David nos cuenta que se ha hecho la misma pregunta. "Cuando veo tus cielos, obra de tus dedos, la luna y las estrellas que Tú formaste, digo: '¿Qué es el hombre para que tengas de él memoria, y el hijo del hombre para que lo visites?' Lo has hecho poco menor que los ángeles y lo coronaste de gloria y de honra" (Salmos 8:3–5). He aquí una persona muy importante de su tiempo, un hombre que Dios escogió en medio de la oscuridad y lo nombró rey de Israel, preguntándose por qué Dios lo creó. En pocas palabras, David decía: "Dios, cuando miro todo lo que has creado, me siento como un grano de polvo. ¿Quién soy y dónde está mi lugar, dónde me sitúo, dónde está mi nicho, mi posición en el gran cuadro de la vida? ¿Para qué me has creado?"

La respuesta a la pregunta de David es la misma respuesta que Dios nos da. Dios nos dice una y otra vez, sin dejar de poner énfasis en ello: "Significas mucho para mí. Tengo un gran propósito para tu vida. Tenía un motivo muy concreto para crearte tal como te he creado". Dios nos conoce íntimamente y no nos pierde entre la multitud, no nos olvida ni nos deja solos, aunque nosotros sintamos lo contrario.

Al abordar esta tercera parte —Aprender humildemente— empezaremos con una de nuestras preguntas básicas y siempre presentes: ¿Quién soy, verdaderamente? A lo largo de la vida no dejamos de conocer más cosas acerca de la personalidad de Dios y de Su amor por nosotros, incluso mientras aprendemos de nosotros mismos. Aunque nos queden cuatro semanas o cuatro décadas en este mundo, tenemos que ser aprendices toda la vida, cambiando y madurando a través de las estaciones, las circunstancias, las pruebas y los triunfos.

¿Cómo descubrimos quiénes estamos destinados a ser? Puede que te hagas esta pregunta por primera vez, o quizá te la haces desde hace mucho tiempo, pero el punto de partida es el mismo. Así como los astrónomos tienen que mirar el cielo nocturno a través del telescopio para entenderlo, tú tienes que mirar más detenidamente. Primero debes mirar hacia la fuente de tu creación, si realmente intentas comprender quién eres y para qué has sido creado.

Momentos que importan

¿Cuándo fue la última vez que te preguntaste por tu lugar en este mundo? ¿En qué circunstancias? ¿Cómo influyeron esas circunstancias en tu pregunta?

El decorador de interiores

Hemos sido creados a imagen y semejanza de Dios, de modo que no tiene sentido analizar Su manera de ser para entender la nuestra. En su carta a los romanos, Pablo escribió: "Lo invisible de Él, su eterno poder y su deidad, se hace claramente visible desde la creación del mundo y se puede discernir por medio de las cosas hechas" (Romanos 1:20). Pablo establece una correlación entre creación y Creador. Cuando mira a su alrededor, encuentra pruebas de que existe un Dios.

En 1995, los científicos apuntaron el telescopio espacial Hubble hacia un trozo vacío de espacio negro más o menos del tamaño de un grano de arena, justo por encima de la barra del Big Dipper. Querían probar la nitidez y el alcance del Hubble y quedaron sorprendidos cuando recibieron las fotos. Resulta que el pequeño trozo de espacio vacío no estaba en absoluto vacío. Las fotos revelaron más de mil galaxias anteriormente desconocidas. Los científicos calculan que hay más de 125 mil millones de galaxias en el universo visible. Cada una de esas galaxias contiene millones de estrellas. ¡Es verdaderamente alucinante! Mi pequeña mente finita no puede ni comenzar a entender tal magnitud. Si éste es el tamaño sólo de lo que nosotros conocemos de la naturaleza, ¿cuál es la magnitud del Creador? ¿Cuánto poder e imaginación debe poseer para crear algo tan bello, poderoso y complejo?

Cuando observamos la complejidad de la vida aquí en la Tierra, es evidente que hay alguien detrás de todo ello, un Diseño Inteligente que creó hasta la última partícula. Cuanto más aprendo acerca de la creación —ya se trate del ciclo vital de una polilla o del funcionamiento de mi cerebro— más convencido quedo de que hay un Creador. Edwin Conklin, profesor de biología en la Universidad de Princeton, dice que la probabilidad de que la vida se haya originado accidentalmente es comparable a la posibilidad de que una explosión en una imprenta produzca por azar un diccionario. Cuando vemos lo intrincado, la belleza y la eficacia de la creación, sabemos que no puede haber ocurrido gracias a circunstancias fortuitas. Tiene que haber un Creador. Aunque resulte paradójico, se requiere mucha más fe para ser ateo que para creer en Dios.

Si no hay Creador, estamos aquí por accidente, por una ocurrencia arbitraria de la naturaleza. Si estamos en la Tierra por obra del azar, ¿cómo es posible que haya una razón de ser en la vida? No habría necesidad de seguir leyendo este libro para entender nuestra identidad y nuestra razón de ser en este mundo, porque si no hay Creador, no hay un sentido superior ni un propósito más grande. Sólo estamos aquí para pasarlo lo mejor que podamos, mientras podamos. Así que a vivir y a divertirse, y sin preocuparse de si la vida tiene o no tiene sentido, porque no lo tiene. Si no hay un Creador, somos básicamente un curioso animal que tiene conciencia de sí mismo.

Sin embargo, también hay que pensar que ya que vemos las huellas de una intencionalidad en toda la creación, tiene que haber un maestro diseñador. La prueba la tenemos ante los ojos. Es como uno de esos dibujos tridimensionales donde uno mira el dibujo de una cierta manera hasta que aparece la imagen oculta.

Hay personas que enseguida pueden ver en tres dimensiones, y otros tenemos que esforzarnos y mirar un buen rato antes de encontrarla.

Cuando miro la creación, veo a un Creador y también veo qué tipo de Creador es. Veo Su personalidad, Su poder y Su espíritu lúdico. Veo cuánto ama lo singular y la diversidad. Pensemos en el ornitorrinco o en la mariposa monarca. O piensa en tu propio cuerpo. Si no crees que Dios ama la variedad, acércate al centro comercial que quede más cerca y siéntate en un banco a observar a la gente maravillosamente diversa que pasa. Somos el resultado de una imaginación asombrosa que no se parece a ninguna otra.

Evitar la usurpación de identidad

Así que si somos obra Suya, creados a Su imagen y semejanza, ¿por qué nos obstinamos tanto en saber quiénes somos, cuál es nuestro verdadero valor? En el clásico de Disney, *El rey León,* una vez que hemos pasado por todo lo relativo al ciclo de la vida, la respuesta queda ilustrada acertadamente. Recordarás la historia del joven león, Simba, heredero del reino, a quien culpan injustamente de la muerte de su padre, Mufasa. Simba escapa, presa de la culpa y del miedo y renuncia a su sueño de ser rey hasta que un día, allá en la selva, Mufasa se le aparece en una visión y le dice: "Simba, me has olvidado". Y Simba dice: "Pero padre, ¿cómo podría olvidarte?" Su padre responde: "Has olvidado quién eres y, por lo tanto, me has olvidado a mí. Recuerda quién eres. Eres mi hijo, el único y verdadero rey".

Me fascina esa escena porque refuerza la verdad esencial acerca de quiénes somos. Dios nos dice a ti y a mí hoy en día: "Recuerda quién eres. Tú eres Mi hijo. Eres un hijo del rey". Son demasiadas las personas que han olvidado a su Creador, así que no han podido ver el propósito ni el sentido de la vida. En realidad, no viven, sólo existen. No saben cuál es su lugar en la vida porque han olvidado a quién pertenecen y, por lo tanto, han olvidado quiénes son.

En numerosas ocasiones han tenido ayuda para olvidar, para perder de vista su verdadera identidad. En nuestra edad de super-tecnología de la informática y de computadores, a menudo oímos hablar de usurpación de identidad y de cómo evitarla. Así que entramos en sitios web que precisan códigos encriptados y otros mecanismos de seguridad que impiden que los *hackers* roben nuestros datos vitales y, con ellos, nuestra identidad. Sin embargo la usurpación de identidad no es un fenómeno nuevo. De hecho, es uno de los más viejos de todo el manual, la estrategia número uno de nuestro Enemigo. Quiere robarte la conciencia de quién eres realmente. Mientras el objetivo de Dios es darte la vida en toda su plenitud, Satanás tiene un plan para que te contentes con sólo una parte de lo que estabas destinado a ser. El plan del ladrón es robar, matar y destruir. Sabe que si puede robar tu identidad destruirá tus sueños y tu propósito en la vida. Tú y yo debemos estar siempre conscientes de que nos encontramos en medio de una batalla épica. Como dijo C.S. Lewis: "En el universo no hay territorios neutrales. Hasta el último centímetro cuadrado es reclamado por Dios y contrarreclamado por Satanás".

Satanás se nos presenta y nos susurra: "Tú no vales nada. Dios nunca podrá servirse de ti. En realidad, Dios tiene vergüenza de ti porque la has pifiado. Una y otra vez. Ya no vales gran cosa. Dios te ha dejado abandonado porque no has estado a la altura de lo que Él esperaba de ti. No tienes suficiente talento. Dios se sirve de otras personas, pero no de ti. Dios no se puede servir de ti porque no eres lo bastante espiritual, ni lo bastante inteligente, ni lo bastante comprometido. Tampoco eres lo bastante fuerte". ¿Te suenan estas frases?

Nuestro Enemigo intenta socavar nuestra confianza en quién estamos destinados a ser. Dios nos dice constantemente: "Recuerda quién eres. Eres Mi hijo. Eres el hijo del Rey. Ésa es tu verdadera identidad. Has sido perdonado. Obrarás bien en Mi nombre. Eres muy valioso para Mí. Vales tanto para Mí que vine a este mundo y morí por ti, y eso demuestra lo valioso que eres. Eres alguien por quien vale la pena morir. Ése es el alcance de Mi amor".

Momentos que importan

¿Cuándo has vivido la experiencia de ver que el Enemigo intenta robarte tu identidad? ¿Qué mensajes pasan por tu cabeza cuando te sientes deprimido? ¿Cómo puedes contrarrestar estas acusaciones la próxima vez que Satanás te las lance? En otras palabras, ¿cómo puedes recordar quién eres realmente en esos momentos?

Pasar de curso

Después de que nos damos cuenta y nos entregamos a la manera como trabaja nuestro Creador, en diseños conscientes, bellos y complejos, podemos volvernos y mirarnos a nosotros mismos. Podemos dirigir el telescopio hacia nuestra alma y descubrir nuestra verdadera identidad. Podemos entender cómo hemos sido hechos para cumplir con su propósito. "Pues somos hechura suya, creados en Cristo Jesús para buenas obras, las cuales Dios preparó de antemano para que anduviéramos en ellas" (Efesios 2:10).

Para llevar a cabo el descubrimiento y vivir bajo su luz, debes gravitar hasta alcanzar tus fortalezas. En su libro *Descubre tus fortalezas,* Donald O. Clifton dice que desde muy temprana edad nos enseñan a ser "equilibrados". Nuestro salvoconducto para obtener la aprobación del profesor exige suavizar las aristas, convertirnos en seres suaves y equilibrados. Sin embargo según Clifton, lo que se nos enseña a menudo es cómo convertirnos en los seres más aburridos posibles. Nos enseñan a andar con cuidado, a obedecer, a seguir las convenciones y tradiciones, a colorear sin pasarse de la línea y a quedarse dentro de las casillas.

Dios nunca tuvo la intención de que fuéramos seres sin aristas. Nos ha dotado a cada uno de manera única, y nadie tiene todo el talento, aunque a veces parezca lo contrario. Tenemos que centrarnos en aquello para lo que servimos y dejar ir aquello para lo que no servimos. Yo no canto bien, basta preguntarle a los que me conocen. Podría pasarme todo el tiempo tomando clases de canto y postulando a *American Idol,* pero sólo iría de mal en peor. Al contrario, me he centrado en las áreas clave para las que Dios me ha dotado, y he tratado de cultivarlas. Estoy siempre dedicado a ser mejor escritor y comunicador. Es un insulto hacia Dios cuando nos concentramos en los dones y las pasiones que no tenemos e intentamos cultivar sólo nuestras zonas débiles. Nuestro potencial más grande reside en los dominios de nuestras mayores fortalezas.

¿Cómo empezar a saber quiénes somos en la vida? Sin importar la etapa en que nos encontramos (estudiantes, jóvenes adultos, solteros, casados, padres jóvenes, jubilados, ancianos…), todos podemos aprender acerca de quiénes somos para Dios si nos concentramos en Él. A medida que cultivamos una relación más cercana con Dios, nos parecemos más a Él, lo cual desbarata los intentos de nuestro Enemigo para robarnos nuestra identidad. Cuando miramos hacia nuestro Creador como la fuente de lo que somos, podemos brillar con más intensidad que cualquier estrella en el cielo.

Para que dure toda la vida

1. Esta noche (o la próxima noche despejada) sal y
    dedica un momento a mirar las estrellas. ¿Hacia

dónde van tus pensamientos? ¿A dónde va tu
corazón? Cuando vuelvas a entrar, lee el Salmo 8.
Después, escribe tu propio poema a Dios,
expresando tu experiencia e incluyendo tus propias
preguntas y deseos.

2. Esta semana encuentra un objeto que te recuerde
mucho quién eres realmente. Puede ser una foto de
ti en una de tus actividades preferidas o posando con
tus seres queridos. Puede que sea una piedra de una
expedición de montañismo o una pieza de joyería de
tu abuela. Guárdalo contigo o en un lugar visible
que puedas ver todos los días como un recordatorio
de tu verdadera identidad.

3. Haz una lista de tus fortalezas, de todo lo que se te
pueda ocurrir. Hazla lo más específica y concreta
posible o da ejemplos en caso de que tiendan a ser
muy generales. En lugar de decir que eres creativo,
especifica diciendo que eres un buen pintor de
acuarelas. Después, vuelve sobre tu lista y al lado de
cada entrada anota cuánto tiempo has dedicado esta
última semana a usar o a perfeccionar ese don.

El GPS

ENCONTRAR TU DIRECCIÓN

El lugar donde Dios te llama es donde
tu profunda felicidad
se encuentra con el hambre profunda del mundo.
—FREDERICK BUECHNER

Cuando me presente ante Dios al final de mi vida
espero que no me quede ni una pizca de talento
y pueda decir: "He utilizado todo lo que me diste".
—ERMA BOMBECK

Te sientes tan agradecido como yo de que el GPS —Sistema de Posicionamiento Global— ahora esté disponible para ser usado en los automóviles? Puede que se deba a mi afición por *La guerra de las galaxias* en el pasado, pero creo que es una idea brillante y me encanta cómo funciona. Desde algún lugar en el espacio, los satélites mandan una señal a este pequeño aparato, que luego me dirá dónde me encuentro y cómo llegar a mi destino.

Nunca me he sentido más agradecido con la tecnología GPS que en un viaje reciente que hice con mi familia a Suecia. Cuando llegamos a Estocolmo, arrendamos un auto con sistema GPS porque teníamos que asistir a unas reuniones que nos exigían viajar por toda la ciudad, una urbe de más de un millón de habitantes. Así que al salir del aeropuerto, le entregué el GPS a mi hijo adolescente, Ryan, para que lo programara porque yo no tenía idea de cómo hacerlo.

En cuestión de un rato ya habíamos emprendido el camino, guiados por una voz artificial que nos decía, "dobla a la izquierda en quince kilómetros" o "dobla a la derecha en ochocientos metros". Todo iba perfectamente hasta que llegamos al centro de la ciudad y, al parecer, perdimos la señal del satélite entre unos enormes edificios. Nuestras instrucciones se volvieron intermitentes, así que yo hice varias maniobras hasta que, en pocas palabras, estábamos perdidos.

Finalmente, con la ayuda de Ryan, descubrimos que cuando colocábamos el dispositivo GPS en el tablero del auto, siempre recibía la señal. Después de un breve retraso, nos condujo fácilmente a nuestro hotel. En la vida necesitamos una señal clara de Dios para que sepamos nuestra posición y nuestro lugar en el mundo. Hasta que no descubramos nuestro lugar, nuestro nicho, nuestra razón de ser, siempre nos sentiremos perdidos, incluso cuando nos encontremos en medio de una multitud.

Momentos que importan

¿Cuándo fue la última vez que te perdiste mientras conducías un auto? ¿Te paraste a preguntar por la dirección? ¿Cuál es tu respuesta habitual cuando te sientes perdido, ya sea en una calle o en las circunstancias de tu vida? ¿A dónde te diriges para orientarte?

Una galaxia de regalos

El GPS no sólo sirve para ir de un lugar a otro. Representa una gran manera de pensar lo que Dios nos ha inculcado para ayudarnos a encontrar el camino hacia una vida plena. Como veíamos en el capítulo anterior, nuestra identidad individual y nuestro propósito único van de la mano. Si queremos saber qué debemos perseguir en esta vida, debemos ver cómo Dios nos creó. En el Salmo 139, David escribió: "Te alabaré, porque formidables y maravillosas son tus obras" (versículo 14). Sabemos que hemos sido creados a imagen y semejanza de Dios y que el valor que Él nos otorga es incalculable. Dios estaba dispuesto a pagar el precio de la muerte y la separación de Su hijo para que pudiéramos tener una relación plena con Él.

Sin embargo, en términos prácticos, ¿cómo nos ayuda esto a saber cómo deberíamos vivir y cuál es nuestra razón de ser? Debemos estar dispuestos a activar el GPS con que Dios nos ha dotado. Si vamos a encontrar nuestro camino en medio de las numerosas circunstancias y encrucijadas de la vida, debemos estar dispuestos a utilizar tres recursos básicos: nuestros Dones, nuestras Pasiones y nuestras Luchas.

Dios nos ha colmado con una galaxia de dones y regalos, y a ti no te ha dejado fuera del reparto. Te ha dado habilidades y talentos únicos. En una de sus cartas a la Iglesia naciente, Pablo dijo: "Ahora bien, hay diversidad de dones, pero el Espíritu es el mismo. Y hay diversidad de ministerios, pero el Señor es el mismo" (1 Corintios 12:4–5). Algunos dones son los talentos naturales con los que naces y otros son los dones espirituales que cobran vida cuando dedicas tu vida a amar a Cristo. Pablo señala que la distinción, en realidad, no importa, porque siempre que haces algo bien y contribuyes a la gloria de Dios, es algo espiritual. Ya se trate de talentos naturales o de dones espirituales, todos vienen de Dios, y Él se regocija cuando utilizas lo que te ha dado. Algunos destacamos en la oratoria, otros en el canto. Hay quienes son buenos en contabilidad, y otros en el diseño. Algunos sirven como líderes, otros como profesores. Viviendo aquí en Houston, he descubierto que el arte de la barbacoa es decididamente un don espiritual en el estado de Texas.

Todos somos expertos en alguna cosa, y nadie puede destacarse en todo. A menudo nos comparamos con otras personas y nos desalentamos porque no podemos organizarnos tan bien como ellos, ni practicar un deporte igual de bien, escribir o contar chistes igual de bien. No nos fijamos en los dones que nos han dado y los minimizamos, sólo porque nos hemos centrado en algo que no poseemos ni podemos hacer tan bien como otros.

¿Cómo descubres aquello que te ha dado Dios? Pregúntate qué es lo que sabes hacer mejor y contesta sinceramente. Pregúntale a tu Creador, a Aquel que te creó. Y pregúntale a tus amigos y a tu familia: "¿Cuál crees que es mi don principal, cuáles son mis mayores fortalezas? ¿Dónde ves con más claridad que mis talentos pueden ser útiles?" Debes preguntar a otras personas, sobre todo a las que te conocen bien y te ven todos los días. Porque cuando estás dotado para algo, puede que te salga tan naturalmente que ni siquiera tú puedas reconocerlo. Necesitas que otra persona te sostenga el espejo y te lo señale para que lo veas.

Cuando te preguntes a ti mismo, a Dios y a los demás, no caigas en la falsa modestia ni en la humildad de quien se cree superior. "Yo no soy buen orador. Todo se lo debo a Dios". Si bien es verdad que Dios es la fuente de todas las cosas buenas, a menudo nos escondemos detrás de ese lenguaje como una manera de no asumir la responsabilidad de nuestros dones. Sé honesto contigo mismo acerca de lo que haces bien y la eficacia con que haces uso de ese don. Tu manera de poner en práctica tus dones a menudo depende de aquello que más te importa, es decir, de tus pasiones.

El Dios interior

Encontramos nuestro lugar en la vida cuando descubrimos nuestras pasiones. Pablo escribió en Romanos 12:11: "En lo que requiere diligencia, no perezosos; entusiastas de espíritu, sirviendo al Señor". La palabra traducida como "entusiasta" proviene de dos palabras griegas que significan "Dios interior". El entusiasmo y la pasión nacen de nuestro Dios interior. Él ha puesto esa pasión en mi vida en lo profundo de mí mismo por un motivo, porque quiere que yo persiga esa pasión. Si mis dones son el motor que me ha sido dado, la pasión es el combustible que me mantiene activo.

A menudo las personas creen erróneamente que si están apasionadas por algo y están dotadas para hacerlo, es probable que Dios no quiera que se dediquen a ello. Al contrario, creen que Dios quiere que le demuestren cuánto lo aman, renunciando a sus talentos y a sus sueños, y dedicándose a algo que detestan, o que encuentran difícil y aburrido. Eso es ridículo, y a menudo no es más que un pretexto para justificar la falta de concentración. Dios te ha dado unos talentos porque quiere que los uses. Te ha dado una pasión por algún motivo, y quiere que la cultives y la persigas. ¿Tienes algún don oculto? Quizá era algo que te fascinaba hacer pero renunciaste a ello para conseguir un "trabajo de verdad". Nunca renuncies a algo en lo que no puedes dejar de pensar todos los días. No es demasiado tarde para convertirte en aquello para lo que Dios te creó.

¿Y cómo descubres cuál es tu verdadera pasión? Pregúntale. Presta atención a aquello que más te gusta hacer. Toma nota de los momentos en que te encuentras disfrutando de una experiencia, ya sea la jardinería o la enseñanza, el deporte o la cocina. Cuando disfrutas haciendo algo, el tiempo vuela y tus emociones también. Puede que sea duro trabajar, pero tu amor por ello trasciende el sudor y los esfuerzos. Vivir entregado a aquello que te apasiona también complacerá a Dios. Como dice Eric Liddell en *Carros de fuego*: "Cuando corro, siento el placer de Dios". Te darás cuenta de que complaces a Dios porque sabrás que te has dedicado a aquello para lo que Dios te creó. Podrás realizar el potencial de las habilidades con las que Dios te ha dotado.

Hace poco llevé a mis dos hijos adolescentes y a unos amigos suyos a un parque de atracciones en Dallas. Puede que me esté poniendo viejo, pero ya no experimento la misma pasión que antes por la montaña rusa. Además, ya no las construyen como el Big Dipper. Entre las costillas magulladas al ser sacudido violentamente en aquellas curvas cerradas a una velocidad vertiginosa (he adquirido una apreciación diferente de esa palabra), además de las náuseas en las caídas de 300 metros, me pregunté en qué estaría pensando cuando se me ocurrió sugerir ese viaje.

Mis hijos y sus amigos, por el contrario, nunca se daban por satisfechos. Y todos decían: "¡Casi he salido disparado! Pensé que me iba a desmayar. ¡Fue alucinante! Repitámoslo". Al parecer, tuvimos la misma experiencia, pero nuestras respuestas fueron sumamente diferentes. Al día siguiente, cuando me desperté, tenía un dolor de cabeza que me estaba matando. Me dolía el cuello, estaba todo rígido y cojeaba. Me sentía fatal. Y cuando me pregunté, *¿En qué estaría pensando?*, la respuesta no tardó en venir. Ya no me apasiona subir a la montaña rusa, pero me apasionan mis hijos.

Ya que soy un apasionado de mis hijos, toda la experiencia (con sus dolores, punzadas y magulladuras) sin duda valió la pena. Mi intensa alegría nacía al ver que a mis hijos les fascinaba la experiencia. Ver la sonrisa en sus caras cuando estaban a punto de vomitar era algo increíble. A mí me encantaba porque me fascina ver a mis hijos hacer algo que los apasiona.

Dios siente lo mismo contigo. Cuando persigues las pasiones que ha depositado en tu corazón, Él se siente fascinado. Cuando sonríes y disfrutas plenamente de la vida, tu Padre sonríe. Dios encuentra una gran fuente de alegría en ver cómo vives tus dones y actúas para cumplir con su designio. No sólo nos sentimos realizados cuando vivimos nuestras pasiones, sino que también intuimos el placer de Dios.

Momentos que importan

¿Cuándo fue la última vez que sentiste esa pasión con una experiencia? ¿Qué dones utilizaste? ¿Qué te dice esa experiencia acerca de tu razón de ser en la vida?

Eclipse total

Tiene sentido que nuestros dones y pasiones nos ayuden a encontrar nuestro camino y cumplir con la vida llena de posibilidades que Dios quiere para nosotros. Sin embargo, el tercer factor en nuestro GPS —las luchas— es tan importante como los otros dos. Quizá no sea tan placentero, pero es igual de relevante. ¿Por qué? Porque cuando Dios nos permite superar las luchas, las aflicciones y dificultades, aprendemos a depender de Él. Aprendemos a conocer nuestros propios límites y se nos recuerda buscarlo a Él para lo que más necesitamos. A medida que aprendemos a depender de Él, Dios nos presta su poder y su fortaleza.

Si nunca tuviéramos que luchar o superar problemas, nunca dependeríamos de Dios y no sabríamos lo que significa contar con su poder en nuestras vidas. No sólo nuestras luchas sirven para depender de Él, sino también nos permiten ver qué desea Dios para nosotros y, en ese proceso, encontrar nuestro camino en la vida. Al ser el Dios creativo que es, nuestro Padre siempre hace que nuestras heridas nos hagan más fuertes y que ayudemos a los que nos rodean. "El cual nos consuela en todas nuestras tribulaciones, para que podamos también nosotros consolar a los que están en cualquier tribulación, por medio de la consolación con que nosotros somos consolados por Dios" (2 Corintios 1:4).

Dios permite que existan problemas y luchas en tu vida para que puedas acercarte a los otros y ayudarlos. A menudo sucede que las luchas que más me incomodan son precisamente las que Dios quiere usar para marcar una diferencia en la vida de otras personas. Si las admito y las comparto con alguien que experimenta lo mismo, Dios puede tomar mis luchas y convertirlas en estrellas. Dios te ha creado para que brilles intensamente, para que seas una estrella única que brilla para gloria Suya. Sin embargo, el problema es que a menudo somos eclipsados por las expectativas de los otros. En lugar de ser la estrella brillante y única a la que Dios nos destinó, sucumbimos a las falsas expectativas basándonos en las comparaciones que hacemos entre nosotros y los demás. Nos conformamos. Complacemos a esa gente. Intentamos obtener su aprobación y nos conformamos con escoger el camino de menor resistencia en lugar de la vida de abundancias que vivimos cuando cumplimos con el destino que nos ha dado Dios.

Al proporcionarte un sistema GPS, Dios te ha equipado para evitar los desvíos y las calles sin salida de la trampa del conformismo. Tienes una licencia creativa para ser aquello para lo que Dios te ha creado. El gran teólogo que fue el Dr. Seuss dijo en una ocasión: "Debes ser quién eres, porque aquellos a quienes les importa no pesan, y a aquellos que pesan no les importa". Nuestro placer más grande en la vida a menudo proviene de servir a otros, de darles algo que nadie más puede darles en ese preciso momento y lugar, ya sea una comida caliente, una palabra de aliento, un oído que escucha o un hombro en que apoyarse. Debemos estar dispuestos a que nos oriente Aquel que mejor nos conoce.

Para que dure toda la vida

1. En un trozo de papel, anota cinco dones diferentes que sabes que posees. No seas modesto ni tímido. Nadie tiene que verlo excepto tú. Esta semana pídele a por lo menos tres miembros cercanos de tu familia o amigos que anoten cinco dones que ven en ti. Pídeles que te den sus listas para que puedas comparar. ¿Qué es lo que más te sorprende? ¿Por qué?

2. ¿De qué manera tu empleo o tu profesión actual reflejan tu pasión? Si supieras que te queda un tiempo limitado de vida, ¿te gustaría seguir con el trabajo que haces? ¿Por qué sí o por qué no? Haz una lista de los obstáculos que, según tú, te impiden realizar tu trabajo o profesión soñada. Revisa estos obstáculos en tu oración a Dios, recordando que con tu Padre —Aquél que te creó y que te conoce mejor que nadie—, nada es imposible.

3. Piensa en ese puñado de personas que más te ha ayudado a lo largo de tu vida. ¿Cómo te han beneficiado sus luchas, decepciones y pruebas? ¿Qué compartieron contigo de esas experiencias que te hizo más fuerte? En el momento dedicado a la oración, piensa en compartir alguna de tus experiencias de lucha con alguien esta semana como medio para alentarlo o motivarlo.

Huracanes

AGUANTAR LOS VIENTOS DEL CAMBIO

> Todo lo que he visto me ha enseñado a confiar en el Creador
> por todo cuanto no he visto.
> —RALPH WALDO EMERSON

> Si no te gusta algo, cámbialo.
> Si no lo puedes cambiar, cambia tu actitud. No te quejes.
> —MAYA ANGELOU

El peor desastre natural de la historia de nuestro país se presentó como un huracán grado cuatro que se abatió sobre Galveston, Texas, el 8 de septiembre de 1900. Los vientos alcanzaban una velocidad superior a 220 kilómetros por hora y olas de más de cinco metros barrieron la isla. Más de seis mil personas perdieron la vida y más de 3.600 casas y edificios fueron destruidos. Los habitantes no estaban en absoluto preparados para la furia de la que más tarde sería bautizada como la Gran Tormenta.

Después de una devastación de esas dimensiones, los habitantes de Galveston introdujeron ciertas modificaciones drásticas.

Construyeron un rompeolas de seis metros de altura y cinco kilómetros de largo para proteger la zona. Con sacos de arena y remo-
viendo tierras, también elevaron varios metros toda la ciudad. Y
cuando una tormenta de iguales características se desató sobre la
ciudad unos años más tarde, se produjeron daños mínimos, porque la gente estaba preparada.

Cuando nos golpea el huracán de la vida, debemos saber cómo
responder. A menudo sucede que nuestras relaciones se desmoro-
nan porque no estamos en absoluto preparados para las tormentas y tensiones que vivimos en la vida. Nos golpea una tragedia
inesperada o una crisis nos coge desprevenidos. No podemos evitar que los vientos huracanados del cambio afecten nuestra vida,
nuestro matrimonio, nuestra familia, nuestras relaciones y nuestro trabajo. Sin embargo, nos podemos preparar, aprendiendo de
las tormentas que ocurrieron en el pasado. Y las tormentas vendrán, tarde o temprano. Lo único permanente en la vida es el
cambio. La Biblia nos lo recuerda: "Todo tiene su tiempo, y todo
lo que se quiere debajo del Cielo tiene su hora" (Eclesiastés 3:1).
El cambio sencillamente forma parte de la vida.

Los vientos del cambio te harán más fuerte o te tumbarán. En
el matrimonio, los problemas y conflictos te harán acercarte a tu
pareja o destruirán la relación. En tu organismo, la enfermedad o
las heridas pueden destruirte emocionalmente o fortalecerte más
que nunca. En tu trabajo, una oportunidad perdida puede acabar
con tu sueño o inspirarte para avivar las llamas con más vigor.
Todo depende de tu respuesta.

Vientos de cambio

Como hemos visto, la Biblia aborda todos los aspectos de lo que
significa estar plenamente vivo. Sobrevivir a los vientos huracanados del cambio no es una excepción. Al llevar a la práctica los
principios de la Biblia, veremos que no sólo podemos sobrevivir a

los vientos del cambio, sino también dominarlos para que hinchen nuestras velas y nos impulsen hacia adelante. Cuando era conducido en barco en calidad de prisionero a Roma, Pablo describe una tormenta de proporciones bíblicas: "Pero no mucho después dio contra la nave un viento huracanado llamado Euroclidón. La nave era arrastrada, y al no poder poner proa al viento, nos abandonamos a él y nos dejamos llevar" (Hechos 27:14–15).

Cuando la nave se encontró con los vientos huracanados, la tripulación intentó luchar. Quisieron navegar hacia el interior de la tormenta, quizá para encontrar el centro tranquilo, pero no tardaron en darse cuenta de que sus esfuerzos eran inútiles. Es difícil parar una tormenta una vez que ha empezado. El cambio es inevitable, y se puede perder mucho tiempo y energía intentando combatirlo. Si no aprendes a adaptarte a las situaciones imprevistas de la vida y a moverte con ellas, tu nave será destruida. En medio de los peores golpes de la vida, puede que te sientas tentado a aferrarte al pasado y pensar románticamente en cómo eran las cosas entonces. Todos conocemos a personas que no saben adaptarse al cambio. El viento cambia de dirección, y ellos corren en busca de un refugio. Se vuelven obstinados y piensan en lo agradable que era la vida en los viejos tiempos.

La realidad nos dice que si no logramos adaptarnos a los vientos del cambio, nunca disfrutaremos de la vida. El cambio nos asusta, nos parece incierto y amenazante. Pero también puede ser sano, dinámico, refrescante y necesario. Debemos aceptar que la vida es un viaje y que nuestra nave se topará con tormentas de vez en cuando. Negarlo, intentar controlarlo o aferrarse al pasado nunca nos hará sentirnos realizados. La vida no consiste en navegar esquivando los vientos del cambio. Al contrario, la vida más plena se encuentra *en* esos cambios vitales. Alfred Souza observaba: "Durante mucho tiempo me había parecido que la vida estaba a punto de comenzar… la verdadera vida. Sin embargo, siempre había algún obstáculo en el camino, algo que primero debíamos solucionar, algún asunto inacabado, un tiempo pendiente de una condena, una deuda por pagar. Entonces la vida volvería a comenzar. Al final, me di cuenta de que estos obstáculos eran mi vida".

Momentos que importan

¿Cuál crees que ha sido la época más feliz de tu vida? ¿Con qué frecuencia piensas en ello o te sorprendes deseando volver a esa época? ¿Cómo se puede comparar con la época actual de tu vida? ¿La nostalgia te impide aprovechar las oportunidades del presente?

Hacia la colisión

Aprender y crecer venciendo las tormentas de la vida requiere dos instrumentos de navegación. Los capitanes que se encuentran con tormentas en mar abierto saben que pueden navegar en contra o a favor de la tormenta. La mayoría no tarda en aprender que navegar contra una tormenta puede romper los mástiles del barco como si fueran simples ramas y destrozar el timón con un golpe de ola. Suele ser preferible navegar a favor de la tormenta, cobrando una velocidad enorme para evitar el hundimiento. Nosotros tenemos que hacer lo mismo y repensar cómo percibimos la tormenta que estamos viviendo.

Pablo no era extraño a todo esto. Durante catorce días él y sus compañeros de navegación se vieron rodeados de una lluvia implacable y de cielos encapotados, sin tener referencias en tierra firme para continuar navegando. "Al no aparecer ni sol ni estrellas por muchos días, y acosados por una tempestad no pequeña, ya habíamos perdido toda esperanza de salvarnos" (Hechos 27:20). Empezaron a perder las esperanzas porque no veían más allá de la tormenta. Es probable que conozcas esa sensación. La tormenta hace estragos en tu vida y las nubes negras flotan por encima de tu cabeza durante días, semanas o años. Estás a punto de perder toda esperanza porque no puedes ver más allá de la tormenta, no hay nada que te ayude a orientarte. Si estás a punto de abandonar, ¡no lo hagas! Recuerda las palabras de Winston Churchill: "Si te encuentras en la travesía del infierno, no te detengas".

Podemos aprender del ejemplo de Pablo, que conservó la serenidad en medio de la crisis. Era el único a bordo que seguía confiando, porque decidió mirar más allá de la tormenta. Vio más allá de las aguas embravecidas y los vientos huracanados, vislumbró un cambio inminente y positivo. La naturaleza humana nos inclina a fijarnos sólo en los problemas inmediatos y en sus daños colaterales en lugar de ver los posibles resultados positivos. Nos volvemos negativos y nos deprimimos, desesperados por escapar de nuestro dolor y nuestro malestar en lugar de mirar hacia adelante y hacia los efectos a largo plazo. A menudo culpamos a Dios y nos amargamos porque no alivia inmediatamente nuestra situación.

Dios no provoca los cambios dolorosos en nuestra vida, pero los utiliza y quiere que algún bien salga de ellos. Una de sus maneras de conseguirlo es fortaleciendo nuestro carácter. El psicólogo John Townsend dice que la inmadurez es pedir que la realidad se adapte a nuestros deseos. Durante las tormentas, las personas inmaduras piensan: *"Si la realidad me favorece, me siento feliz, perfecto. Si la realidad no me favorece, me deprimiré y se lo haré saber a todo el mundo".* Por el contrario, la madurez se adapta a la realidad. Y nunca es fácil. Nos vemos obligados a aceptar nuestras debilidades, dejar de lado nuestra manera de hacer las cosas y sintonizar con un ritmo diferente, a veces un poco discordante. Créeme, yo lo he aprendido de la manera más difícil.

Hace unos años, mi familia y yo visitamos Italia. Viajamos por todo el país en tren y pronto nos dimos cuenta de que la cultura italiana tiene su propio tiempo. Los trenes no siempre salían a la hora prevista. Ni llegaban a la hora prevista. En realidad, eso no sucedía casi nunca. Como era de esperar, nadie en la industria del transporte se agitaba cuando yo pedía un poco de organización y exigía que hicieran algo. Mi frustración se fue acumulando hasta que una tarde finalmente exploté. Después de habernos alojado en un curioso hotel en un pueblo pequeño, hicimos las maletas y nos preparamos para tomar el tren. Habíamos reservado con semanas de antelación y faltaban dos horas y media para que saliera el tren. Acostumbrados a viajar con cuatro niños y mucho equipaje, yo había aprendido que era fundamental planificar nuestros movimientos. Así que llamé a la compañía local de taxis y expliqué que necesitaba un taxi pronto.

La empleada me preguntó, en un inglés macarrónico:

—¿Por qué lo pide ahora?

Yo le respondí con toda confianza:

—Porque lo necesito ahora. Somos seis, y tenemos que partir dentro de dos horas. Sólo quiero asegurarme de que el taxi llegará a tiempo para llevarnos a la estación y tomar el tren.

Mientras explicaba, la empleada me cortó con un:

—Llámenos cuando necesite un taxi —dijo, y colgó.

Esperé una hora, y estaba bastante nervioso.

—Necesito un taxi para dentro de una hora —dije—. Por favor, quiero que el taxi llegue de aquí a una hora.

Sin disimular su irritación, la empleada dijo:

—No llame ahora. ¡Llame cuando necesite el taxi!

Finalmente, diez minutos antes, volví a llamar.

—Lo siento, todos los taxis están ocupados —dijo ella. Fue el momento en que exploté. Debo decir que no fue mi momento más brillante. Estaba muy irritado con su manera de hacer las cosas a lo Monty Python. Sobra decir que perdimos el tren. Sin embargo, aquel episodio fue un punto de inflexión en nuestro viaje. Nos dimos cuenta de que teníamos que cambiar nuestra manera de medir el tiempo. Finalmente, llegamos a la conclusión de que no íbamos a cambiar la cultura italiana, y comenzamos a relajarnos y a fluir con la corriente. Llegamos cuando llegamos, nos dijimos. Puede que no respeten los horarios como a nosotros nos gustaría, pero puede que sepan algo sobre un ritmo más natural de hacer las cosas. La cultura italiana no cambió, cambiamos nosotros. Nos adaptamos y, hacia el final del viaje, nos sentíamos como italianos y guardamos los mejores recuerdos de una de nuestras vacaciones más entretenidas.

La carga

La realidad nos exige que revisemos nuestra manera de ver el mundo. La perspectiva también puede ayudarnos a aclarar nuestras prioridades. Si sólo te quedara un mes de vida, no necesitarías este libro para decirte en qué debes concentrarte. Pero en nuestra rutina, a menudo perdemos de vista lo que más importa. El cambio puede aclarar nuestras prioridades y echar luz sobre lo que importa de verdad.

Durante aquella travesía de Pablo por la tormenta, la carga que antes había sido tan importante empezó a significar cada vez menos ante la posibilidad de perder la vida. En Hechos 27:18, Lucas escribe: "Pero siendo combatidos por una furiosa tempestad, al siguiente día empezaron a deshacerse de la carga". La tripulación empezó a descargar todo lo que no estaba amarrado para aligerar la nave y evitar que se hundiera. La misma carga que habían subido al barco con tanto cuidado (y estoy seguro de que muchos objetos llevaban la marca de "Frágil") ahora empezó a ser rápidamente lanzada por la borda. Aquello que sólo unos días antes era considerado valioso ahora no tenía valor alguno. Cada vez que en tu vida se desaten las tormentas y tu barco sea zarandeado, te verás obligado a reevaluar tus prioridades. Una de las prioridades más importantes ocupará rápidamente el primer lugar, es decir, tus relaciones.

Momentos que importan

¿Qué carga tangible has perdido en uno de esos huracanes de la vida? ¿De qué te has tenido que desprender voluntariamente para sobrevivir a una tormenta? ¿Cómo cambiaron tus prioridades como consecuencia de haber perdido objetos materiales?

El ancla inamovible

Aunque tengamos que adaptarnos y cambiar de rumbo para capear la tormenta, también tenemos que saber cuándo botar el ancla y quedarnos en un lugar fijo. A propósito del relato de Pablo, Lucas escribió: "Temiendo dar en escollos, echaron cuatro anclas por la popa, y ansiaban que se hiciera de día" (Hechos 27:29). Necesitas un ancla que nunca cambie. "Jesucristo es el mismo ayer, hoy y por los siglos" (Hebreos 13:8). Mientras todo lo que hay a tu alrededor cambia, Dios no cambia nunca. Es el mismo Dios de los tiempos de la Biblia. Puede obrar los mismos milagros en tu vida hoy en día y será el mismo Dios mañana. Pablo se sentía seguro durante la tormenta porque conocía esta verdad y actuaba en consecuencia. En Hechos 27:23, explica: "Pues esta noche ha estado conmigo el ángel del Dios de quien soy y a quien sirvo". Dios ancló a Pablo con su presencia y sigue anclándonos a nosotros de la misma manera, aunque no haya ángeles para entregarnos los mensajes.

Cuando soplen los vientos huracanados en tu vida, recuerda que Dios sabe perfectamente dónde te encuentras. Puede que sientas que no está a tu lado y que te encuentras solo. Incluso cuando no sientes Su presencia, Dios sigue estando junto a ti.

Está detrás de la tormenta, en medio de la tormenta y después de la tormenta, siempre esperándote, siempre presente.

Puede que en este momento las tormentas empiecen a flotar por encima de tu cabeza, y que las nubes se acumulen y el viento arrecie. Tú tienes miedo. Rabia. Estás deprimido y sufres ansiedad. No puedes encontrar el camino de salida. Quizá la tormenta reclame tu carga, incluso puede que hasta tu embarcación, como le ocurrió a Pablo (todos los pasajeros sobrevivieron, aunque la nave finalmente se hundió). Puede que sientas mareos, estés empapado, desanimado y débil. Sin embargo, lo lograrás. Dios te acompañará con el ancla inamovible de Su presencia.

Quizá el motivo por el que lees estas páginas en este momento es que te recuerdan que Dios te acompaña en medio de la tormenta. "Porque yo sé los pensamientos que tengo acerca de vosotros, dice Jehová, pensamientos de paz y no de mal, para daros el fin que esperáis" (Jeremías 29:11). Por muy devastadora que sea la tormenta, Él te acompañará. Con Dios como tu navegante, sabrás cuándo debes dejarte llevar por la tormenta y cuándo botar el ancla para mantenerte firme.

Para que dure toda la vida

1. Si supieras que sólo te queda un mes de vida, ¿qué "carga" lanzarías por la borda? En otras palabras, ¿cómo simplificarías tu vida? ¿Qué bienes materiales regalarías, venderías o tirarías a la basura? ¿Cuáles serían los primeros bienes de los que te desprenderías? ¿Qué te impulsa a aferrarte a esa carga actualmente? Haz un inventario de los objetos que necesitas tirar por la borda para que puedas seguir navegando sin problemas.

2. ¿En qué se apoyó tu fe en medio de las tormentas del pasado? Pensando en la tormenta más reciente, ¿qué te enseñó acerca de ti mismo? ¿Qué aprendiste acerca de Dios? Dedica un tiempo a la oración, conecta con tu ancla y agradécele por su apoyo y por seguir sosteniéndote con firmeza.

3. ¿A qué tormentas te enfrentas en tu vida actualmente? ¿Te hacen más fuerte o te desintegran? Recuerda que no eres tú el que elige las pruebas que se presentan en tu vida, aunque sí puedes elegir la respuesta que das. ¿Qué respuesta elegirías hoy?

La metamorfosis

CAMBIAR DESDE DENTRO HACIA FUERA

> Deja un rincón
> para aquello que te puede alegrar,
> ensanchar o serenar el corazón.
> —GERHARDT TERSTEEGEN

> ¿Cómo se convierte uno en mariposa?
> Tienes que tener tantas ganas de volar
> que estarás dispuesto a renunciar a la condición de oruga.
> —TRINA PAULUS

Las personas que se enteran de que sus días en este mundo están contados suelen llevar a cabo cambios drásticos en su estilo de vida. Renuncian a la adicción al trabajo y disminuyen el ritmo frenético de su vida diaria. Dedican tiempo a sus seres queridos, a Dios y a sí mismos, y reflexionan sobre su vida. Renuncian a la persecución y colección de posesiones materiales y finalmente disfrutan de la plenitud que ya tienen. Vuelven a descubrir los placeres simples de estar junto al fuego con un buen libro o de compartir un picnic a la sombra de un generoso roble un día de verano. Puede que su estado físico los obligue a ir más lentos, pero la mayoría agradece la oportunidad de abandonar la rutina en que se habían convertido sus vidas.

Si sólo te quedara un mes de vida es probable que disminuyeras el ritmo y abordaras cada uno de los días que te quedan con un enfoque diferente. Muchas personas que sufrían enfermedades terminales me han dicho que, aunque suene paradójico, al final acogían con alivio su prognosis. Al obligarlos a bajar el ritmo y a introducir cambios drásticos, su cuerpo les daba algo que su alma añoraba desde hacía tiempo.

Para la mayoría de nosotros, el deseo de disminuir el ritmo y cambiar nuestra manera de ver la vida ya existe. En realidad, no estarías leyendo este libro si no le pidieras algo más a la vida, a tu relación con los otros y a tu relación con Dios. Sientes la urgencia de sacarle a tu vida el mejor partido posible, pero demasiado a menudo ocurre que te distraes con los negocios o te concentras en cosas que no pueden satisfacer tus deseos más profundos.

Nuestra agitación se manifiesta como un malestar del alma, un descontento cada vez mayor que, en nuestra sociedad del siglo XXI, ha alcanzado proporciones épicas. Ganamos mucho más dinero y gozamos de muchas más comodidades que nuestros abuelos y, no obstante, la mayoría no somos más felices. Decidimos que unas vacaciones nos calmarán, pero cuando llegamos a nuestro destino descubrimos que hemos olvidado cómo relajarnos. Tenemos dificultades para saber estar solos. No sabemos conectar con nosotros mismos y mucho menos con nuestros seres queridos.

Mareados por el movimiento

Nuestros horarios discurren a un ritmo tan vertiginoso que empezamos a sentirnos mal con el movimiento, uno de los síntomas claves del malestar crónico del alma. ¿Y qué es lo primero que hacemos cuando sentimos este malestar de nuestras almas? Nos movemos a un ritmo todavía más frenético. Siempre estamos yendo hacia el próximo asunto, más grande, intentando alcanzar una satisfacción. A veces es una casa nueva, un auto nuevo, un cónyuge nuevo o una nueva relación sentimental. A veces también es el último artilugio de alta tecnología, con todas sus actualizaciones, el próximo viaje a un lugar nuevo y exótico, el próximo boleto de la lotería.

Estos deseos no son necesariamente malos, pero lo que los motiva *sí* es preocupante. El único lugar donde podemos serenar nuestra alma es en nuestro interior. En su carta a los Romanos, Pablo describe cómo empezamos esa transformación: "No os conforméis a este mundo, sino transformaos por medio de la renovación de vuestro entendimiento, para que comprobéis cuál es la buena voluntad de Dios, agradable y perfecta" (Romanos 12:2).

En la receta que nos da Pablo, la palabra clave "transformaos" proviene de la palabra griega *metamorphous,* de donde viene *metamorfosis,* que literalmente significa "sufrir un cambio desde dentro hacia fuera". El secreto para una madurez llena de fe consiste en sufrir un cambio desde dentro hacia fuera, es decir, una metamorfosis del alma. Cuando pienso en la palabra *metamorfosis,* pienso en una mariposa. La oruga forma una crisálida y comienza el proceso de transformación en un bello insecto alado. No espera que algo lo cambie, sino que cambia desde dentro hacia fuera, y se convierte en lo que está destinado a ser.

Sucede con demasiada frecuencia que esperamos que alguien o algo externo nos cambie. Culpamos a nuestro cónyuge por no llenarnos emocionalmente, a nuestra iglesia o a nuestro pastor por no llenarnos espiritualmente, o a nuestro trabajo por no darnos una razón de ser. Sin embargo, el juego de la culpa sólo retrasa lo inevitable, si nos tomamos en serio lo de superar nuestra enfermedad y de tener almas sanas y dinámicas. Ha llegado la hora de asumir la responsabilidad de nuestro propio crecimiento. Si en este momento tienes que moverte un centímetro para ser feliz, nunca serás feliz, porque vayas donde vayas llevarás contigo la insatisfacción. No se trata de lo que hay en el exterior sino de lo que tienes interiormente. El antídoto al malestar del movimiento que aqueja a nuestra alma es la inmovilidad, el arte antiguo de permanecer simplemente quieto. ¿Acaso la oruga se mete en la crisálida y trabaja con ahínco para convertirse en mariposa? No, la oruga se queda quieta y la transformación tiene lugar.

Nunca experimentarás el crecimiento espiritual ni la transformación en tu vida hasta cuando finalmente te quedes quieto, hasta que dejes de moverte. Pablo nos recuerda que fijes tu atención en Dios (ver Romanos 12:2). El Salmo 46:10 dice: "Estad quietos y conoced que yo soy Dios". Si nos quedamos quietos ante Dios, nos transformamos. Recuerda los versos tan conocidos del Salmo 23: "En lugares de delicados pastos me hará descansar; junto a aguas de reposo me pastoreará" (versículos 2–3). La moción y la conmoción nos roban el alma, pero la quietud nos la devuelve.

Momentos que importan

¿Cuándo fue la última vez que te quedaste quieto? ¿Cuándo fue la última vez que apagaste la televisión y te quedaste sentado en silencio durante treinta minutos? ¿Cuándo fueron las últimas vacaciones en que no revisaste tu correo electrónico ni contestaste tu teléfono celular?

Misión: control

Gracias al poder de la ciencia, la investigación y la tecnología, cada día que pasa aprendemos algo nuevo acerca de cómo mejorar nuestra vida, mantenernos más sanos y progresar en nuestra situación laboral. No hay nada de malo en esta información. Sin embargo, puede darnos la falsa sensación de seguridad de que podemos controlar nuestras vidas. Dedicamos mucha energía a controlar la imagen que proyectamos y a actuar como si lo tuviéramos todo controlado para que nadie sepa que la verdad es otra. Intentamos controlar nuestros problemas. Intentamos controlar nuestro dolor. Intentamos controlar a otras personas, pero ellas no colaboran, lo que nos parece muy frustrante. Si pudiéramos controlar a todos de manera que hicieran lo que nosotros queremos, el mundo sería un lugar mejor, ¿no es así? Gracias a Dios, no es así como funcionan las cosas de la vida. La manera más rápida de ahogar nuestras almas es intentar controlarlo todo.

El antídoto para la fiebre del obsesionado con el control que todos vivimos es la soledad, el tiempo a solas con nosotros mismos y con Dios. Cuando apartamos las distracciones y nos presentamos en silencio ante Dios, Él comienza a sanar nuestra alma. En esos momentos, podemos constatar sinceramente el poco control que de verdad tenemos sobre nuestra vida. Podemos expresar nuestras preocupaciones, inquietudes, temores y dudas, y pedir que el control de Dios sea fundamental en nuestra vida.

La mayoría no nos sentimos cómodos a solas. Sin la necesidad de fingir y posar, tenemos que enfrentarnos a quiénes somos de verdad. Sin embargo si de verdad queremos sanar y alimentar nuestra alma, tenemos que comprometernos a pasar algún tiempo a solas. "En la conversión y en el reposo seréis salvos; en la quietud y en la confianza estará vuestra fortaleza" (Isaías 30:15). Si dejamos de intentar solucionar todos nuestros problemas y de controlarlo todo, la quietud colmará nuestra alma y nos dará fortaleza.

Comparación compulsiva

Otro de los síntomas del malestar de nuestra alma surge cuando nos sentimos obligados a compararnos con todos los que nos rodean para saber quiénes somos y cuánto valemos. Nos medimos para saber cómo situarnos, utilizando a menudo los símbolos de estatus y las apariencias para evaluarnos. Nos fijamos en cómo visten los demás, en dónde viven, en los autos que conducen, en dónde trabajan, en las notas de sus hijos y en sus proezas deportivas. Cuando recurrimos a símbolos de estatus para definir cuánto valemos o nuestra identidad en relación con los demás, nuestras almas se marchitan.

Si elevas los símbolos de estatus, entonces de verdad quieres aparentar que tienes una vida sana, equilibrada y exitosa, sin que eso sea una realidad. Intentas cambiar desde fuera hacia adentro, pensando que te sentirás mejor interiormente contigo mismo si cambias las propiedades exteriormente. Pensamos: *Si cambio de aspecto, si cambio de casa o de auto, entonces cambiaré yo también. Y entonces estaré contento de verdad.* Sólo que hay un problema. No funciona así.

La metamorfosis comienza por dentro. Me parece fascinante que los colores de la mariposa no estén definidos por pigmentos, sino que más bien obedezcan a un efecto prisma cuando la luz se refleja en sus alas transparentes. A pesar de la variedad de colores y dibujos, por debajo de la disposición del dibujo de sus alas, todas las mariposas tienen alas transparentes. De la misma manera, en nuestra existencia, la transparencia transforma. Cuando somos tal como somos ante Dios y ante los demás, cuando somos lo que Dios nos creó en lugar de intentar fingir que somos otro, aparece nuestra belleza individual y distintiva.

Resulta interesante observar que el término opuesto a metamorfosis es la palabra griega *metaschematizo*, que significa "cambiar la apariencia externa". Es el origen de nuestra palabra

"mascarada". Demasiado a menudo aparentamos que lo controlamos todo, aunque en el fondo del alma nos duela profundamente. Dios nos dice que necesitamos una metamorfosis, no una
mascarada. El verdadero cambio parte desde el interior y el exterior cambia naturalmente para reflejarlo.

El mejor antídoto que conozco contra la tendencia a comparar
(también llamado síndrome del estatus-símbolo) es prestar servicio. No servir a cualquiera, sino servir a personas que no pueden
darte nada de valor a cambio. El trabajo en redes es una parte
fundamental de nuestras comunidades y de nuestras relaciones
comerciales. Sin embargo, cuando das de ti a alguien que no te lo
puede pagar, pasas por encima de todas las fronteras y te conectas
más profundamente. Ya no se trata de la comparación sino de la
compasión.

Momentos que importan

*¿A quién o quienes sirves en este momento que no te pueden
pagar nada a cambio? ¿Quién hay en tu vida que te necesite
pero que no puede seguir un principio de reciprocidad?
¿Qué te impide darles algo de ti?*

Crisis de comodidad

A menudo, nuestro objetivo en la vida es gozar de la comodidad.
Sin embargo, cuando nuestra inclinación por la comodidad in-
fluye en nuestra búsqueda de Dios, nos estancamos, aburrimos y
deprimimos. El síntoma final del malestar del alma en la vida mo-
derna aparece cuando intentamos aislarnos del dolor, del sufrimiento, de los contratiempos y de la incomodidad. El virus de la
comodidad nos quitará la felicidad y nos encogerá el alma.

Nuestro desasosiego espiritual seguirá aumentando si intentamos evadirnos de los problemas de la vida. Volviendo a la pers-

pectiva de Pablo en sus cartas a los romanos, nos dice: "Gozosos en la esperanza, sufridos en la tribulación, constantes en la oración" (Romanos 12:12). Todos sufriremos tribulaciones. Es muy probable que en estos momentos te encuentres en medio de algún tipo de prueba. Y si miras hacia delante, es probable que te esperen más problemas a la vuelta de la esquina. No importa que seas joven o viejo, rico o pobre, que vivas en una granja o en la ciudad, el sufrimiento siempre forma parte de la vida. Nadie está exento de la tragedia, así como nadie está exento de problemas. La clave consiste en recordar que en el centro de cada problema hay un propósito, una revelación de que Dios está presente en nuestra vida. Nuestra fortaleza crece a medida que nos apoyamos en Él durante nuestras luchas.

Recuerdo un niño que encontró una crisálida en una rama. Vio que se movía, y luego observó que una mariposa intentaba salir. Sintió pena por la mariposa, así que sacó su navaja de bolsillo para ayudar a la mariposa y ahorrarle el esfuerzo. Abrió la crisálida de un corte, sacó la mariposa y la dejó en su mano, esperando que se lanzara a volar. Pero la mariposa no se movió y al cabo de unos minutos murió. Cuando se eliminó el desafío de la mariposa de tener que abrirse camino desde la crisálida, se le negó la oportunidad de fortalecer las alas. Con las alas húmedas y débiles, la mariposa no pudo sobrevivir. Necesitaba luchar para poder elevarse, y lo mismo nos ocurre a nosotros. No hay manera de que podamos cambiar desde dentro hacia fuera sin problemas.

Dios permite que surjan desafíos en nuestra vida porque el único antídoto contra el virus de la comodidad es el sufrimiento. No tienes por qué buscar el sufrimiento, porque Él afectará tu vida sin que se lo pidas. Todos padecemos grandes heridas cuando nos topamos con las tragedias, las pérdidas y el dolor. Quisiera poder decir que si amas a Dios y lo buscas de todo corazón nunca tendrás una muerte en tu familia, o que nunca te despedirán de tu trabajo, que nunca tendrás una relación a prueba de fracasos o que nunca te enfermarás. Pero no puedo decir eso, porque el sufrimiento nos afecta a todos. La clave está en entender que Dios no causa los problemas, si bien los permite con el fin de fortalecer nuestras alas para que podamos volar y usar todo nuestro potencial. Si sólo gruñimos y nos quejamos, o nos comportamos como mártires, el sufrimiento no nos ayuda en nada, y nuestras penas caen en saco roto. Pero Dios no quiere que las heridas sean en balde, y lo mismo ocurre con las lágrimas. Dios no quiere que el dolor sea en balde. Quiere que aguantemos con serenidad, y eso lo logramos cuando confiamos en Él.

La serenidad es la fuerza para cambiar, no lo que podemos hacer por nosotros mismos, sino lo que Dios hace por y a través de nosotros. Cuando nos quedamos quietos y en silencio, cuando empezamos a servir a los demás y aceptamos el sufrimiento en nuestra vida, estamos facilitando la verdadera transformación espiritual. Aprendemos que no podemos solucionar nuestros problemas con sólo nuestra fuerza ni modificar nuestro aspecto exterior y esperar que por eso cambie la vida. La metamorfosis se alcanza sólo mediante la gracia. Si sólo te quedara un mes de vida, te darían ganas de poner fin al movimiento incansable de una vida ajetreada y descubrirías maneras de disfrutar de la quietud y la soledad. Querrías alimentar tu alma, renunciando a las comparaciones y, al contrario, buscarías cómo amar y servir a los demás. Querrías encontrar una manera de sufrir con dignidad, confiando en algo más allá de lo que puedes ver y sentir en relación con lo que promete Dios. Muchas personas se ven obligadas a hacer estos cambios de una sola vez porque el cuerpo les falla. Sin embargo, puedes empezar a aliviar los síntomas del malestar de tu alma y permanecer en el bálsamo curativo de la gracia de Dios.

Para que dure toda la vida

1. Planifica con antelación esta semana para que puedas estar al menos una hora a solas sin interrupciones. Hazle saber a los demás que no estarás disponible para las llamadas de teléfono ni para los correos electrónicos, que estarás desenchufado e inaccesible. Si es necesario, busca un lugar donde no te molestarán. No te lleves nada para leer, escribir o escuchar. Dedica esos momentos a estar quieto. Puede que quieras mirar por la ventana, dar un paseo por el bosque o quedarte tranquilamente en tu oficina al final del día.

2. ¿De qué manera has intentado cambiar modificando tu apariencia o tus condiciones de vida? Piensa en un cambio que podrías introducir en tu agenda o estilo de vida para permitirte tener siempre un momento a solas con Dios.

3. Piensa en las personas en tu vida en este momento. Elige un nuevo conocido para entablar amistad, alguien que te necesite a ti más de lo que tú lo necesitas a él/ella. Busca una manera de servir a esa persona.

Los terremotos

CONSTRUIR CIMIENTOS QUE DUREN

> Dios nos susurra en nuestros placeres,
> nos habla en nuestra conciencia,
> pero grita en nuestros dolores.
> —C.S. LEWIS

> El dolor es inevitable, pero la miseria es optativa.
> No podemos evitar el dolor, pero podemos evitar la alegría.
> —TIM HANSEL

Una de las lecciones más difíciles de la vida es aprender a aceptar las pérdidas. Se trata de un proceso siempre presente porque nuestra vida cambia constantemente y nos vemos obligados a enfrentarnos a las duras realidades de un mundo que está lejos de ser perfecto. Ya estés casado o soltero, seas estudiante o profesor, ejecutivo comercial o dueña de casa, es muy probable que hayas vivido algún momento en que tu mundo se veía sacudido hasta sus cimientos. El matrimonio que parecía imposible de romperse. El padre o la madre que hacían ejercicios a diario. El negocio cuyo éxito había superado todos tus sueños. Y, de pronto, un divorcio, un infarto o una bancarrota crean una ola sísmica que deja a su paso enormes daños colaterales.

En momentos como ésos, nuestra fe se ve sacudida hasta sus cimientos. Por un lado, esos desastres y esas pérdidas dolorosas nos obligan a depender de Dios —para nuestra comodidad y paz, para Su amor y misericordia. Por otro lado, empero, puede que nos enojemos y nos volvamos resistentes a Dios porque no logramos imaginarnos cómo ha podido permitir una tragedia, pérdida o catástrofe de esas proporciones. Cuesta entender que nuestra libertad de elección tiene un precio que va más allá de lo imaginable, a saber, el dolor y la angustia de un mundo imperfecto. Sin embargo, Dios nunca nos abandona. Sufre con nosotros y sabe mejor que nadie lo que significa perder a un hijo, ser rechazado por su propio pueblo o ser traicionado por un amigo. En realidad, habría que pensar en las palabras de Jesús: "En el mundo tendréis aflicción, pero confiad, yo he vencido al mundo" (Juan 16:33). Jesús decía que los problemas constituyen parte natural de la existencia, pero que no tienen por qué derrotarnos.

Si sólo nos quedara un mes de vida, querríamos ser capaces de soportar el impacto de esas noticias y dotar de unos cimientos duraderos a aquellos que dejamos atrás. La única manera de hacer esto consiste en fortalecer nuestros cimientos cada día y en volvernos hacia el Artífice Maestro para tener instrucciones y una orientación para construir nuestra vida.

Sólido como una roca

Cuando nos sacuden los terremotos de la vida, descubrimos de qué estamos hechos y sobre qué hemos construido nuestra vida. ¿Acaso vivimos con un falso sentimiento de seguridad, a pesar de vivir sobre la superficie de grandes fallas subterráneas? ¿Es posible que la más ligera actividad sísmica nos deje postrados en medio del polvo?

Ninguno de nosotros cuestionaría el principio de que unos cimientos sólidos son la clave para la integridad de un edificio, que constituyen su fortaleza estructural, de arriba abajo. Unos cimientos inamovibles también son la clave para vivir una vida con significado, un matrimonio duradero, una familia con fuertes lazos y un negocio de éxito. Jesús utiliza esta verdad del sentido común para ilustrar nuestra necesidad de unos cimientos sobrenaturales que pueden soportar cualquier desastre o tragedia que nos encontremos en el camino: "A cualquiera, pues, que me oye estas palabras y las pone en práctica, lo compararé a un hombre prudente que edificó su casa sobre la roca. Descendió la lluvia, vinieron ríos, soplaron vientos y golpearon contra aquella casa; pero no cayó, porque estaba cimentada sobre la roca" (Mateo 7:24–25).

Hoy en día las familias se derrumban por todas partes porque están construidas en terrenos inestables. No podemos predecir cuándo nuestra vida se verá sacudida por un terremoto, pero Jesús dice que podemos construir una vida a prueba de terremotos si tenemos los cimientos adecuados. Dice que para eso hay que llevar a la práctica Sus enseñanzas. Para Jesús, el secreto no radica tanto en lo que conocemos de la Biblia, sino en qué medida vivimos Su verdad en nuestro día a día. ¿Cuán auténtica es tu fe? Si la ejercitas todos los días, cuando venga el terremoto, estarás preparado para aguantar y para salir incluso fortalecido. Las Escrituras nos revelan los secretos para llevar las enseñanzas de Dios a la práctica y establecer cimientos indestructibles.

Para empezar, necesitas un centro sólido en tu vida. En Mateo 22:37–39, Jesús revela la naturaleza de este centro sólido en el Gran Mandamiento: "'Amarás al Señor tu Dios con todo tu corazón, con toda tu alma y con toda tu mente'. Éste es el primer y más gran mandamiento. Y el segundo es semejante: 'Amarás a tu prójimo como a ti mismo'". Resulta muy fácil en el matrimonio ver a tu cónyuge como la fuente de tu felicidad, alguien que satisface las necesidades más profundas de tu realización, tu razón de ser y tu significado. Sin embargo, no hay ningún ser humano que esté capacitado para apoyar a otra persona en ese plano de cosas. Cuando miras a tu pareja como si pudiera satisfacer necesidades que sólo Dios puede satisfacer, pones demasiada presión en esa persona y en la relación.

Si tienes algo que no sea Dios en el centro de tu vida cuando el terremoto golpee —cosa que ocurrirá inevitablemente— tu centro no será lo bastante fuerte como para sostenerte y darte entereza. Si tienes un centro sólido, tienes una vida sólida. Si tienes un centro débil, tu vida se derrumbará. Si te sientes como si la vida se estuviera desintegrando, tienes que detenerte para analizar qué hay en el centro de tu vida. Nunca es demasiado tarde para pedirle a Dios que sea el centro de tu vida y para construir unos sólidos cimientos a partir de Su verdad. Sin importar lo mucho que tiemble la tierra y se agite y que las relaciones y los negocios se derrumben a tu alrededor, con Dios como tu base indestructible, te mantendrás a salvo. "Reconócelo en todos tus caminos y Él hará derechas tus veredas" (Proverbios 3:6). Dios quiere ser los cimientos en todos los planos de tu vida, en tu matrimonio, tu familia, tus negocios y tu economía.

Momentos que importan

¿Alrededor de qué gira tu vida actualmente? ¿Quién o qué maneja el equilibrio de tu vida? ¿De tu familia? ¿De tu trabajo? ¿Es un sueño? ¿Un objetivo? ¿En qué medida te ha sos-

tenido ese elemento central? ¿En qué medida te ha dejado
expuesto a sufrir sacudidas circunstanciales?

La comunidad vigilante

Otra de las prácticas fundamentales para asegurar tus cimientos
es contar con una comunidad que se preocupa, con un sistema
de apoyo humano. Necesitas un equipo de gente a tu alrededor
que te quiera por lo que eres y no por lo que haces. Necesitas
unos amigos en tu vida que estén presentes cuando todos los
demás se han retirado. ¿Cómo saber quiénes son tus amigos?
Cuando pasas por momentos difíciles, ellos están a tu lado. No
son de los que están contigo cuando todo va viento en popa. Tienes algunos conocidos en la vida que podrías calificar de "amigos", y es probable que tengas buena opinión de ellos y que
disfrutes de su compañía. Sin embargo, cuando empiezan las sacudidas, los conocidos no lo soportan. Se van y te dejan sólo entre las ruinas. Los amigos de verdad vienen y te sostienen cuando
los tiempos son difíciles.

Dios diseñó una manera de satisfacer esa necesidad que todos
tenemos de una comunidad: la Iglesia. Cuando una persona o
una familia sufren un terremoto, el resto nos acercamos a ellos y
les ayudamos a conservar la fortaleza, los ayudamos en la recons-
trucción y cuidamos de ellos. Necesitamos un sistema de apoyo
porque nadie puede salir adelante solo. "Mejor son dos que
uno…, porque si caen, el uno levantará a su compañero; pero ¡ay
del que está solo! Cuando caiga no habrá otro que lo levante. A
uno que prevalece contra otro, dos lo resisten, pues cordón de tres
dobleces no se rompe pronto" (Eclesiastés 4: 9–10, 12). Dios nos
creó para vivir en comunidad, para que ofrezcamos de buena
gana nuestra ayuda cuando otros la necesitan y para aceptarla
amablemente cuando estamos desprotegidos.

Momentos que importan

¿Quiénes te han alentado siempre, te han planteado desafíos y te han ayudado cuando caías? Si sólo te quedara un mes de vida, ¿qué querrías decirles?

El refugio de la tormenta

Cuando nos enfrentamos a un terremoto imprevisto, nunca olvides que tienes un refugio para salvarte de la tormenta. Puedes correr hacia la fuente de esa paz que supera nuestro entendimiento. Dios nos dice: "Invócame en el día de la angustia; te libraré y tú me honrarás" (Salmo 50:15). Dios quiere que lo busques en tus momentos de aflicción. Sin embargo, intentamos resolver todos nuestros problemas solos y luego, como último recurso, cuando nuestra vida empieza a desmoronarse y nuestros recursos se agotan, nos volvemos hacia Dios y decimos: "Bueno, ¡supongo que no queda otra cosa que rezar!"

Sin embargo, esta fórmula no es acertada. La oración debería ser nuestra primera respuesta, no la última. Dios nos dice: "Primero búscame a mí, eleva tu oración, porque yo estoy a tu lado". ¿Cómo puedes estar seguro de que Dios es el centro de tu vida? ¡Deja de preocuparte! Cada vez que empiezas a preocuparte por algo es una señal de que Dios ha dejado de ocupar el primer lugar y de que algo lo ha sustituido como centro de tu vida. Siempre que pongas a Dios primero en ese plano, dejarás de preocuparte. Si Dios no es el primero en tu matrimonio, te preocupas por tu relación. Si no es el primero en tu economía, te preocupas por tu cuenta bancaria. Si Dios no es el primero en tu negocio, no puedes dormir por la noche pensando en los problemas de la oficina. Cada vez que nos preocupamos, perdemos nuestro refugio y nos exponemos a los elementos que pueden sacudir nuestra fe.

Mientras tengas vida, tendrás problemas. Sin embargo te puedo decir una cosa: Jesús te acompañará en todas tus aflicciones y nunca te defraudará. Recordemos lo que David dijo en su Salmo 94: "Si no me ayudara Jehová, pronto moraría mi alma en el silencio. Cuando yo decía: 'Mi pie resbala', tu misericordia, Jehová, me sostenía. En la multitud de mis pensamientos íntimos, tus consolaciones alegraban mi alma" (versículos 17–19). Puede que en este momento te encuentres en el terremoto más grande de tu vida y que te veas sacudido hasta tus cimientos. Sabes que tú no eres el causante, y te preguntas por qué lo ha permitido Dios. Puede que nunca conozcas la respuesta en este lado de la eternidad. Sin embargo si te has dedicado a amar y a conocer a Dios, y si le has confiado tu corazón a Su Hijo, te sostendrá en Sus brazos y nunca dejará de protegerte.

Cuando nos enfrentamos a un problema, nuestra primera reacción suele ser: *Dios, sácame de esta situación. Necesito un milagro. Dios, soluciona este problema, ¡y hazlo rápido!* Sin embargo, Dios suele respondernos con su presencia, en lugar de hacerlo con sus presentes. Y nos dice: *No voy a librarte de ésta a la primera. No hay botón mágico ni solución instantánea. Éste es mi plan: Te apoyaré y te acompañaré hasta que hayas llegado a terreno firme. Estaré contigo mientras la tierra tiembla y cuando todo vaya bien.*

El cantante Billy Joel estaba en California cuando llamó a su hija en Nueva York el día de su cumpleaños número doce.

—Querida hija, lo siento mucho, pero no puedo estar contigo en este día tan especial —dijo—. Pero te he mandado un regalo muy bonito. No te diré qué es, pero debería llegar esta tarde. Quiero que estés pendiente.

Más tarde, la hija oyó que tocaban el timbre. Salió al porche y vio un enorme regalo cerrado con un lazo. No se imaginaba qué podía ser. Empezó a abrirlo y a rasgar el papel, hasta que…

¡apareció el propio Billy Joel! El mejor regalo que la hija podría haber recibido era que su padre estuviera presente.

De la misma manera, Dios ya te ha dado Su regalo más grande. Yo no sé a qué desafíos te enfrentas en este momento de tu vida, pero Dios sí lo sabe. Él sabe cómo te sientes. Llora contigo cuando tu corazón sufre y tiene el poder para darle un vuelco a tu vida.

Para que dure toda la vida

1. Describe la última vez que sentiste las sacudidas de un temblor en tu vida, tu desafío más reciente. ¿En qué sentidos te planteó un desafío y puso tu vida patas arriba? ¿En qué sentido eres diferente ahora debido a ese episodio? ¿Describirías tu fe y tu relación con Dios como más fuerte o más débil cuando todo pasó?

2. ¿A quién consideras un verdadero amigo? No se trata simplemente de un conocido, sino de alguien en que podrías confiar en una situación de crisis o de sufrimiento emocional. Si te cuesta pensar en alguien, recuerda que la manera más segura de tener un amigo es ser un amigo genuino. ¿Quién necesita de tu ayuda o de tu aliento en este momento?

3. Haz una lista de los regalos que quisieras recibir de Dios. Puede que sea un empleo diferente, una nueva relación o mejorarte de alguna enfermedad. Dedica un tiempo a pensar en lo que significa añorar la presencia de Dios más que cualquiera de estas cosas.

El mulligan

JUGAR CON LA INTEGRIDAD

> Conserva el teatro secreto de tu corazón.
> No veas en él nada que no quieras que suceda en la realidad.
> —ROY H. WILLIAMS

> ¿Cuál es la diferencia entre la escuela y la vida?
> En la escuela nos enseñan una lección y pasamos una prueba.
> En la vida, nos ponen a prueba para que aprendamos una lección.
> —TOM BODETT

Si sólo te quedara un mes de vida, lo más probable es que querrías reflexionar sobre tu vida y examinar tu carácter. Querrías hacer todo lo posible para aprender de los errores de tu pasado, alisar todas las arrugas que quedaran y vivir el resto de tus días en paz. Querrías que tu vida fuera integrada y entera, no compartimentada ni fragmentada, como suele sucedernos cuando vivimos el ajetreo de la vida y nos conformamos con menos de lo que podemos disfrutar. Si vivieras consciente y apasionadamente, y si estuvieras plenamente vivo, querrías vivir la vida íntegramente.

Esta palabra se usa a menudo hoy en día, sobre todo en los ambientes de la política. Sin embargo, ¿qué significa realmente? La raíz de la palabra *integridad* es "integer". Según recordarás de tus clases de matemáticas, un número entero es simplemente un número redondo, por oposición a una fracción. Por lo tanto, integridad significa totalidad, lo contrario de fragmentación y de fracturas en la vida. Cuando careces de integridad, acabas comportándote de una manera en la iglesia y de otra manera en el trabajo o en la escuela. Actúas de una manera con tus amigos y de otra manera en tu casa con tu familia. Una verdadera señal de la madurez y de la fuerza de carácter consiste en ser la misma persona, donde sea que nos encontremos o con quién estemos. La integridad es completitud, es una consistencia duradera. "Mejor es el pobre que camina en su integridad que el rico y de perversos caminos" (Proverbios 28:6).

Como vemos en este proverbio, no le podemos poner una etiqueta con un precio a la integridad. Cuando la integridad está presente en tu vida, tienes paz, tienes pasión y tienes una razón de ser. Cuando eres la misma persona en el trabajo, en la iglesia, con tu familia, con tus amigos en un partido o con tus amigas en el café, tu vida rebosa de un sentimiento sereno de unidad. No tienes que estar siempre adoptando posiciones y posturas diferentes, cambiando y girando, adivinando quién deberías ser en los diversos roles y contextos de tu vida.

Pareciera que el deporte es capaz de sacar lo mejor y peor en nosotros. Uno de los deportes en que la integridad es más evidente para mí es en un campo de golf. Como ávido golfista que soy, puedo decir muchas cosas de una persona después de jugar dieciocho hoyos con ella. En el campo de golf se puede ver lo competitiva que es una persona, o lo creativa, o lo honesta, o cómo se enfrentan a las adversidades. Estoy de acuerdo con John Wooden: "El deporte no hace el carácter. Revela de qué esta hecho". Además de que el golf nos da una imagen bastante precisa de la integridad de una persona, también nos revela ciertas cosas sobre cómo ser más íntegros en nuestra vida.

Los jugadores completos

Los golfistas profesionales que ganan los torneos son los jugadores completos. Por ejemplo, pensemos en Tiger Woods. Lanza la bola muy lejos y, a la vez, sus golpes son precisos. También tiene un excelente juego corto. Los *putts* le salen muy bien. Si combinamos estas características, tenemos al golfista número uno del mundo. Woods es un jugador completo. Si examinamos los campeonatos de la PGA de cualquier año es muy probable que veamos que los ganadores son jugadores completos. Puede que sean especialmente efectivos en un aspecto pero, en términos generales, han dominado las destrezas necesarias para desempeñarse bien en todas las facetas del juego.

Nuestra integridad personal funciona de la misma manera. Si queremos vivir en un estado íntegro de fortaleza y paz, tenemos que ser jugadores completos. Debemos trabajar para integrar nuestros valores y creencias fundamentales en todo lo que hacemos, no sólo en parte de lo que hacemos. Tenemos que ser fieles a nosotros mismos y a Dios en todos los aspectos de nuestra vida.

Sin embargo, muchas personas encuentran mucho más fácil compartimentar su vida y justificar sus inconsistencias. Reflexionemos sobre una historia verdadera ocurrida hace poco a un hombre y a su acompañante en un restaurante de comida rápida. Compraron unas raciones de pollo para llevar a un picnic, pero la cajera se equivocó y les dio una caja con los ingresos del restaurante de aquel día. Cuando llegaron al parque y abrieron su caja, en lugar de encontrar muslitos y alas de pollo, encontraron ochocientos dólares. El hombre volvió de inmediato al restaurante a devolver la caja llena de dinero.

El administrador estaba tan aliviado cuando la pareja volvió y le entregó los ochocientos dólares que dijo: "Déjeme llamar a la prensa. Quisiéramos que su foto salga en el periódico local porque usted es uno de los hombres más honestos que jamás he conocido". El hombre respondió de inmediato: "Oh, no, no". Luego se inclinó hacia el administrador y susurró: "No queremos que nuestra foto salga en los periódicos porque, verá usted, la mujer que me acompaña está casada".

A veces las personas pueden ser muy honestas en un ámbito de su vida, pero si son deshonestas en otro plano, no son íntegras. Puede que seas honesto en cuatro o cinco relaciones, pero si eres deshonesto en una de ellas, no eres una persona íntegra. Dios quiere que seamos jugadores completos, y que seamos honestos, justos, decentes y sinceros independientemente de dónde o con quién estemos.

Momentos que importan

¿En qué aspectos de tu vida eres más susceptible de tomar atajos o dejar de lado tus valores? ¿En las relaciones? ¿En el aspecto económico? ¿En el espiritual? ¿Cuál es la parte de tu vida que más te cuesta integrar a las demás?

Un verdadero "swing"

En la película sobre un campeón de golf *La leyenda de Bagger Vance*, el mítico *caddy* del título intenta ayudar a un golfista veterano y derrotado a encontrar su mejor *swing*. Bagger lo llama su *swing* auténtico y verdadero, encontrado gracias al empleo de sus fortalezas naturales y compensando las debilidades. Todos tenemos un único y auténtico *swing*. El problema es que intentamos impresionar a la gente. Pretendemos ser el espectáculo en lugar de encontrar esa calidad única.

Actuar para mantener una imagen y para impresionar a la gente requiere un enorme esfuerzo y energía. Nos vacía de nuestra propia pasión, nos distrae de nuestro propósito dado por Dios y nos escamotea nuestra paz personal. Las personas suelen mostrarse arrepentidas al final de su vida porque saben que no han vivido consecuentemente con sus valores y de la manera que Dios las creó. Aprenden demasiado tarde que el secreto de la pasión consiste en mantenerse fieles al propósito que Dios les encomendó. Tendrás que decidir si lo que quieres es impresionar a los demás o influir en ellos. A las multitudes les impresionan las imágenes, pero tú puedes influir en las personas con sólo sacarte la máscara, siendo verdadero y reconociendo tus faltas y fracasos.

La integridad es el término opuesto a imagen. La integridad es cuando tu vida privada es un reflejo de tu imagen pública. Cuando lo que ves es lo que hay de verdad, se trata de la integridad. La integridad es ése que eres cuando nadie está mirando, cuando no hay nadie a tu alrededor a quien tengas que impresionar. Cuando te encuentras de viaje de negocios y vas a un hotel donde hay canales pornográficos. Cuando el empleado de la tienda te da un billete de más en el vuelto. Cuando la casilla de tu declaración de impuestos podría ser rellenada fácilmente con una suma diferente. La integridad exige que permitas que tu verdadero carácter se adueñe del escenario y decidas revelar quién eres realmente y decir en voz alta lo que crees. "Yo sé, Dios mío, que tú escudriñas los corazones, y que la rectitud te agrada" (1 Crónicas 29:17). Dios se complace en ver que somos jugadores completos comprometidos a honrarlo durante toda nuestra vida.

Una mala mentira

Cuando yo era un niño, en los largos y cálidos días de verano, a mi primo y a mí nos fascinaba cazar abejas. Los dos salíamos con un frasco vacío de café, en cuya tapa habíamos hecho unos hoyos. Nos paseábamos por los jardines de los vecinos, ávidos de ser los primeros en encontrar una abeja revoloteando cerca de las flores.

La primera abeja siempre era una presa fácil. No cuesta nada atrapar una abeja perezosa y desprevenida. Lo difícil era atrapar las siguientes sin dejar que se escaparan las demás. Con ese frasco lleno de zumbidos y vibraciones en mis manos, me sentía poderoso, pero cada vez que abría un poco la tapa, intuía el peligro en el interior. Al final, intentaba cazar demasiadas abejas y el enjambre enfurecido salía del frasco, que yo dejaba caer para escapar a toda velocidad.

Decir mentiras se parece mucho a atrapar abejas. Al principio, es sencillo. ¿Por qué no hacerse las cosas más fáciles desvirtuando un poco la verdad? Sin embargo, una mentira lleva inevitablemente a la siguiente, porque nos sentimos obligados a ocultar la verdad original. Con cada mentira que metemos en el frasco, corremos el riesgo de que las demás escapen y que la tapa salte, con lo cual resultas herido tú y los que te rodean.

Muchos matrimonios fracasan por falta de confianza. Los cónyuges no confían unos en otros porque se mienten mutuamente, acerca del dinero, acerca de otras relaciones, acerca de sus motivos. Ya se trate de una relación profesional o de cómo interactúas con tus hijos, si manifiestas una disposición a mentir, perderás la confianza de la otra persona, y puede que comprometas la relación durante muchos años.

¿Cómo se evita la trampa de una mala mentira? De la misma manera que sales de un *bunker* en un campo de golf. Los golfistas te dirán que abras el palo antes de pegarle a la bola para salir de la arena. En la vida, debes aprender a abrirte y decir la verdad. No te escondas de las cosas. No barras las cosas debajo de la alfombra. No ahogues tus propios sentimientos. Di la verdad, toda la verdad y nada más que la verdad.

Cuando digas la verdad, debes hacerlo con afecto, para construir una relación y ayudar a la otra persona, no para socavar ni destruir al otro. Está muy bien actuar como el crítico Simon Cowell, en el programa *American Idol* (alguien les tiene que decir a esos jóvenes que no saben cantar), pero sólo si piensas en el bien de la otra persona. Compartes la verdad no para herir al otro, sino para crear un plano de confianza y fortalecer la relación.

Cuando lo pensamos más sencillamente, la verdadera razón por la que mentimos es que no amamos lo suficiente. Mentir es el camino fácil, una conveniencia egoísta. Significa ir por el camino de la menor resistencia para nuestra propia comodidad. Si te arriesgas a amar, contarás la verdad. Mientras más ames, menos mientes. Mientras más amas, más valor tienes para decir la verdad.

Esto también significa tener el valor de aceptar la verdad sobre nosotros mismos, reconocer cuándo hemos fallado y tenemos que pedir perdón. Sobre todo en lo relacionado con nuestros propios errores, la verdad a veces parece insoportable, poderosa, dolorosa y pesada. Pensamos, *si sólo pudiera volver a elegir…*, o *¿qué pasaría si…?* o *¿por qué hice eso…?* Sin embargo, los lamentos no nos sirven para convertirnos en personas íntegras a menos que los transformemos en arrepentimiento. Tenemos que abrirnos a la verdad en todos los frentes y actuar desde una posición de honestidad.

Momentos que importan

¿Cuándo te cuesta ser fiel a tu palabra? ¿Con quién? ¿Con tu cónyuge? ¿Con tus hijos? ¿Con tus compañeros de trabajo? ¿Con otros? ¿En qué relación o en qué situaciones es más probable que te veas recurriendo a la mentira? Si sólo te quedara un mes de vida, ¿a quién tendrías que contarle la verdad hoy?

La cuenta que hay que llevar

Debemos recordar que Dios es el que lleva la cuenta. Al final de mi paso por esta vida, Dios estará ahí, sosteniendo Su tarjeta perfecta como punto de comparación. Y nuestra tarjeta nunca se parecerá a la Suya. Nosotros no somos santos, perfectos, ni justos, ni tampoco estamos sin culpa. Él sí. En la vida sólo hay Uno que ha andado por este mundo y ha marcado un 18 —un golpe por hoyo cada vez. Es Jesús. Es el único que vivió una vida totalmente íntegra. Nunca pecó. Nunca hizo nada malo. Siempre hizo lo que tenía que hacer. Nunca tuvo un mal pensamiento ni una mala actitud. Era perfecto.

Puede que obtengas un *par* en la vida, que hagas grandes cosas por todos los demás, que des de tu tiempo, energía y dinero para los más necesitados. Sin embargo, todavía no puedes medirte con Dios. Tu puntuación está muy lejos del 18. Y la verdad es que nunca obtendremos ese resultado, porque todos hemos fallado. La Biblia dice que todos hemos cometido errores. Todos la hemos pifiado

Dios lleva el registro, y Sus cuentas son correctas. Nosotros ni nos acercaremos a Su puntuación perfecta. Sin embargo, conviene saber que Jesús nos da siempre el último *mulligan,* y si practicas el golf, sabrás que un *mulligan* es una repetición. Cuando das el primer golpe y la bola cae entre los árboles, puedes decir: "Haré mi *mulligan* aquí mismo". Jesús nos da el último *mulligan* porque no sólo nos brinda la posibilidad de repetir. También coloca la bola en el *tee* y luego la golpea en lugar nuestro. Cuando Cristo murió en la cruz hace más de dos mil años, se llevó mi tarjeta de puntuación —con todos mis *bogeys,* doble *bogeys* y triple *bogeys*— y clavó esa tarjeta en la cruz. Ocupó mi lugar. Es lo que hace por todos nosotros si estamos dispuestos a aceptar el regalo de una relación con Él. Él reemplazará nuestros resultados con los suyos.

Entonces, con la máxima puntuación de Jesús en la mano, nos enfrentamos a Dios cuando nos acoge y celebra nuestra llegada a un lugar mucho mejor que el círculo de cualquier vencedor. "La gracia y el don de Dios abundaron para muchos por la gracia de un solo hombre, Jesucristo"(Romanos 5:15). Gracias a la cruz, recibimos un regalo para toda una vida. No nos lo merecemos y jamás podríamos ganarlo. Pero Él nos quiere, simplemente ama lo que somos, sin importar lo que hayamos hecho. Él puede restablecernos. Él puede hacer que nuestras vidas sean completas, sin importar en cuántos trozos nos hayamos roto o cuántos días nos queden de vida. Él es la fuente de la vida íntegra que añoramos, la vida para la que hemos sido creados.

Para que dure toda la vida

1. Dibuja un círculo grande en el medio de una hoja de papel. Divide el círculo como una torta en ocho trozos. Luego pon un nombre en cada trozo con un aspecto de tu vida (por ejemplo, la familia, el trabajo, los pasatiempos, el matrimonio, la economía, la iglesia, etc.) ¿Vives tus valores en cada uno de estos contextos?

2. Ahora dibuja un círculo más pequeño en el medio de la tarta y escribe *Dios* en el círculo interior. Esto representa el lugar de Dios en una vida de integridad. Dios no quiere un trozo de tu vida. Él quiere ser el primer trozo de cada parte. Ya se trate de tus pasatiempos o tu matrimonio, Dios quiere ser el primero en ser considerado en todo lo que haces.

3. ¿Qué puntuación te darías en la escala de la integridad? ¿Eres la misma persona en la casa que en el trabajo? ¿Con tu familia y tus amigos? Pídele a Dios que te abra los ojos para ver los aspectos que debes cambiar y que te dé la fuerza de carácter para hacerlo.

Señales en el camino

LA EXPERIENCIA PERSONAL DE UN MILAGRO

> Los milagros nos vuelven a contar en letra pequeña
> la misma historia
> escrita en todo el mundo
> en letras demasiado grandes para que algunos
> podamos verlas.
> —C.S. LEWIS

> Acomete grandes tareas en nombre de Dios
> y espera grandes regalos de Dios.
> —WILLIAM CAREY

He conocido a cientos de personas que me preguntan cómo pueden vivir su fe durante esos momentos duros y difíciles de la vida, cuando parece que nada sale bien. Muchos dicen que sería necesario un milagro para dar un giro a sus vidas, para que se salvara su matrimonio, para que tuvieran éxito en los negocios, para que sus hijos volvieran. Cuando hablo con estas personas, siempre intento que dos cosas queden claras: Dios se dedica a los milagros, y no existe ninguna fórmula mágica. No es un genio que viene a concedernos nuestros deseos. Si sólo te quedara un mes de vida, puede que tuvieras la tentación de pedirle a Dios un milagro que prolongue tu vida. Y si bien nuestras vidas están, naturalmente, en Sus manos, y es evidente que puede sanarnos físicamente, puede que el milagro que verdaderamente necesitas tenga más que ver con tus prioridades y relaciones.

Quizá busques en tu vida un milagro económico, físico o relacional. Los milagros no sólo son posibles, sino que son más habituales de lo que pensamos. Dios nos quiere y quiere influir en nuestras vidas. Lo difícil es recordar esto cuando llegamos a una encrucijada y tenemos que saber cómo responder. El gran teólogo Yogi Berra dijo en una ocasión: "Cuando llegues a una bifurcación en el camino, síguela". No es una frase que nos ayude mucho. Ya sea que te veas enfrentado a una pérdida dolorosa o tengas que elegir entre dos buenas opciones, la única manera de vivir lo milagroso es avanzar en la dirección de Dios. Decididamente, no existen fórmulas, pero en la Biblia encuentro cuatro señales en el camino que nos pueden ayudar a transformar esas bifurcaciones en un viaje positivo y milagroso.

Calles de sentido único

Una de las mejores ilustraciones de estos cuatro principios de orientación proviene del relato de Eliseo y la viuda, en el Antiguo Testamento. En él podemos ver cómo procede Dios cuando quiere que un milagro intervenga en nuestras vidas: "Una de las mujeres de los hijos de los profetas clamó a Eliseo diciendo: 'Tu siervo, mi marido, ha muerto, y tú sabes que tu siervo era temeroso de Jehová. Pero el acreedor ha venido para llevarse a dos hijos míos como siervos'" (2 Reyes 4:1).

Como consecuencia de una terrible pérdida, esta pobre mujer se enfrenta a una situación imposible. Ha perdido a su marido y, debido a eso, se encuentra en un aprieto económico. Vienen los acreedores y amenazan con reclamar sus hijos, lo que tiene de más querido en este mundo, si ella no paga. Aquello representa un verdadero apuro, pero en su respuesta a aquella situación se revela la primera señal en el camino.

Si quieres que Dios obre un milagro en tu vida, tienes que saber que hay dos calles de sentido único que tienes que recorrer para que el milagro se produzca. La primera es reconocer tu necesidad. Si quieres que Dios esté presente en tu vida, tienes que reconocer que lo necesitas. Los milagros nunca ocurren hasta que reconocemos que es imposible resolver la situación sin Dios. Desde luego, detestamos admitir que tenemos problemas, y nos cuesta mucho más reconocer que no podemos solucionarlos solos. Preferimos ocultar nuestros problemas ante los demás, fingir que no existen o intentar enfrentarnos solos a ellos. Solemos quejarnos de ellos, pero eso no es lo mismo que mostrar nuestra vulnerabilidad por nuestra incapacidad de solucionar nuestros propios problemas. Aún así, Dios no puede intervenir en nuestra vida hasta que reconozcamos que Su intervención es esencial y lo invitemos a participar en la situación.

La viuda del relato bíblico reconoce que necesita ayuda. Recorre esa calle de sentido único, sabiendo que ningún otro camino la puede llevar a ese destino. Sin embargo, en la respuesta de Eliseo, pareciera que llega a un callejón sin salida. "Eliseo le dijo: '¿Qué puedo yo hacer por ti?'" (2 Reyes 4:2). A primera vista, su respuesta parece bastante ruda, como si se sintiera molesto porque la mujer lo importuna. Sin embargo, hay otra cosa que asoma aquí. Creo que Eliseo sencillamente se negaba a que ella depositara su confianza en él. Como si dijera: "Mira, yo no te puedo ayudar, pero conozco a alguien que sí puede. Conozco al Dios que puede obrar el milagro".

Podemos transformar un momento decisivo en un milagro con

sólo recorrer dos calles de sentido único. La primera —reconocer tu necesidad— conduce a la segunda calle, a saber, dirigirse a Dios como el único que puede orientarte en la dirección correcta. ¿Dónde acudes cuando tienes un problema? ¿Llamas a la línea caliente de los adivinos o consultas tu horóscopo? Las personas tratan todo tipo de soluciones cuando tienen necesidad y, al parecer, mientras más nos desesperamos, más desatinada es nuestra búsqueda de fuentes externas de ayuda. Sólo hay una fuente externa que puede proporcionarnos el milagro que necesitamos. Podemos acudir directamente a Dios, el único que tiene el poder, la sabiduría y el amor para velar por nuestros intereses.

Momentos que importan

¿Cuánto te cuesta reconocer tus necesidades? ¿Cuáles son las tres necesidades primordiales en tu vida en este momento? ¿Quién sabe de ellas? ¿Qué te impide compartirlas con las personas que te quieren? ¿Qué te impide contárselas a Dios?

Párate, mira, escucha

Ahora estamos preparados para la próxima señal en el camino de nuestro viaje: una señal de paré. Después de su respuesta inicial, Eliseo hace otra pregunta curiosa: "Dime, ¿qué tienes en tu casa?" (2 Reyes 4:2). Dios siempre hace esta pregunta cuando obra un milagro en nuestra vida. Al igual que la viuda en aprietos, a menudo quedamos tan atrapados pensando en lo que no tenemos que dejamos de ver las posibilidades de lo que Dios ya nos ha dado.

Dios ya le ha dado a esta mujer el comienzo de su milagro. El problema es que la mujer no repara en ello. Tenemos que pararnos y evaluar con qué podemos trabajar. Dios siempre comienza a trabajar ahí donde nos encontramos y con lo que tenemos. Dios no tiene por costumbre pasar por encima de nosotros y hacer que todo sea maravilloso de un solo golpe. Dios se pregunta: "Veamos, ¿qué tengo para empezar? ¡Deja de preocuparte y empieza a buscar!" De modo que tienes que tomar todo lo que posees y ofrecérselo. Tu tiempo, tu talento, tus recursos y tu energía, por muy limitados que puedan parecer, constituyen el punto de partida de Dios. Tu voluntad y tu rendición activan la intervención y la bendición de Dios.

Se permite cambiar de sentido

Si vas a ver cómo Dios transforma tus circunstancias en el destino que tiene para ti, tienes que obedecer la tercera señal en el camino y hacer un cambio de sentido, desde una dirección negativa a una positiva. Cuando nos topamos con problemas, nuestra primera reacción tiende a ser negativa. Con una exageración no disimulada, declaramos que todo es malo, que nada es bueno, y que no hay esperanza.

Ésa era la perspectiva inicial de la viuda. Veamos cómo responde a la pregunta de Eliseo: "Tu sierva no tiene ninguna cosa en la casa, sino una vasija de aceite" (2 Reyes 4:2). Empieza en una posición negativa, pero no tarda en cambiar de sentido hacia lo positivo. Habría sido normal que esta mujer dijera: "Tu sierva no tiene absolutamente nada. Punto. Final de la historia. No poseo nada". Sin embargo, añade un elemento positivo al decir "sino una vasija de aceite".

Este cambio de dirección requiere tener fe. Ella reconoce que cuenta con un pequeño recurso, una onza de posibilidad. Al hacer eso, pone en práctica su fe, que enciende la chispa de la esperanza. No niega la realidad, pero tampoco está dispuesta a renunciar. La fe no consiste en ignorar la realidad, sino en reconocer que con Dios todo es posible. No podemos hablar de fe cuando se finge que un problema no existe, eso sería una estupidez o una negación. La fe no niega la existencia de los problemas, nos ayuda a verlos bajo una nueva perspectiva, con los ojos de Dios.

Si no miras con los ojos de la fe, no podrás ver esas pequeñas bendiciones y, al igual que la mujer de la historia, al principio dirás: "En mi casa no tengo nada. Tengo grandes necesidades y graves problemas. No veo nada de bueno en mi situación". Para orientarse hacia lo positivo y descubrir la perspectiva de Dios, debes mirar a través de los ojos de la fe. Cuando lo hagas, de pronto tu cambio de actitud dará lugar a que Dios obre un milagro en tu vida.

A Dios le fascina tomar lo poco que tenemos y multiplicarlo, porque en ese caso es Él quien se lleva todo el crédito. A Dios le fascina tomar lo ordinario y hacer lo extraordinario porque al hacerlo nos revela más acerca de quién es. A menudo, anulamos Su capacidad de provocar el milagro, aún cuando recemos pidiéndolo. Nos quedamos atascados en palabras negativas, culpando a otros y preocupándonos. Ninguna de estas actitudes nos llevarán a la fe ni significarán un cambio de perspectiva. No podemos reconocer lo que Dios hace en nuestras vidas si nos deleitamos en nuestra negatividad. Tenemos que realizar ese cambio de sentido y centrarnos en Dios en lugar de centrarnos en el problema.

Momentos que importan

¿Cuál es la diferencia entre hacer un giro en sentido contrario, como hizo la viuda de esta historia, y ser un optimista? ¿En qué sentido buscar la perspectiva de Dios es algo más que simplemente buscar un resquicio de esperanza?

Ceder el paso

La cuarta señal en el camino hacia un milagro es la más importante: la señal de ceda el paso. Si sigues las otras tres señales pero no respondes a ésta, no puedes esperar un milagro. Es esencial empezar a servir a los demás con las bendiciones que Dios ya nos ha dado.

En la situación de la viuda, Eliseo le pide que haga algo muy poco habitual: "Él le dijo: 'Ve y pídeles vasijas prestadas a todos tus vecinos, vasijas vacías, todas las que puedas conseguir. Luego entra y enciérrate junto a tus hijos. Ve llenando todas las vasijas y poniendo aparte las que estén llenas'" (2 Reyes 4:3). Es curioso que el profeta le haya pedido eso. "Sal y pide prestadas todas las vasijas que puedas encontrar". Es curioso, pero, al parecer, es lo que Dios quería que hiciera. Y, de hecho, eso es precisamente lo que Dios nos pide si queremos un milagro en nuestras vidas. Y nos pregunta: "¿Qué hay en tu casa? ¿Qué tengo a mi haber para empezar?" Y luego no tarda en decir: "Busca vasijas vacías para llenarlas".

Ésta es precisamente la reacción contraria a la que tendría ante la necesidad. Cuando tenemos un problema, la actitud suele ser: "Ahora no puedo ocuparme de los problemas de nadie. Tengo mis propias necesidades y no tengo tiempo para dedicar a nadie. Estoy agobiado y primero tengo que ocuparme de mí mismo". La primera reacción es acaparar el poco tiempo, recursos y energía que tengo. A menudo no tenemos conciencia de las vasijas vacías que nos rodean todos los días, porque estamos cegados por nuestros propios problemas y preocupaciones. Si decidieras mirar, verías que hay vasijas vacías por todas partes: en el trabajo, en la familia, en el vecindario y en la iglesia. Los niños son por naturaleza vasijas vacías que esperan ser llenadas con nuestro tiempo y nuestra energía, nuestro amor y nuestra atención. Dios nos pide que demos lo que tenemos, aunque se trate de muy poco. Nos pide que pensemos en los demás antes que en nosotros mismos y que confiemos en Él para velar por nuestras necesidades y cuando Él nos utilice para satisfacer las necesidades de los demás.

Puede que se trate de una paradoja que quizá nunca entenderemos. Cuando desplazamos la atención de nosotros hacia Dios y empezamos a trabajar por los demás y ceder a Su dirección, Dios comienza a bendecirnos con Sus milagros. Aunque parezca lo contrario de lo intuitivo, el mejor consejo que puedo darte cuando te enfrentas a un problema es buscar vasijas vacías para verterte en ellas. Tiene cierto sentido. ¿Por qué estaría dispuesto Dios a bendecirnos si nosotros no estamos dispuestos a bendecir a otros? Se nos ha dado la bendición de ser una bendición. Cuando te mueves para ayudar a otros, Dios se mueve para ayudarte a ti. Cuando sacas a alguien de sus problemas, encuentras un lugar para sepultar los tuyos. Dios espera para ver si tienes la fe para dar un paso adelante y comenzar a satisfacer las necesidades de otras personas, y confiar en Él para que satisfaga las tuyas. Es tan poco natural que llega a ser sobrenatural.

Si quieres ver milagros en tu vida, encuentra esas vasijas vacías donde vaciar tu vida. Eliseo le dice a esta mujer que debe actuar para conseguir su milagro. Tiene que salir y encontrar todas las vasijas que pueda y llevarlas a su casa. Y he aquí lo que sucede cuando ella obedece. "Cuando las vasijas estuvieron llenas, dijo a uno de sus hijos: 'Tráeme otras vasijas'. 'No hay más vasijas', respondió él. Entonces cesó el aceite" (2 Reyes 4:6). La obediencia trae consigo las bendiciones. Puede que el milagro que Dios nos concede no se parezca a lo que nosotros pedimos, pero al final reconocemos que nos ha dado más de lo que podríamos haber imaginado.

De alguna manera, Dios se ocupa de nuestras expectativas. Se ocupa de nuestras vidas tanto como le pedimos. ¿Qué esperas que Dios haga en tu vida en este momento? Dios dice: "Si me das lo poco que tienes, haré grandes cosas por ti". En Marcos 10:27, se nos asegura que con Dios todo se vuelve posible. Eso incluye cualquier cosa y todo lo que enfrentas en este momento, en este mismo minuto. Sin embargo, tienes que reconocer que necesitas ayuda. Tienes que ir al encuentro de Dios, luego girar en sentido contrario y dejar atrás las expectativas negativas, y empezar a buscar a Dios y a centrarte en Él en lugar de obsesionarte con tus limitaciones. Tienes que ceder el paso ante Él y verter tu vida en las vasijas vacías, confiando en que Él te dará lo que realmente necesitas. Ése es el mapa para el viaje de toda una vida para el que has sido creado, una vida llena de milagros.

Para que dure toda la vida

1. Describe un momento de tu vida en que has vivido o has sido testigo de un milagro de Dios. ¿Cómo ves esas cuatro señales del camino en cómo Dios dio un vuelco a la situación? Te recordaré que las cuatro señales son calles de un solo sentido (reconocer nuestra necesidad y sólo a Dios como proveedor), una señal de paré (haciendo una pausa para ver con qué recursos contamos), un giro en sentido contrario (de una actitud negativa a una fe positiva) y una señal de ceda el paso (obedecer a Dios y llenar a los que nos rodean).

2. Piensa en una de tus grandes necesidades en este momento. ¿Qué recursos tienes con Dios que podrías empezar a aplicar? Evalúa lo que hay en tu

vida y no pases por alto ese poco de aceite que tienes
y que tal vez no parezca relacionado con tu
necesidad.

3. Haz una lista de tus "vasijas vacías" en tu vida en
este momento (de la gente a tu alrededor que
necesita tu estímulo y tus recursos, tu amor y tu
atención). ¿De quién son las necesidades que
parecen más urgentes? Pide a Dios que te oriente, y
busca una manera de verterte en la vida de esa
persona esta semana.

Partir audazmente

Castillos de arena

CREAR UN LEGADO DURADERO

> La gran utilidad de la vida es dedicarla
> a algo que la sobrevivirá.
> —WILLIAM JAMES

> Contémosles a nuestros jóvenes
> que los mejores libros aún no han sido escritos;
> que los mejores cuadros no han sido pintados;
> que los mejores gobiernos todavía están por instaurarse;
> que lo mejor todavía lo tienen que hacer ellos.
> —JOHN ERSKINE

*M*e encanta ver a mis hijos haciendo castillos de arena cada vez que vamos a la playa. Ahora que son mayores, ya no ocurre tan a menudo, pero antes solían quedarse horas sentados, cavando y alisando, trabajando con la pala y aplanando, intentando construir bien las torretas, y haciendo un bonito foso que luego llenaban con agua que traían en sus baldes de juguete. Recuerdo que cuando eran muy pequeños se quedaban muy asombrados cuando la marea comenzaba a subir. Las olas llegaban cada vez más lejos, hasta que la espuma comenzaba a lamer los bordes del castillo y, finalmente, lo inundaba todo. Mis hijos se daban cuenta de que el castillo no sería eterno, pero hacían unos cuantos intentos antes de darse por vencidos.

Desafortunadamente, he visto a demasiadas personas al final de sus vidas sintiéndose de la misma manera. Trabajan sin parar, siempre sujetos a un horario agitado y sobrecargado. Al final, sus cuerpos los obligan a bajar el ritmo y a echar una mirada a aquello que han construido con tanto esfuerzo. La dura realidad que descubren a menudo es que gran parte de aquello por lo que han luchado no perdurará. Después de que ellos mueran, será borrado como un castillo es borrado por la marea alta.

Ahora que comenzamos esta cuarta parte y nos centramos en el principio de partir audazmente es muy importante entender lo que hay que invertir para dejar un legado duradero antes de que sea demasiado tarde. Si sólo te quedara un mes de vida, podrías hacer algunos cambios que mejorarían lo que dejas a tu paso. Pero es mucho mejor saber que contribuyes a tu legado cada día a lo largo de muchos meses y años, y que todo aquello por lo que trabajas durará una eternidad. La única manera de crear ese legado duradero es inyectar tus recursos más valiosos en las inversiones con la mejor rentabilidad, es decir, en las personas. Nuestras relaciones son la única inversión que no puede destruir un incendio o un desastre natural, o perderse en el mercado de valores.

¿Cuántos somos los que utilizamos nuestros recursos para crear cimientos sólidos para nuestros castillos de arena? Si realmente queremos dejar un legado que perdure para toda la eternidad, tenemos que mirar más allá de nuestros hogares, nuestra cartera de inversiones y nuestras joyas de familia. Si queremos dejar un le-

gado que no sea arrasado por las aguas del tiempo, tenemos que
llevar a cabo una inspección *in situ* de la vida que actualmente
construimos. Debemos evaluar con honestidad el castillo que estamos construyendo para asegurarnos de que no está hecho de
arena sin consistencia.

El primer aspecto de esta inspección *in situ* debería ser una
evaluación de las influencias. Si pienso usar mi tiempo en este
mundo con el fin de dejar un legado, tengo que pasar la prueba
de influencias. Puede que tú tengas más o menos oportunidades
que yo, pero a todos nos han dado un número limitado de oportunidades para influir en otras personas y establecer una diferencia en sus vidas. Dios nos ha dotado a todos de la capacidad para
influir en los otros y espera una rentabilidad de su inversión.
Quiere que aprovechemos nuestras oportunidades en lugar de enterrar la cabeza en la arena e ignorar nuestras responsabilidades
para establecer una diferencia en las vidas de los demás.

A veces a las personas les preocupa más forjarse un nombre que
influir en los demás. Y piensan: *Si la gente conoce mi nombre, seré
una persona relevante y me sentiré realizado.* Abraham Lincoln observó sabiamente: "No te preocupes cuando no te reconocen,
pero esfuérzate en ser digno de reconocimiento". Intentar forjarse
un nombre es como escribir en la arena. Las olas del tiempo even-
tualmente borrarán la escritura. Los nombres de todas las estrellas
del rock, del cine y del atletismo, de los políticos, presidentes, reyes y reinas algún día serán olvidados. Los nombres de todos aquellos que hoy son famosos algún día serán borrados porque las olas
del tiempo no paran. Borrarán todos los nombres excepto uno, el
que está grabado en la piedra, la piedra que fue arrastrada por las
aguas. En Filipenses 2:10, leemos: "Para que en el nombre de Jesús se doble toda rodilla de los que están en los Cielos, en la Tierra y debajo de la tierra". Mi vida y mi tiempo no me pertenecen.

Pertenecen a Cristo, y ése es el nombre que nunca será borrado. Sólo si vivo para influir en los demás dejaré un legado perdurable. Tú y yo algún día seremos olvidados. Sólo quedará aquello que hacemos por Dios y cómo llevamos a cabo el propósito para el cual nos creó.

Momentos que importan

¿Por qué obras te gustaría ser recordado? ¿Cómo contribuyes a ese objetivo en este momento? ¿Cuánto durará tu legado?

Dólares de arena

No sólo debemos pasar por la evaluación de influencias para dejar un legado perdurable, sino también debemos pasar la prueba de la riqueza. Si piensas dejar una huella para la eternidad, tienes que pensar en cómo gastas tus recursos materiales. Puede que te sientas tentado a pensar: *Un momento. Apenas me alcanza para vivir. Desde luego, no tengo grandes riquezas. Esto debe ser válido sólo para la gente adinerada.* Ya entiendo hacia dónde apuntas pero, con muy pocas excepciones, si estás leyendo este libro, el resto del mundo te considera una persona rica.

Tener éxito en la evaluación de las riquezas no depende de la cantidad de dinero que tengas, sino de lo que haces con él. Jesús contó una historia acerca de un hombre que fracasó estruendosamente esta prueba. El hombre era negociante y sus graneros estaban llenos, así que se dijo: "Ampliaré mis negocios y tendré más riquezas". Veamos cuáles son las consecuencias. "Y diré a mi alma: 'Alma, muchos bienes tienes guardados para muchos años; descansa, come, bebe y regocíjate'. Pero Dios le dijo: 'Necio, esta noche vienen a pedirte tu alma, y lo que has guardado, ¿de quién será?' Así es el que hace para sí tesoro y no es rico para con Dios" (Lucas 12:19–21).

Dios dijo: "No, no ampliarás tus negocios. Se acabó. Estás fuera. La vida que quieres crear no pasa la prueba de la riqueza. Yo te di bendiciones y tú las usaste todas para tu propio bien. Has fallado en la prueba más importante de tu vida". Todos tenemos que pasar por la prueba de la riqueza porque un día Dios nos pedirá cuentas de cómo hemos utilizado los recursos que nos ha dado.

No hay nada de malo en tener recursos y riquezas siempre y cuando sepamos que todos los bienes materiales que poseemos son sólo castillos de arena. Cuando los niños construyen castillos de arena en la playa, no se sienten apesadumbrados cuando viene la marea y borra su construcción. Los niños no se preocupan tanto, sólo se divierten construyendo los castillos. Deberíamos disfrutar de las posesiones materiales que nos da Dios, pero nunca deberíamos aferrarnos demasiado a ellas o seremos aplastados cuando las mareas del tiempo se las lleven.

La única manera de pasar con éxito la prueba de la riqueza es dando. Debemos aprender a ser donantes en lugar de receptores, y eso marca una diferencia. Si guardamos todo lo que tenemos y ganamos sólo para nosotros, no pasaremos la prueba de la riqueza. Dios quiere que canalicemos sus bendiciones, y si ve que puede confiar en nosotros, que le obedecemos en ese plano, sabrá que puede seguir bendiciéndonos. Al contrario, ¿por qué querría Dios seguir colmándonos con sus bendiciones si vamos a acaparar todo lo que Él nos da? Si nos aferramos obstinadamente a lo que Dios nos da, nos convertimos en ese hombre que quiere construir graneros más grandes. Sólo cuando usamos lo que Él nos da para beneficiar a los que nos rodean podremos construir un granero de un tesoro eterno.

Momentos que importan

Piensa en las posesiones que algún día dejarás atrás. ¿Quién las heredará? Recuerda, nosotros no somos los propietarios de nada. Sólo somos administradores de lo que Dios nos ha dado.

La isla del tesoro

Finalmente, queda la prueba de la obediencia. En su carta a los efesios 5:15–17, Pablo escribió: "Mirad, pues, con diligencia cómo andéis, no como necios, sino como sabios, aprovechando bien el tiempo, porque los días son malos. Por tanto, no seáis insensatos, sino entendidos de cuál sea la voluntad del Señor". Puede que éste sea el secreto más grande para saber cómo dejar un legado sólido, es decir, entender lo que Dios quiere que hagamos, y hacerlo. Obedecer a Dios, porque Él te da justo el tiempo suficiente para hacer todo lo que tienes que hacer, tanto durante el día como durante toda una vida. Piensa que no se trata de que te dé tiempo suficiente para hacer todo lo que otros piensan que debes hacer. Para descubrir lo que Dios quiere que hagas, tienes que dedicarle tiempo y escucharlo, y luego obedecer.

Hay miles de cosas que podemos hacer en la vida, pero sólo hay unas pocas cosas que Dios quiere que logremos. Cuando llevo a cabo el plan que ha establecido para mí, todo encaja en su lugar. Pareciera que Dios multiplica el tiempo de que dispongo y que soy mucho más productivo. La obediencia siempre traerá consigo la bendición de Dios. Cuando utilizas tu influencia y tus riquezas para obedecer a Dios, Él te permitirá dejar una herencia perdurable.

Para que dure toda la vida

1. Haz una lista de las tres evaluaciones descritas aquí: influencia, riquezas, obediencia, y otórgate una nota para cada una. ¿En cuál de ellas te esfuerzas más? ¿En cuál de ellas crees que te desenvuelves bien? ¿Cómo tendría que ser tu vida para sacar la mejor nota posible en todas?

2. Revisa tu calendario del mes pasado. ¿Cuánto tiempo dedicaste a objetivos temporales? ¿Cuánto tiempo dedicaste a un legado eterno? Revisa tu talonario y los extractos de tu tarjeta de crédito. ¿Cuánto dinero gastaste en objetos temporales? ¿Cuánto en inversiones para la eternidad? Piensa en al menos un objetivo para invertir en un legado eterno durante esta semana.

3. Escribe tu esquela mortuoria. Empieza describiendo cómo ha sido tu vida hasta ahora y luego continúa hacia el futuro. ¿Por qué cosas te gustaría que te recordaran cuando ya no estés en este mundo? ¿Qué legado dejarás en tus relaciones?

Las semillas

PLANTAR PARA EL FUTURO

> La creación de mil bosques depende
> de una sola bellota.
> —RALPH WALDO EMERSON

> La fe es creer en lo que no se ve;
> la recompensa de esa fe es ver aquello en que crees.
> —SAN AGUSTÍN

Cuando todavía era un niño, mi escondite secreto se encontraba en las ramas de un árbol de nuestro jardín. Me fascinaba colgarme de sus fuertes ramas y mirar desde ahí, camuflado y oculto al mundo. Hoy todavía, uno de mis lugares preferidos de siempre es debajo de un árbol enorme y maravilloso, con sus ramas cargadas de hojas que se extienden para darme su sombra.

Algunos de los árboles más grandes de madera noble en nuestra área fueron plantados por colonos hace más de cien años. Al parecer, pensaban crear un paisaje sombreado donde pudieran establecerse o explotar la madera para construir casas sólidas que los protegieran de las tormentas. Si pensamos que la mayoría nunca vio cómo estos árboles alcanzaban la madurez, el compromiso de los colonos con el futuro es impresionante.

Cuando pensamos en lo que significa tomar decisiones como si sólo nos quedara un mes de vida, surge la pregunta: ¿Es posible vivir de tal manera que la huella de nuestra vida perdure para siempre? No sólo creo que es posible sino que creo que es el tipo de vida para el que hemos sido creados. Los salmistas nos revelan cómo vivir una vida que nos trasciende. "Generación tras generación celebrarán tus obras y anunciarán tus poderosos hechos" (Salmos 145:4). Pensando en esta verdad, analicemos el qué, dónde y por qué de la plantación de esos imponentes robles para la eternidad.

Momentos que importan

¿Qué representa para ti un legado perdurable? ¿Un hogar familiar? ¿El anillo de tu abuela? ¿El nombre de tu familia? ¿Tu montaña predilecta? ¿El océano? ¿Alguna otra cosa?

La jardinería espiritual

Puede que parezca evidente comenzar con un análisis de lo que has plantado, aunque a menudo su importancia sigue siendo ignorada. Si bien todos tenemos dones y oportunidades increíbles, el tipo de semilla que plantamos —y dónde la plantamos— establece una gran diferencia en el tipo de cultivo producido. En realidad, todo depende de la calidad de la semilla.

En Mateo 13, Jesús relata la parábola del sembrador: "El sembrador salió a sembrar. Mientras sembraba, parte de la semilla cayó junto al camino, y vinieron las aves y la comieron. Parte cayó en pedregales, donde no había mucha tierra, y brotó pronto, porque no tenía profundidad de tierra; pero cuando salió el sol, se quemó y, como no tenía raíz, se secó. Parte cayó entre espinos, y los espinos crecieron y la ahogaron. Pero parte cayó en buena tierra, y dio fruto, cuál a ciento, cuál a sesenta y cuál a treinta por uno" (versículos 3–8).

En un nivel básico, es una parábola que trata de la fe, porque el campesino tiene fe en la semilla, en su capacidad de crear un cultivo. En el fondo, planta la semilla de la fe. Si pensamos vivir una vida que nos trascienda, debemos plantar permanentemente semillas de la fe. Aunque la parábola se centre en la figura de Dios, que siempre siembra fe en nuestras vidas, también se nos invita a pensar en lo que plantamos, sobre todo si queremos que nuestra vida produzca bienes para las generaciones venideras.

Todos los días, todos los momentos, con cada acción, plantas algo. Por lo tanto, la pregunta es: ¿Qué estás plantando, concretamente? ¿Qué efecto cumulativo tienen tus palabras, acciones e intenciones en quienes te rodean y en quienes te sucederán? ¿Cuál será la cosecha que se recogerá de todo lo que plantas a lo largo del tiempo? Desde el exterior, puede que cueste distinguir entre una semilla y un guijarro. Sin embargo, es evidente que el interior es muy distinto. En la semilla hay vida, mientras que en el guijarro no hay más que materia rocosa. En la semilla hay vida y existe un potencial para producir vida. Por desgracia, algunos de nosotros nos pasamos la vida plantando rocas sin potencial, ni vida ni frutos.

Cuando las personas observan tu vida desde el exterior, puede que estén impresionadas porque te ven plantar "grandes cosas". Una cuenta bancaria bien aprovisionada, grandes logros, objetivos nobles y una reputación importante. Según las apariencias, eres un granjero exitoso. Sin embargo, ¿qué frutos darán estas "grandes cosas"? No importa lo abultada que sea tu cartera ni lo ambiciosos que sean tus planes. Si lo único que haces es acumular cosas o intentar impresionar a los demás, en cuanto mueras, tu influencia acabará. El tamaño de la piedra no importa. Ya sea un guijarro o un peñasco, si lo plantas en la tierra, nunca volveremos a verlo. Su impacto será nulo.

La prueba definitiva para saber si lo que plantamos son verdaderas semillas o sólo piedras se refleja en nuestra motivación para plantar. ¿Planto para satisfacer mis propias necesidades o para satisfacer las necesidades de los demás? En Juan 12:24, Jesús dice: "De cierto, os digo que si el grano de trigo que cae en la tierra no muere, queda solo, pero si muere, lleva mucho fruto". La semilla se planta en la tierra y, en el silencio del suelo, muere. Sola, se abre para gestar la vida. De la misma manera, tenemos que morir para nosotros mismos —en nuestros deseos, objetivos y sueños egoístas— para plantar una semilla que dé frutos. Los seres humanos han sido creados a imagen y semejanza de Dios, como seres espirituales que vivirán una eternidad, ya sea con Él o alejados de Él. Si invertimos en las vidas de las personas, nuestra herencia se convierte en un roble gigantesco y proporciona vida a las generaciones venideras.

Momentos que importan

¿Qué hiciste la semana pasada que perdurará para el resto del año? ¿Para diez años? ¿Para la eternidad? ¿Cuánto tiempo has dedicado la semana pasada a leer las obras de Dios en comparación con el tiempo que has dedicado a leer el periódico o ver la televisión?

Muestras del suelo

La mayoría de los granjeros te dirán que *dónde* plantar es casi tan importante como *qué* plantar. Las semillas tienen un potencial, pero si se plantan en un suelo de mala calidad, no rendirán su fruto. La tierra en la parábola de Jesús representa diferentes tipos de vida, y la primera representa una vida insensible. Jesús lo describe así: "Cuando alguno oye la palabra del Reino y no la entiende, viene el malo y arrebata lo que fue sembrado en su corazón. Este es el que fue sembrado junto al camino" (Mateo 13:19). Es la imagen de las personas que no tienen ningún interés por lo espiritual. Sólo viven para ellos mismos y plantan semillas de egoísmo. El impacto de sus vidas será como una huella en la playa, hoy visible y mañana borrada para siempre.

El próximo tipo de suelo representa una vida cómoda. Es la imagen de las personas que han dedicado su vida a seguir a Jesús, pero que no han ahondado en su relación con Él. Cuando aparecen los problemas y las tensiones estas personas renuncian. "El que fue sembrado en pedregales es el que oye la palabra y al momento la recibe con gozo, pero no tiene raíz en sí, sino que es de corta duración, pues al venir la aflicción o la persecución por causa de la palabra, luego tropieza" (13:20–21). Son personas que creen que al convertirse en cristianos sus vidas siempre serán fáciles. Sin embargo, la vida de los cristianos no es una vida de comodidad, sino de carácter. Dios nos hace crecer en el plano del carácter cuando plantamos semillas de fe, lo cual suele hacernos crecer y sentir incómodos. De hecho, "sin fe es imposible agradar a Dios" (Hebreos 11:6). Dios nunca prometió una vida holgada y sin preocupaciones. Pero nos promete una vida plena de alegrías y sin preocupaciones si nos dirigimos a Él todos los días para obtener lo que necesitamos. Cuando confiamos en Él, la vida es una aventura en que declaramos nuestra fe y cobramos plenamente vida. Es un Dios magnífico que quiere grandes logros para nuestras vidas.

Sin embargo, otras semillas caen en un suelo que representa una vida agitada, y es probable que se pueda aplicar a la mayoría de nosotros. Esta semilla comienza a crecer, pero cuando los espinos y las malas hierbas comienzan a crecer, la joven planta se ahoga. "El que fue sembrado entre espinos es el que oye la palabra, pero las preocupaciones de este siglo y el engaño de las riquezas ahogan la palabra, y se hace infructuosa" (Mateo 13:22). Es la imagen de las personas que comienzan a seguir a Dios, pero luego se rodean de cosas que no perdurarán y que no pueden producir vida. Sus días se llenan de demasiadas cosas —muchas de ellas buenas— que compiten con aquello que reconocen como verdad. Muy pronto, el trabajo acapara todo el tiempo que se otorgaba a la relación con Dios. Así como ocurre en cualquier relación, mientras más tiempo pasemos junto a Dios, mejor lo conoceremos.

El último tipo de suelo es la tierra rica y fértil de la vida plena que Jesús describe: "Pero el que fue sembrado en buena tierra es el que oye y entiende la palabra, y da fruto; y produce a ciento, a sesenta y a treinta por uno" (13:23). Es la imagen de las personas que reciben la verdad de Dios, la plantan profundamente en sus vidas y producen un impacto que perdura durante generaciones. Es lo que Dios quiere hacer en tu vida, aunque nunca debes perder de vista tus motivos fundamentales. ¿Por qué plantas? ¿Cuál es tu objetivo o meta en la vida? "No os engañéis; Dios no puede ser burlado, pues todo lo que el hombre siembre, eso también segará" (Gálatas 6:7).

Si plantas cosas temporales, cosecharás temporalidad. Si plantas semillas eternas, cosecharás frutos eternos. Si plantas generosidad, cosecharás generosidad. Si das bondad y compasión, recibirás bondad y compasión. Sea lo que sea que des en la vida, es lo que recibirás. Según las leyes de la cosecha, recogemos lo que sembramos, pero también cosechamos mucho más de lo que sembramos. Si planto una semilla, no obtengo una semilla ni una sola manzana, sino un árbol lleno de manzanas, año tras año. Un montón de bendiciones nace de una pequeña semilla de fe.

Si quieres estar seguro de que tu vida importa, tienes que estar dispuesto a plantar semillas eternas en los lugares fértiles de tu vida. Cuando te concentras en conocer la palabra de Dios y te comprometes a amar a otros desinteresadamente, puedes esperar una cosecha abundante de bendiciones en tu vida. Como la presencia majestuosa de un magnífico roble, darás cobijo a las generaciones futuras con el poder de tu legado eterno.

Para que dure toda la vida

1. ¿Cuánto tiempo dedicas a leer, estudiar y disfrutar de la obra de Dios? ¿Cuándo tiempo te gustaría dedicar a las Escrituras cada semana? Busca un momento en tu agenda para los próximos días y dedícalo a estar un momento a solas con la Biblia, sabiendo que esa semilla producirá frutos incluso después de que tu vida en la Tierra haya llegado a su fin.

2. Haz una lista de tus compromisos, responsabilidades y obligaciones no esenciales que quizá valgan la pena, pero que no durarán para la eternidad. Piensa en maneras de eliminar estas cosas de tu vida, y si no puede ser permanente, hazlo al menos durante una temporada.

3. Nuestros valores son más importante que nuestras posesiones. Haz una lista de los valores que quieres dejar como herencia y piensa en quién te gustaría que los heredara.

Palos y piedras

CONSTRUIR CON MATERIALES ETERNOS

El precio de cualquier cosa
es la cantidad de vida que damos a cambio.
—HENRY DAVID THOREAU

No es un tonto aquel que entrega lo que no puede retener
para ganar lo que no puede perder.
—JIM ELLIOT

*P*oco después de la tragedia del *tsunami* de 2004, tuve la oportunidad de visitar Banda Aceh, la zona que más daños sufrió en Indonesia. A pesar de los estudios y de la información que recopilé para el viaje, no estaba para nada preparado para el impacto que significó conocer la devastación. Después de viajar muchos kilómetros por caminos llenos de barro, llegué a un puente cuya imagen ha quedado grabada en mi memoria. Era un enorme puente de acero y hormigón que en el pasado había estado conectado a un pueblo de miles de personas. Ahora había quedado cortado, retorcido por la parte central por una ola gigantesca inimaginable. Me paré en un extremo y miré hacia abajo. Sólo había océano. El pueblo entero había sido barrido por el *tsunami*. Estaba parado en un puente que no iba a ninguna parte.

La dimensión de la pérdida que representaban las suaves olas allá abajo estuvo a punto de quitarme el aliento. Y luego me vino a la cabeza un segundo pensamiento. Todos construimos puentes en nuestras vidas, pero ¿hacia dónde nos llevan? Todas nuestras posesiones en este mundo algún día serán arrastradas por las aguas, pero nosotros perduramos para siempre, somos seres eternos. Uno de nuestros más grandes deseos es dejar un mundo mejor que el que encontramos al nacer. Estamos diseñados por nuestro Creador para cumplir un objetivo fundamental que nadie puede alcanzar salvo nosotros. Estamos genéticamente determinados para añorar ese impacto y marcar una diferencia que tendrá un eco para la eternidad después de que nuestros cuerpos se hayan convertido en polvo. Nuestro legado es como un puente. Es evidente que no sólo quisiéramos perdurar, sino también orientar a otros para que sus vidas tengan un destino significativo. Hay tantas cosas en este mundo que parecen pasajeras, frágiles, finitas. Cuando un pueblo entero puede ser borrado del mapa en cuestión de minutos y edificios como las Torres gemelas pueden quedar arrasadas en pocas horas, es difícil creer que lo que hagamos tendrá un efecto duradero.

En una escala más pequeña, la mayoría vivimos esto día a día, en la repetición de nuestros horarios y nuestros deberes rutinarios del hogar. Los padres que tienen hijos pequeños vivimos esto constantemente. Lavamos los platos, pero después de la próxima comida, los platos vuelven a estar sucios. Hacemos las camas por la mañana, pero a la noche ya vuelven a estar deshechas. Cocinamos algo, pero al cabo de pocas horas —o pocos minutos— los niños tienen hambre de nuevo. Limpiamos una mancha pegajosa en el suelo, pero antes de que nos demos cuenta, alguien ha vuelto a derramar algo. Vamos a recoger a nuestros hijos al colegio o a alguna actividad extraescolar, y al día siguiente tenemos que volver a hacerlo. Hace poco, mi hija adolescente, Megan, se ocupó de las cosas de la casa durante todo un día mientras yo estaba ausente. Cuando llegué a casa tarde por la noche, mi hija, normalmente llena de vida, estaba agotada. Le pregunté qué tal había estado su día, y ella dijo: "Me pasé todo el día lavando y guardando la ropa, preparando comidas, lavando platos y limpiando la casa... y *nadie se daba cuenta.* ¡Me sentía igual que tú!" A veces es difícil pensar que estamos construyendo un puente a la eternidad cuando nuestros logros no parecen durar más de veinticuatro horas.

Momentos que importan

¿Qué tareas, rutinas o responsabilidades diarias te parecen de nunca acabar? ¿Lavar los platos? ¿Cocinar? ¿Los correos electrónicos? ¿Las llamadas por teléfonos? ¿Manejar el auto? Pídele a Dios que te ayude a recordar que Él ve todo lo que haces, aunque se trate de cosas pequeñas.

Ensayos de alarma de incendio

Todos queremos dejar una herencia, saber que hemos tenido importancia. Y nuestra herencia está determinada por nuestra manera de ocupar nuestros días. Como hemos visto, la pregunta es: ¿Perdurará nuestra influencia después de que hayamos muerto? Pablo era muy consciente de la relación entre los materiales de construcción que usamos y la calidad del producto final. En 1 Corintios 3:12–14, escribió: "Si alguien edifica sobre este fundamento con oro, plata y piedras preciosas, o con madera, heno y hojarasca, la obra de cada uno se hará manifiesta, porque el día la pondrá al descubierto, pues por el fuego será revelada. La obra de cada uno, sea la que sea, el fuego la probará. Si permanece la obra de alguno que sobreedificó, él recibirá recompensa". Todos los días tenemos que escoger los materiales, ya sean temporales o eternos, con los que tenemos que construir nuestra vida. Si quieres asegurar un legado que te sobrevivirá, que pueda soportar la alerta de incendio final, necesitas tres materiales de construcción claves.

Lo primero son tus convicciones, es decir, aquello que representas. Las convicciones son los valores centrales de la palabra de Dios que nunca cambian. Son eternas. Los estilos y las modas vienen y se van, "mas la palabra del Dios nuestro permanece para siempre" (Isaías 40:8). Te bastará con mirar las noticias de vez en cuando para ver que incluso los estudios científicos pueden modificarse o tener interpretaciones radicalmente diferentes. Esta semana, el café es beneficioso para la salud. A la semana siguiente nos dirán que contribuye a la hipertensión. Esta semana las dietas a base de proteínas hacen más daño que bien; el mes siguiente serán el último grito. La psicología esotérica, las tendencias de la moda, las listas de los libros más vendidos van y vienen, arriba y abajo, vueltas y vueltas, pero la palabra de Dios es sólida y segura, no cambia en lo más mínimo. Era verdad hace mil años, y es verdad en la actualidad, y seguirá siendo verdad dentro de mil años.

Si queremos construir un legado eterno, nuestras convicciones tienen que nacer de la palabra de Dios. Si tus valores fundamentales son producto de la palabra de Dios, nunca cambiarán. Son sólidos como la piedra en un mundo inestable. La clave de su efectividad, no obstante, está en que tenemos que vivir esas convicciones. Tiene que haber una congruencia entre lo que creemos y cómo vivimos. Me gusta cómo lo dice el Mensaje: "Pero a cualquiera que me oye estas palabras y no las practica, lo compararé a un hombre insensato que edificó su casa sobre la arena" (Mateo 7:26).

Estudiar la Biblia no basta. Tenemos que introducirla en nuestra vida para que sea una convicción. No creemos de verdad en algo hasta que lo hayamos vivido. Hay una diferencia fundamental entre creencias y convicciones. Una creencia es algo a lo que nos aferramos, pero una convicción es algo que nos sostiene. Una convicción es un valor primordial de la palabra de Dios que nos ancla, nos modela, se introduce en nuestras vidas, se convierte en una parte de nosotros y nos hace lo que somos.

Estudio de carácter

El siguiente material de construcción eterno surge en nuestro carácter. Cuando morimos, no nos llevamos nada excepto nuestro carácter, aquello que somos en nuestro fuero interno. Desde el comienzo, Dios siempre ha tenido un plan, y ese plan es hacernos a ti y a mí cada vez más parecidos a Jesucristo, Su hijo. Su plan es introducir en nuestras vidas exactamente los mismos rasgos de carácter de Cristo. "A los que antes conoció, también los predestinó para que fueran hechos conformes a la imagen de Su Hijo" (Romanos 8:29).

¿Has visto alguna vez a un escultor trabajando? Los escultores tienen una visión de lo que hay dentro del mármol o la roca, y trabajan para revelarlo, poco a poco. Cuando al gran escultor Miguel Ángel le preguntaron cómo había creado su obra maestra, el David, respondió que sólo había quitado todo lo que no se parecía a David. Es así de sencillo, y es lo que Dios hace en tu vida. Le quita a tu carácter todo lo que no se parece a Jesús, todos los defectos y taras del carácter, porque Su plan consiste en perfeccionarte hasta que seas la imagen de Su Hijo.

Dios utiliza diversos métodos para cultivar en nosotros el carácter de Jesús. El primero aparece con los problemas de la vida. Aunque sean muy difíciles, los problemas siempre tienen un propósito. A veces Dios permite que haya distracciones en tu vida, aquellas leves irritaciones que liman las asperezas de tu carácter. En otras ocasiones emplea Su martillo y comienza a quitar esos enormes trozos que no se parecen a Jesús. Si abordamos los problemas de la vida como oportunidades que nos da Dios para confiar en Él y parecernos más a Cristo, ya no nos quedan demasiados motivos para preocuparnos, compadecernos de nosotros mismos o irritarnos.

Dios también se sirve de las presiones de la vida para pulir nuestras aristas. Aprendemos a ser pacientes cuando estamos sometidos a presión. Las personas más parecidas a Cristo que he conocido estaban sometidas a grandes tensiones y responsabilidades. Las situaciones en que sufrimos presión siempre sacan lo que hay en nosotros, sea malo o bueno. Podemos reconocer nuestras limitaciones e invitar a Dios para que influya en nuestras vidas o podemos bloquear el camino e insistir en hacer las cosas a nuestra manera, aún cuando vemos desmoronarse los frutos de nuestros esfuerzos.

Y, finalmente, Dios utiliza a las personas en nuestra vida para enriquecer nuestro carácter, para limar nuestros rasgos egoístas, aquellos que nos impiden amar a los demás como nos ama Cristo. Todos tenemos a alguien en nuestras vidas a quienes nos cuesta amar. El solo hecho de amar a alguien no significa que las relaciones siempre funcionen como una seda. Debemos recordar que Dios usa a las personas como si fueran Sus cinceles para quitar todo lo que hay en tu vida que no se parece a Cristo, de modo que pueda transformar tu vida en una obra de arte.

Momentos que importan

¿En qué plano de tu vida sientes actualmente que estás sometido a más presión? ¿Cómo has respondido hasta ahora? ¿Cómo puede utilizarlo Dios para formar tu carácter?

Construir puentes

Los legados eternos se fundan en nuestras convicciones, en nuestro carácter y en nuestra comunidad. Las convicciones y el carácter divino duran para siempre y nuestras relaciones con las personas de Dios también. Si vamos a construir un puente que nos lleve a un destino eterno, necesitamos compañeros de equipo, es decir, personas entregadas a la misma pasión por Dios y su palabra. De otra manera, los puentes que construyamos desaparecerán en medio del aire cuando nuestros cuerpos mueran y dejemos este mundo.

Si estás demasiado ocupado para comprometerte con tu tiempo junto a un grupo de individuos con la misma idea, entonces estás sencillamente demasiado ocupado. Puede que recuerdes a las hermanas María y Marta, que eran amigas de Jesús. Una noche lo invitaron a cenar, y Marta iba de un lado a otro, presa de los nervios, asegurándose de que todo estuviera perfecto porque el Hijo de Dios estaba en su casa. Pero María se limitó a sentarse a los pies de Jesús y a escucharlo, relajada y disfrutando de un momento único. Sobra decir que Marta estaba bastante molesta con esa situación. Estaba enojada con María, y creo que también estaba enojada con Jesús porque no ponía en su lugar a su hermana. Marta, en cambio, se preocupaba con muchos quehaceres y, acercándose, dijo:

—Señor, ¿no te da cuidado que mi hermana me deje servir sola? Dile, pues, que me ayude.

Respondiendo, Jesús le dijo: —Marta, Marta, afanada y turbada estás con muchas cosas. Pero solo una cosa es necesaria, y María ha escogido la buena parte, la cual no le será quitada. (Lucas 10:40–42). Jesús tiene una manera de hincar tiernamente el cuchillo de la verdad en nuestros corazones y retorcerlo justo donde lo necesitamos. Sus palabras deben haber herido a la pobre Marta, que pensaría: *Dios, ¿ves todo lo que hago yo? Trabajo todo lo que puedo, y mira lo que le dejas hacer a María. Ya sabes, eres el Hijo de Dios. ¿Por qué no le dices que me ayude?* Jesús le contestó amablemente. "Amiga mía, no has entendido. Tus prioridades están al revés, Marta. María hace lo que es más importante, aquello que perdurará, lo único que es eterno. ¡Tú haces que la vida cristiana sea demasiado complicada! En realidad, es muy sencillo. Lo único que importa de verdad es la relación conmigo y con los demás.

Si supiéramos que sólo nos quedan unas semanas de vida, la decisión de centrarnos en Jesús y en quienes nos rodean sería más clara y más fácil. Como hemos visto de diversas maneras, construir un legado eterno nos exige darnos a los otros. La realidad que a menudo no vemos es que al menos algunas de esas personas comparten nuestros objetivos. Puede que no se hayan propuesto conseguirlos de la misma manera que nosotros (así como María no le ayudó a Marta a preparar la comida como ésta quería), pero si ellos buscan a Dios y conocemos sus corazones, podemos confiar en que compartimos un vínculo común.

La mayoría de las posesiones materiales que dejemos no durarán mucho más que nosotros. Nuestro dinero será gastado, nuestra casa y nuestras propiedades se deteriorarán o serán vendidas, nuestros objetos personales se convertirán en objetos a la venta en tiendas de antigüedades. Hace poco conocí una tienda de antigüedades que se llamaba Dead People's Stuff (Cosas de personas muertas). Parece curioso, pero es una descripción honesta de lo que algún día serán nuestras posesiones. Sin embargo, si construimos nuestra vida apoyándonos en convicciones, en el carácter y en la comunidad, habremos creado una memoria eterna que beneficiará a innumerables vidas por generaciones y generaciones. Habremos dedicado nuestra vida a construir un puente que, al final, conduce a los demás a Dios, y no hay legado más gratificante que eso.

Para que dure toda la vida

1. En una hoja de papel, haz una lista numerada del uno al cinco. Anota cinco convicciones que tienes y que crees eternas. Revisa cada una de ellas y reflexiona sobre sus fundamentos. ¿En qué medida se ve reforzada por la palabra de Dios? ¿Por las vidas de otras personas? ¿Por tu propia experiencia?

2. Numera una vez más la lista de uno a cinco, y esta vez anota los rasgos de carácter por los que te gustaría que te recordaran después de dejar este mundo. ¿Cómo has visto que Dios cultiva éstos en tu vida? ¿En cuáles dirías que parece estar concentrado ahora?

3. Finalmente, haz una lista más y numérala del uno al cinco. Anota los nombres de cinco personas —que no sean familia ni compañeros de trabajo— que comparten tus convicciones y tu compromiso con el carácter divino. ¿Con qué frecuencia los ves? ¿En qué sentido podrías estimularlos? ¿En qué aspectos te podrían exigir más cuentas? Piensa en reunirte con un pequeño grupo de estudio bíblico centrado en *Un solo mes de vida*. Para más información, consulta www.OneMonthToLive.com.

Colisiones

MANTENER EL RUMBO CUANDO TU VIDA SE ESTRELLA

> La felicidad no es una meta.
>
> Es un producto secundario.
>
> —ELEANOR ROOSEVELT

> Cuando naciste, llorabas
> y todos los que te rodeaban sonreían.
> Vive tu vida de manera que cuando mueras
> estés sonriendo
> y todos los que te rodean estén llorando.
>
> —ANÓNIMO

Cuando yo era niño, uno de mis juguetes preferidos eran unos pequeños autos para chocar. Tenían unos enormes volantes en el medio y un mecanismo para darles cuerda. Uno les daba cuerda y los ponía uno frente al otro para luego soltarlos y provocar una enorme colisión. Salían volando los trozos por todas partes. ¡Era un espectáculo magnífico!

Los autos-choque estaban diseñados para que uno volviera a montar fácilmente las piezas y rápidamente provocar otro choque espectacular. Todavía recuerdo el *jingle* de la publicidad: "¡Trac! ¡Bang! ¡Chócalos y vuelve a montarlos! No necesita pilas". Era una maravilla poder armar un choque de grandes proporciones y luego volver a montar las piezas. No había daños.

Me gustaría que la vida fuera igual. Sin embargo, no es tan fácil volver a montar las piezas cuando se producen las colisiones en la vida real. A veces, nuestras vidas se descarrilan y somos lanzados hacia un encontronazo sin que sepamos utilizar los frenos. Suele comenzar con lo que nosotros percibimos como un problema de tiempo. Nuestros horarios se sobrecargan, nos sentimos agobiados, las paredes empiezan a cerrarse a nuestro alrededor y todo comienza a chocar con todo, hasta que nos damos cuenta de que no tenemos tiempo suficiente para hacer lo que hay que hacer.

A menudo pensamos que tenemos un problema de gestión de nuestro tiempo, y pensamos que lo solucionaremos comprando un nuevo artilugio electrónico. Sin embargo, la gestión del tiempo es sólo una cuestión superficial. Si sólo nos quedara un mes de vida, lo más probable es que modificaríamos nuestra agenda e investigaríamos las causas más profundas de nuestro malestar. Descubriríamos un par de causas básicas de la mayoría de las colisiones de la vida. Si queremos dejar un legado perdurable, tenemos que tomar el camino correcto con el Conductor Maestro.

Momentos que importan

¿Cuándo fue la última vez que viviste una colisión de la vida, ya sea un periodo o una experiencia en la que sentías que te derrumbabas? ¿Cómo respondiste? ¿Cómo responderás

a la próxima colisión, basándote en lo que has aprendido de esa experiencia?

Rumbo a la colisión

La primera causa es un choque de valores. Lo que nosotros percibimos como colisiones relacionadas con nuestra agenda suelen ser choques provocados por los valores. Nuestras acciones revelan un conjunto de valores diferentes de lo que definimos como lo más importante para nosotros. Por ejemplo, decimos que nuestra salud es importante, pero a veces no comemos adecuadamente ni hacemos ejercicio. O puede que digamos que la familia es nuestra primera prioridad, aunque el trabajo suele desplazarla en esa prioridad. Puede que digamos que Dios es nuestra principal prioridad, pero la verdad es que sólo le dedicas el tiempo, el talento y el dinero que te sobra. Una de las fuentes más importantes del estrés y la frustración en nuestra vida es esta colisión de valores. Si nuestro tiempo en este mundo estuviera limitado a un breve periodo, nos pondríamos a trabajar para hacer coincidir nuestros actos con nuestras creencias.

Sin embargo, es bueno saber que podemos reflexionar sobre nuestras vidas y ver esos puntos de colisión, para luego cambiar el rumbo que hemos tomado. Podemos empezar a hacer que nuestras prioridades coincidan con nuestro quehacer inmediatamente. La mejor manera de comenzar este proceso consiste en analizar una colisión más seria. Me refiero al choque de voluntades. A veces, nuestra voluntad choca con los designios de Dios. Veamos cómo se aplica esto a nuestra gestión del tiempo. Dios nos creó. También creó un día que tiene veinticuatro horas. Por lo tanto, si no podemos hacer todo lo que tenemos que hacer en ese periodo de veinticuatro horas, nos estamos concentrando en cosas a las que Dios jamás nos ha destinado. Aún bajo el riesgo de generalizar demasiado, afirmaría que es así de sencillo. Dios nos ha dado el tiempo suficiente para hacer todo lo que tenemos que hacer. Si nos confiamos a esta certeza y también confiamos en Él para lo que debemos hacer cada día, nuestros conflictos interiores se disipan en la medida en que depositamos nuestra tranquilidad en sus planes.

A nosotros nos toca escoger el camino que recorreremos en la vida. Podemos viajar en la dirección encomendada por Dios, o podemos trazar nuestro propio rumbo y lograrlo por nuestros propios medios. Podemos conducir el auto propulsado por la voluntad divina o el que propulsa nuestra propia voluntad. Cuando decido manejar mi propio auto y tomar todas mis decisiones sin consultarlo, es como internarse en sentido contrario en una calle de dirección única. Aquello acabará en una colisión con Dios, lo cual no tiene nada de agradable. Sólo cuando dejamos que Dios dirija nuestros pasos podemos dejar un impacto duradero. "Confía en Jehová con todo tu corazón y no te apoyes en tu propia prudencia. Reconócelo en todos tus caminos y él hará derechas tus veredas" (Proverbios 3:5–6).

Momentos que importan

En una escala de uno a diez, donde uno es obedecer totalmente a tu voluntad y diez es obedecer totalmente la voluntad de Dios, ¿dónde te encuentras actualmente? ¿En qué aspectos de tu vida ves la diferencia más grande entre tu voluntad y la suya: en las relaciones, la economía personal, el crecimiento espiritual o en alguna otra cosa?

La fuerza de voluntad

Después de lo dicho, ¿Cómo nos adecuamos a la voluntad de Dios? Los salmos nos instruyen: "Confía en Jehová y haz el bien; habitarás en la Tierra y te apacentarás de la verdad. Deléitate asimismo en Jehová y Él te concederá las peticiones de tu corazón. Encomienda a Jehová tu camino, confía en Él y Él hará" (Salmos 37:3–5).

¿Cómo podemos evitar estas horribles colisiones en las que nuestra voluntad se antepone a los planes que Dios tiene para nuestra vida? Si analizamos este pasaje y buscamos en profundidad, encontraremos tres principios que nos ayudarán a seguir la voluntad de Dios. El primero es realmente una cuestión de confianza: "Confía en el Señor y harás el bien". Si confiamos en Dios, querremos obedecerlo a Él en lugar de seguir nuestros propios deseos. Si no confiamos en Él, querremos ponernos al volante y asumir el control.

Este principio me recuerda una experiencia que tuve hace poco con mis dos hijos mayores. Los dos son buenos conductores, pero cuando empezaron, debo reconocer que no me sentía muy cómodo en el asiento del pasajero. Me aguantaba, apretaba los dientes e intentaba no hablar demasiado. Pronto descubrí que no podía criticarlos por cosas que habían aprendido al verme conducir a lo largo de los años. Los adolescentes no te perdonan ni una y tienen un sentido muy desarrollado del sarcasmo. A veces, mis hijos iban a 65 km/h en una zona donde el límite de velocidad era de 45 km/h, y yo les decía:

—Tienes que respetar el límite de velocidad. La policía patrulla a menudo por esta zona. Te pondrán una multa.

En una ocasión, mi hijo Ryan me miró y me dijo:

—Nunca te he visto conducir a 45 kilómetros por hora en esta calle.

¡Ay, cómo duele!

Después de una de esas lecciones para aprender a conducir, uno de mis hijos me miró descaradamente y dijo:

—Tienes un problema de control —Esa frase me clavó. Es verdad que tengo un problema de control, un problema que se vuelve especialmente agudo cuando se trata de la voluntad de Dios. A ti te pasa lo mismo. No se trata tanto de la voluntad de Dios como de la conducción de Dios. Es una verdadera lucha para saber quién maneja.

Siempre intentamos arrebatarle el volante a Dios, porque nos creemos mejores conductores que Él. Siempre le estamos diciendo a Él cómo conducir y dónde ir, mientras pensamos: *Yo sé lo que más me conviene en la vida.* Sí, dejamos que Dios conduzca, pero siempre y cuando vaya por el camino que nosotros habríamos escogido. Sin embargo, cuando no entendemos sus intenciones, nos ponemos nerviosos. A menudo sucede que al no poder ver dónde nos lleva o cómo llegaremos, nos baja el pánico y volvemos a arrebatarle el volante. Son los momentos en que debemos aprender a relajarnos y dejar el control al Conductor Maestro. Tenemos que aprender a confiar lo suficiente en Él para decir: "No sé qué hacer en este caso, pero quiero lo que Tú quieres más que cualquier otra cosa. Quiero tu voluntad. Impide que cometa un error". Cuando llegamos a ese lugar, Dios dirige nuestro rumbo y nos sitúa en un plano de concordancia con los objetivos que ha diseñado para nuestra vida.

También hay otro principio para respetar la voluntad de Dios. No sólo necesito confiar, también existe una necesidad de deleitarse. Los Salmos nos dicen: "Deléitate asimismo en Jehová y Él te concederá las peticiones de tu corazón" (versículo 4). La palabra "deleitarse" en hebreo equivale a "disfrutar". Cuando te deleitas con alguien, significa que disfrutas de su compañía y que te gusta estar con él. Todos queremos conocer la realización de los deseos de tu corazón, y esta cita de las Escrituras deja muy claro que eso es posible. Sin embargo, hay una condición, se trata de una promesa con una premisa. Tenemos que deleitarnos con el Señor más de lo que deseamos ver cumplidos nuestros deseos. Es aquí donde muchas personas parecen perder de vista la razón de ser de la voluntad de Dios. Creemos que nos debería dejar conducir el vehículo si de verdad nos ama. Sin embargo, Él quiere que nosotros deseemos estar a su lado, conocerlo y quererlo a Él más que cualquier destino que podríamos alcanzar por nuestros propios medios.

Cuando nuestro hijo mayor sacó su permiso de conducir, estaba ansioso por salir de casa y ser independiente. Siempre había algún partido, una sesión de estudio con los amigos, algún acontecimiento, algo que le exigía ir en auto a algún lugar. Hasta que un viernes por la noche me sorprendió ver que estaba sentado con el resto de la familia a la hora de la cena. Le dije:

—Me alegro de verte, pero ¿qué haces aquí en la casa?

Él sonrió y respondió tranquilamente:

—Tenía ganas de estar en casa esta noche. Los echo un poco de menos.

¡Dios mío! Esa frase hizo que mi día fuera perfecto. Lo mismo le ocurre a Dios. Quiere que nos deleitemos con Él más de lo que nos deleitamos con nuestra libertad particular. En realidad, cuando nos deleitamos con Él, a menudo cambian los deseos de nuestro corazón. Ya no queremos seguir nuestro propio camino, sino el suyo.

Finalmente, si queremos plegarnos a la voluntad de Dios, tenemos que confiar en Él, deleitarnos con Él y encomendarnos a Él: "Encomienda a Jehová tu camino, confía en Él y Él hará" (versículo 5). Tenemos que llegar a un punto en que nos comprometemos a obedecer la voluntad de Dios. "Dios, dame a conocer Tu voluntad y la consideraré una opción en esta decisión que debo tomar". Dios nos dice: "No, debes comprometerte a obedecer Mi voluntad, y sólo entonces te diré cuál es esa voluntad".

Puede que te sientas como si hubieras sufrido una colisión en tu vida y que los trozos están esparcidos por todas partes, más allá de toda recuperación ni reparación. Al parecer, eres como un objeto de curiosidad, alguien cuya vida desastrosa llama la atención de los otros. Tengo que darte una noticia: ¡No es tarde para que modifiques el rumbo de tu vida! Dios sigue teniendo grandes planes para ti, pero el primer paso es retirarse del asiento del conductor y pedirle a Dios que maneje Él. Empieza por otorgarle la primera consideración en todas tus decisiones y verás cómo cambia tu vida.

Esto nos trae de vuelta a la confianza. La obediencia empieza y termina con la confianza. Nos encomendamos a la fe y dejamos que Dios maneje nuestro auto y nos lleve donde Él quiera que estemos. Sin embargo, no se trata de un proceso en que somos entes pasivos. Dios quiere que prestemos atención y que actuemos a lo largo del camino. La mayoría de los legados que duran en el tiempo son el resultado de las acciones que emprendemos durante nuestra vida. Solemos decir que queremos estar cerca de nuestros seres queridos, pero aquello sólo podemos lograrlo si destinamos un tiempo suficiente y de calidad, conversaciones francas y abiertas, y dolores y celebraciones compartidas. Decimos que queremos establecer una diferencia en este mundo, dejarlo convertido en un lugar mejor de lo que era cuando nacimos. Pero para eso hay que pasar a la acción, que dirige nuestro Padre, darnos a los demás, amarlos, darles buenos consejos y servirlos.

Nuestro tiempo en esta vida es limitado. Si de verdad queremos asegurarnos de que hemos cumplido con nuestro propósito cuando llegue la hora de irnos, entonces debemos obedecer la voluntad de Dios sin dudar, confiando en Él, deleitándonos con Él y encomendándonos a Su rumbo. Él es el único que puede reorientar nuestra vida y señalarnos una nueva dirección cuando nuestra voluntad choque con la suya.

Para que dure toda la vida

1. ¿Cuál es el obstáculo mayor para confiar en Dios en este momento de tu vida? ¿Qué experiencias del pasado te han dejado dudoso, irritado, dolido o decepcionado? Dedica un momento a la oración, escribiéndole a Dios o hablando con Él a propósito de estas experiencias. Puede que sea difícil que se establezca la confianza con Él si no te comunicas.

2. Haz una lista, del uno al cinco, y anota los deseos que nacen de tu corazón. Se lo más sincero posible. Dedica un tiempo a reflexionar sobre cada deseo y por qué añoras conseguirlo. Encomienda tu lista a Dios y pide Su punto de vista con relación a cada tema.

3. Si sólo te quedara un mes de vida, ¿cuáles serían las tres iniciativas que querrías emprender para que el tiempo que te queda sintonizara con la voluntad de Dios? ¿Qué te impide emprenderlas ahora? Escoge una y comienza a trabajar en ella esta semana.

Estrellas de mar

MARCAR TODA LA DIFERENCIA DEL MUNDO

> La verdadera medida de un individuo es
> su manera de tratar a una persona
> que no le aportará ningún tipo de bien.
> —ANN LANDERS

> Lo único que se necesita para que triunfe el mal
> es que los hombres buenos no hagan nada.
> —EDMUND BURKE

No cabe duda de que la vida ha cambiado mucho desde los tiempos de mi infancia. Cuando se trata de nuestros hijos, estamos mucho más pendientes de su seguridad que nuestros padres con nosotros. Los de mi generación andábamos en bicicleta sin ponernos casco y los autos no tenían *airbag*. Tomábamos agua directamente de la manguera del jardín ¡y no nos pasaba nada! No hay nada de malo en proteger a nuestros hijos, aunque mis hijos, por ejemplo, siempre me acusan de sobreprotegerlos. El problema se presenta cuando empezamos a pensar que la felicidad significa estar a salvo y cómodos, o cuando nuestra meta en la vida consiste en rehuir todos los riesgos. Cuando nuestra prioridad principal es estar a salvo y seguros, no sólo perdemos contacto con las necesidades de otros, sino también con una necesidad primordial en nosotros mismos.

Hemos sido creados para mucho más que apretar botones y mirar pantallas. ¡Hemos sido creados para vivir una gran aventura! Dios nos creó para que corramos riesgos y nos enfrentemos a grandes desafíos, para que consigamos grandes logros que tengan un impacto perdurable.

Si de pronto te dijeran que sólo te queda un mes de vida y empezaras a pensar en cómo podrías dejar un gran legado que perdurara en el tiempo, es posible que te sintieras tentado a decir: "Es demasiado tarde. No tengo ni el dinero ni el poder para marcar una diferencia en este mundo". Sin embargo, nunca subestimes el poder de uno solo. Es la capacidad que todos tenemos, todos los días, para que Dios nos utilice para bendecir el resto del mundo.

Momentos que importan

¿Qué importancia tiene la comodidad para ti a estas alturas de la vida? ¿Cuáles son las comodidades a las que más te costaría renunciar? ¿A tu computadora? ¿A tu microondas? ¿A tu iPod? ¿A tu colchón? ¿A tu cafetera?

El poder de uno solo

Un hombre de negocios de visita en un balneario salió de su hotel una mañana para dar un paseo. Cuando llegó a la orilla del mar, se encontró ante algo sorprendente. Cientos de estrellas de mar habían quedado varadas en la playa durante la marea alta de la noche. Todavía se movían, estaban vivas, trepando unas sobre otras y tratando de volver al mar. El hombre sabía que no pasaría mucho tiempo antes de que el sol tropical abrasara a las pobres criaturas atrapadas en la orilla. Deseaba hacer algo, pero había miles de estrellas, hasta donde alcanzaba la vista, y no había manera de influir en su destino y salvarlas.

Así que siguió caminando. Un poco más allá, se topó con un niño ocupado en recoger las estrellas, una por una, y lanzarlas al mar como si fueran un *frisbee*. Era una operación que repetía una y otra vez, cada vez más rápido, sin duda con la intención de salvar todas las que fuera posible.

Cuando el hombre entendió lo que hacía el niño, pensó que era su deber ayudarlo, informándole de una dura lección de la vida. Se acercó al niño y le dijo:

—Hijo, te diré una cosa. Lo que estás haciendo es muy noble, pero no puedes salvar a todas las estrellas de mar. Son miles, y el sol empieza a quemar con mucha fuerza, así que todas van a morir. Lo mejor que puedes hacer es no prestarles atención y seguir jugando. La verdad es que no se verá ninguna diferencia.

Al principio, el niño no dijo nada. Se limitó a mirar al hombre de negocios. Luego se agachó y cogió otra estrella de mar, la lanzó hacia el mar con toda su fuerza y dijo:

—Pues, al menos para ésa ya hay una diferencia.

A menudo los niños pueden enseñarnos más de lo que nosotros podemos enseñarles a ellos y, desde luego, éste es un ejemplo. Aquel niño no dejó que la dimensión de la situación le impidiera hacer lo que podía hacer, a saber, salvar a una estrella tras otra. Quizá nadie lo ha dicho mejor que Hellen Keller: "Sólo soy una, pero no dejo de ser una. No lo puedo hacer todo, pero al menos puedo hacer algo. Y no sólo porque no pueda hacerlo todo voy a renunciar a la parte que sí puedo hacer".

Cuando en los noticieros de la noche se nos recuerda la existencia de graves problemas en el mundo, como el hambre, el sida, la guerra y las hambrunas, solemos reaccionar con una apatía que nos paraliza o con resignación. La mayoría nos sentimos tentados a decir: *¿Para qué hacer el esfuerzo? Es un asunto complejo y de grandes dimensiones, y no seré yo quien marque la diferencia.* Existe la tentación de pensar en estos problemas como algo abstracto en lugar de verlos como la realidad diaria de seres humanos individuales. Sin embargo, si alineamos nuestra perspectiva con la perspectiva de Dios y ayudamos a una estrella de mar después de otra, haremos lo que podamos hacer, por muy pequeños o irrelevantes que parezcan nuestros esfuerzos. Si llegamos a influir en una vida, puede que marquemos la diferencia entre la vida y la muerte —tanto física como espiritual— para otro ser humano. Si adoptamos la costumbre de hacer lo que podamos, cuándo y dónde podamos, nos veremos transformados en la medida que ayudemos a otros. Como observó Ralph Waldo Emerson: "No hay nada que embellezca más el aspecto, la forma o la conducta como el deseo de repartir alegría y no dolor a nuestro alrededor".

Un sacrificio vivo

Rara vez lo miramos de frente, pero muchos tenemos una pregunta insistente en el fondo del alma. ¿Cómo conciliamos el hecho de vivir en casas bonitas, tener autos estupendos y comer todo lo que queramos mientras gran parte de la humanidad vive con menos de dos dólares al día? Sí, has leído bien. Tres mil millones de personas viven actualmente con menos de lo equivalente a dos dólares al día. Cuando llevamos a nuestros hijos al entrenamiento de fútbol en nuestros grandes carros, ¿cómo conciliamos nuestro estilo de vida con el hecho de que los niños en San José, Costa Rica, o Nairobi, Kenia, o en miles de otras ciudades en el mundo juegan al fútbol en medio de calles llenas de heces y desperdicios, con pelotas hechas de restos de basura y cinta adhesiva?

No es mi intención hacerte sentir culpable. Sólo quiero recordarte que hemos perdido la perspectiva de las cosas. Hemos perdido la capacidad de ver más allá de nuestras vidas por dos grandes motivos. Uno es el deseo humano de controlar nuestro propio mundo seguro y cómodo. El otro es que nuestra cultura nos impulsa a acumular más en lugar de desprendernos de más.

Si supiéramos que nuestros días en este mundo se acaban, querríamos hacer todo lo posible para dejar una huella en los demás. No querríamos enfrentarnos al arrepentimiento de una vida malgastada y centrada sólo en sí misma. Querríamos saber que hemos honrado al Dios que amamos siendo el mejor administrador de todo lo que nos ha dado. En su carta a los romanos, Pablo escribió: "Por lo tanto, hermanos, os ruego por las misericordias de Dios que presentéis vuestros cuerpos como sacrificio vivo, santo, agradable a Dios, que es vuestro verdadero culto. No os conforméis a este mundo, sino transformaos por medio de la renovación de vuestro entendimiento, para que comprobéis cuál es la buena voluntad de Dios, agradable y perfecta" (Romanos 12:1–2).

¿Está bien tomar nuestro *cappuccino* todos los días? ¿O tener bonitas cosas? ¿O gozar de las bendiciones de nuestra vida? Sí. Pero si queremos dejar una huella sustancial a nuestro paso, tenemos que despertar y darnos cuenta de que nuestra madurez es lo que impulsa la realización de ese objetivo. Pablo revela el secreto de la madurez: debemos ir más allá de la preocupación por nuestra propia comodidad y nuestros deseos. Si de verdad queremos fortalecer nuestro carácter y nuestra fe, debemos estar dispuestos a cambiar nuestro objetivo de seguridad por un objetivo de sacrificio.

Una de las mejores maneras, y de las más importantes, para empezar a preocuparnos más por los demás es rezar por los pobres y por los oprimidos del mundo. Rezar por sus necesidades. Por su sanación. Por su libertad religiosa y política. Por la comida, el agua potable y los medicamentos vitales. Cuando empezamos a rezar por las personas que sufren al otro lado del mundo, empezamos a cuidar de ellas, y queremos saber más detalles de su vida. Nuestros corazones conectan con los de esas personas. Somos más conscientes de lo que tenemos, de cómo podemos usarlo y de por qué nos lo han confiado. Sí, Dios ya conoce las necesidades de todos los habitantes del planeta. Sin embargo, la oración nos centra a ti y a mí en las necesidades de los demás de una manera única. Nos vemos obligados a mirar más allá de nosotros y a depender de Dios para enseñarnos a amar y ayudar a aquellos por lo que rezamos.

Momentos que importan

¿Con qué frecuencia dejas pasar las oportunidades porque piensas que tu contribución es demasiado pequeña? ¿Cuáles son las situaciones en tu vida similares a la de las estrellas de mar? ¿Tu respuesta tiende a parecerse a la del niño o a la del hombre de negocios? ¿Por qué?

Es necesario pasar a la acción

A menudo nos sentimos inspirados para amar a los otros dando de nosotros mismos, es decir, ofreciendo lo que tenemos para ayudarles a superar sus problemas y enriquecer sus vidas. Ofrecemos nuestro cuerpo como sacrificios vivos cuando damos de nuestro tiempo, nuestro talento y nuestro tesoro. Si quieres vivir toda la aventura a la que tu vida está destinada, tienes que estar dispuesto a pasar a la acción y servir a los necesitados con el amor de Dios. La Biblia tiene mucho que decir a propósito de atender a las necesidades de los pobres. "El que cierra su oído al clamor del pobre tampoco será oído cuando clame" (Proverbios 21:13). Dios nos hace responsables de cómo utilizamos nuestras bendiciones para ayudar a los pobres y a los que sufren.

Nuestros regalos más preciados, a saber, nuestro tiempo, nuestro talento y nuestras posesiones, son esenciales en este proceso de maduración y de construcción de un legado perdurable. Ya hemos abordado el valor del tiempo como nuestro bien más preciado y limitado. Si quieres sacrificar algo que nadie más puede dar, regala parte de tu tiempo a alguien que lo necesita. Tú eres el único que puede disponer de este recurso. Tu manera de repartir tu tiempo revela aquello que está plantado con mayor convicción en tu corazón.

En lo que concierne al talento, todos y cada uno de nosotros poseemos un talento. Sin embargo, nos inventamos todo tipo de excusas: "Bueno, en realidad, no soy un estudioso de la Biblia, de modo que no puedo enseñar ni embarcarme en una misión", o "En realidad no me sobra tanto dinero para dedicar a la caridad". Deberías pensar en lo que sí puedes hacer. Piensa en los conocimientos que has acumulado ahí donde has trabajado, ya sea la construcción, la banca, el comercio, la medicina o la educación. Tienes conocimientos, habilidades y destrezas que pueden cambiar las vidas de otras personas si te decides a compartirlas. ¿Eres capaz de escuchar y de compadecerte? ¿Puedes ofrecer una sonrisa? ¿Abrazar a un niño? La mayoría subestimamos la influencia que tenemos por el solo hecho de estar presentes en la vida de otra persona.

El dinero y nuestra manera de gastarlo también revelan muchas cosas acerca de quiénes somos y de las cosas que valoramos. Dios dice que está bien haber sido bendecidos con el bienestar económico siempre y cuando hagamos dos cosas con nuestro dinero y nuestras posesiones. En primer lugar, disfrutar de lo que tenemos en lugar de siempre querer más. Y, en segundo lugar, dar con generosidad. Si cumplimos con estas dos condiciones, maduramos y podremos disfrutar de un nivel de satisfacción que el dinero nunca podrá comprar. Pero si nos aferramos a nuestras bendiciones y damos por sentado las bondades de Dios, nuestros

corazones se endurecerán y nunca seremos capaces de reconciliar-
nos con las cosas que más importan.

Nuestra última manera de madurar y crear un corazón consciente del mundo es trabajar en una comunidad. Ya sea a través
de nuestra iglesia, de la escuela o de la empresa, de nuestro barrio
o nuestras familias, somos llamados a unirnos para ayudar a los
otros. "De la manera que en un cuerpo tenemos muchos miembros, pero no todos los miembros tienen la misma función, así
nosotros, siendo muchos, somos un cuerpo en Cristo, y todos
miembros los unos de los otros. Tenemos, pues, diferentes dones,
según la gracia que nos es dada" (Romanos 12: 4–6). Juntos podemos literalmente cambiar el mundo.

Para que dure toda la vida

1. Para el mes que viene, elige una comodidad, un lujo
o un objeto de consumo del que puedes prescindir.
Puede que sea tu visita diaria a un Starbucks, un
programa en la televisión antes de ir a la cama, tu
postre preferido o algo similar. Utiliza el tiempo o el
dinero que inviertes en esa comodidad para un fin
más noble, como rezar, contribuir a una obra
filantrópica o a una misión, u ofrecer tus servicios a
alguien que padezca necesidad. Al igual que
renunciamos a algo durante el periodo de Cuaresma
antes de Pascua, este ejercicio puede ayudarte a
recuperar la perspectiva de lo que significa ser un
sacrificio viviente.

2. ¿Qué motivo, situación o grupo de personas siempre
te ha motivado? Puede que sea el Oriente Medio
desgarrado por la guerra, las personas que sufren de

sida en tu ciudad o una misión en China. La
mayoría nos hemos sensibilizado en uno u otro
momento ante algo que sucede fuera de nuestra
órbita habitual. Esta semana, dedica un tiempo a
rezar por esas personas y a buscar maneras de
ayudarles —utilizando tu tiempo, tu talento y tus
posesiones. Comprométete con un objetivo concreto
con que puedas satisfacer algunas de las necesidades
de las personas que sufren dificultades. Conéctate a
www.OneMonthToLive.com para averiguar cómo
puedes unirte a una comunidad de personas con el
propósito de marcar una gran diferencia.

3. Existen personas con necesidades por todas partes a
   nuestro alrededor, y no tenemos que salir de nuestro
   barrio, y mucho menos de nuestro país, para
   sacrificarnos. Esta semana organiza un servicio de
   ayuda local en tu barrio. Puedes trabajar con una
   iglesia, en la página web de una comunidad (los
   blogs son excelentes herramientas para este fin) o tu
   sección en el trabajo. Comprométete con un
   objetivo concreto, por ejemplo, llevar a cabo
   reparaciones en la casa de una viuda o de una madre
   soltera, recolectando ropa para un asilo o reuniendo
   dinero para fondos de ayuda. Fija una fecha y define
   el papel que cada persona del grupo tendrá con el
   objetivo de satisfacer las necesidades y llevar a cabo
   el trabajo propuesto.

Las huellas que dejamos

DEJAR UNA IMPRONTA DURADERA

Mis hijos no recordarán las sabias palabras
que he transmitido a lo largo de los años,
y los tuyos tampoco recordarán tus buenos consejos.
Sin embargo, en su mente llevan grabada y plantada en su corazón
la imagen perenne de quién eres
y de que has vivido antes que ellos.
—DOROTHY KELLEY PATTERSON

Nos ganamos la vida con lo que nos dan;
construimos una vida con lo que damos.
—WINSTON CHURCHILL

La conciencia de lo que significa "pasarse al verde" sigue co-brando importancia. Al parecer, hay cada vez más gente preocupada con su impronta ecológica. En la medida que el calentamiento global, el reciclaje, la dependencia de los combustibles fósiles y la contaminación siguen siendo temas importantes, deberíamos intentar dejar una huella lo más leve posible en un plano ecológico. Queremos ser buenos administradores del planeta debido a la responsabilidad que Dios nos ha encomendado en relación con su creación. Pero mientras buscamos maneras de aligerar nuestra huella ecológica, deberíamos pensar en hacer más notoria nuestra huella espiritual. Necesitamos dejar la huella más positiva y duradera posible en la vida de las personas. Para eso, tenemos que saber con certeza el tipo de impresión que dejamos en las vidas ajenas.

En muchas ocasiones nuestras prioridades espirituales convergen con aplicaciones prácticas. Nunca olvidaré una reciente campaña en nuestra iglesia cuando nos enteramos de que había carestía de zapatos en los asilos para los pobres sin techo de Houston. Muchas personas habían contribuido con mantas y alimentos, pero muy pocos se daban cuenta de que los sin techo necesitaban zapatos cómodos y resistentes. Así que un día, al final de mis servicios, compartí con la gente mi idea de que podíamos marcar una buena diferencia en sólo un fin de semana, y les pedí a todos los que opinaban igual que se quitaran los zapatos, los dejaran y salieran caminando descalzos, con o sin calcetines, y sintieran el pavimento que muchos hombres y mujeres viven cada día. La iglesia aceptó masivamente el desafío. Recolectamos más de cuatro mil quinientos pares de zapatos ese día y solucionamos el problema en Houston durante meses.

Es el tipo de impacto en aras del cual podemos trabajar todos los días. No tenemos que convertirnos en misioneros, ser muy ricos ni dejar nuestro empleo. Si queremos dejar una huella para los que nos siguen, sólo tenemos que amar a Dios, servir a otros y dar de lo que nos ha sido dado. Una de las mejores maneras de contribuir a nuestra huella espiritual única es por nuestra manera de tratar a otros.

Momentos que importan

Piensa en una experiencia reciente en que tus creencias espirituales llevaron a una aplicación práctica para servir a otros. ¿Cuál era la necesidad de los otros que esa experiencia remediaba? ¿Qué necesidad satisfacía en ti?

Solución de contaminación

Así como debemos controlar nuestras emisiones de gases industriales tóxicos y disminuir la contaminación, también tenemos que ver qué sucede con la confusión que se acumula en nuestra alma. Puede resultar tentador pasar por encima de nuestras faltas y defectos, y centrarnos exclusivamente en su espiritualidad y señalar las faltas de todos los demás mientras ignoramos las propias.

Dios nos pide que miremos en nuestro interior y examinemos nuestra conciencia sin juzgar a los demás. En Isaías 1:18, leemos: "Aunque vuestros pecados sean como la grana, como la nieve serán emblanquecidos; aunque sean rojos como el carmesí, vendrán a ser como blanca lana". Todos hemos cometido errores, nos hemos equivocado en decisiones y hemos herido a las personas que más queremos. Puede que intentemos esconder la basura de nuestras almas, ignorarla y pretender que no está ahí, pero eso no elimina la contaminación que erosiona y ahoga nuestros corazones. Juzgamos a otros, comparándonos de tal manera que nos hace parecer mejores porque no hemos cometido los mismos errores. Sin embargo, los pecados son pecados. Puede que tú y yo tengamos diferentes pecados en nuestra vida, pero en todos los casos nos quedamos cortos con respecto a las exigencias de Dios. Todos hemos conocido un alma manchada porque todos pecamos.

Lo que debería transformar nuestras vidas, no obstante, es que Jesús nos perdona y nos limpia de nuestros desechos más profundos. La mayoría de las personas que saben que se acercan al final de sus vidas se ven obligadas a confrontar sus faltas, remordimientos y errores. A menudo se sienten más predispuestas que nunca a entregarse al don de la gracia de Dios. Nos conviene saber que tenemos ese don al alcance de la mano todos los días, nos queden sólo cuatro semanas o muchos años de vida en este mundo.

Si queremos dejar un legado de gracia para aquellos que vendrán después de nosotros, tenemos que empezar reconociendo que necesitamos el perdón de Dios. Una de las mejores maneras de hacer esto es haciendo un examen de conciencia todos los días. Cuando tenemos las cuentas claras con Dios, impedimos que se acumulen los desechos espirituales y bloqueen nuestra capacidad para amar y servir a los demás.

Momentos que importan

¿Cómo sueles responder cuando reflexionas sobre tus pecados y defectos? ¿Normalmente tu reflexión te orienta hacia la gracia de Dios o te escondes aún más? ¿Cómo sueles responder a los defectos y pecados de los otros? ¿Cuál es la relación entre cómo ves tus propios pecados y cómo ves los de los otros?

La gracia que nos recicla

Cuando las personas viven el perdón y el amor de Dios a través de los regalos de su Hijo, suelen estar preparadas para pedir perdón a aquellos que han herido y para perdonar a quienes les han hecho daño. Con la libertad y alegría que sienten como resultado del perdón de Dios, adquieren la fortaleza para enfrentarse a algunos de los episodios más difíciles de su vida.

De hecho, como cuenta Jesús en una de sus parábolas, existe una relación recíproca entre el perdón que recibimos y el perdón que damos. Yo suelo pensar en ello como la gracia que nos recicla, es decir, dando con generosidad lo que recibimos de Dios. Después de que un criado endeudado ruega a su rey que le perdone la gran deuda que ha acumulado, el mismo criado manda encarcelar a un subalterno suyo por no haber pagado una deuda mucho menor a la que él tiene con el rey. Un doble rasero como ése no puede admitirse en el reino de Dios: "Entonces, llamándolo su señor, le dijo: 'Siervo malvado, toda aquella deuda te perdoné, porque me rogaste. ¿No debías tú también tener misericordia de tu consiervo, como yo tuve misericordia de ti?' Entonces su señor, enojado, lo entregó a los verdugos hasta que pagara todo lo que le debía. Así también mi Padre celestial hará con vosotros, si no perdonáis de todo corazón cada uno a su hermano sus ofensas" (Mateo 18:32-35).

Si juzgamos menos a otros y confesamos más nuestros propios defectos, estaremos invirtiendo en un legado eterno —nuestro carácter y su efecto en las generaciones futuras. Puede que pedir perdón y reconocer el mal que hemos causado nunca sea tan fácil ni tan natural como a nosotros nos gustaría. Sin embargo, si supiéramos que quizá no tendremos otra oportunidad para corregir nuestras relaciones, aprovecharíamos cada una de las oportunidades para comunicar nuestro dolor a propósito de cómo hemos hecho daño a otras personas. Los Proverbios nos dicen que "el que oculta sus pecados no prosperará, pero el que los confiesa y se aparta de ellos alcanzará misericordia" (28:13). Al confesar todo lo que hay en nuestros corazones, podemos restablecer la paz que nos roba nuestro orgullo, nuestra rabia y nuestra santurronería.

Sucede demasiado a menudo que intentamos compensar a los otros sin aceptar verdaderamente ni haber vivido el poder de la gracia en nuestras vidas. Creemos que debemos hacer un gran esfuerzo para compensar a quienes hemos ofendido y guardar silencio a propósito de los que nos han hecho daño, fingiendo que nada ha ocurrido. Sin embargo, cuando encontramos el poder primordial de la gracia de Dios, nos cambia literalmente la vida.

Dios te quiere tal como eres, pero te quiere demasiado para que sigas siendo el mismo. En Filipenses 2:13, se explica de esta manera: "Porque Dios es el que en vosotros produce así el querer como el hacer, por su buena voluntad". Nuestro Padre nos da la fuerza para vivir una transformación en nuestras vidas cuando reconocemos nuestros pecados y sus consecuencias. La Biblia dice que Dios otorga su gracia a los humildes, pero que se opone a los orgullosos (Proverbios 3:34). De modo que cuando nos volvemos humildes y decimos: "Dios, necesito que me des la fuerza para cambiar; necesito que me des la fuerza para amar; necesito que me des la fuerza para cumplir con lo que me pediste", Él nos llena de su poder y de su fuerza en abundancia.

Cuando Cristo nos encuentra en medio de nuestro desastre, no dice: "Mira, limpia primero lo que has hecho y sólo entonces pensaré en amarte". No, la Biblia dice que mientras yo todavía era un pecador, Cristo se inclinó y me levantó, y me sostuvo a Su lado y me perdonó. Cuando uno de mis hijos estaba aprendiendo a usar el orinal, en una ocasión tuvo un pequeño percance delante de varios amigos míos. Cuando se dio cuenta de lo que había sucedido, reaccionó con vergüenza. Me miró y me dijo: "¡Tómame en brazos!" ¿Cómo respondí yo? No dije: "Por ningún motivo. ¡Cochino! Anda a limpiarte y *entonces* te tomaré en brazos". Claro que no. Lo tomé en brazos y lo abracé porque es mi hijo, pase lo que pase.

La gracia me acepta ahí donde me encuentre, pero también me da la fuerza para cambiar. En Tito 2:11, leemos: "La gracia de Dios se ha manifestado para salvación de toda la humanidad, y nos enseña que, renunciando a la impiedad y a los deseos mundanos, vivamos en este siglo sobria, justa y piadosamente". Cuando nos encontramos en la esfera de la gracia de Dios y nos sentimos totalmente aceptados, deseamos profundamente el cambio. Queremos conocer a Dios y parecernos más a Él.

Si sólo te quedara un mes de vida, es casi seguro que querrías hacer algunas cosas en tu vida de manera diferente. El problema es que no pueden darse cambios duraderos a menos que nos transformemos y que la fuente primordial —la gracia de Dios— nos dé su energía. No podemos esperar una salida digna de esta vida sin ella. No podemos dejar una huella espiritual duradera a menos que caminemos un kilómetro con los zapatos del otro, perdonando así como a nosotros nos han perdonado.

Todos somos trofeos de la gracia. "Por tanto, recibíos los unos a los otros, como también Cristo nos recibió, para gloria de Dios" (Romanos 15:7). Tenemos que aceptarnos mutuamente y difundir el amor de Cristo entre los que nos rodean. Esto puede significar enfrentarse a otros en ciertos momentos o volvernos humildes para confesar y pedir su perdón. Sólo la gracia de Dios puede permitirnos dejar ir las heridas del pasado y perdonar a otros. Sólo su gracia puede motivarnos para dejar de lado nuestro orgullo y nuestra vergüenza, nuestra culpa, nuestras heridas y nuestro arrepentimiento. Mientras más capaces seamos de poner en práctica la gracia en nuestras vidas, más grande será nuestro legado. Jackie Windspear lo expresó de esta manera: "La gracia no es una breve oración que se canta antes de una comida. Es una manera de vivir".

Para que dure toda la vida

1. Piensa en un ser querido que ha pasado a mejor vida. ¿Cómo describirías su legado espiritual? ¿Qué

te gustaría emular del carácter de esa persona? ¿Qué quisieras evitar?

2. Dedica un tiempo a Dios y a la confesión. Pídele que te revele su gracia de una forma nueva, una forma que te ayude a entender mejor la plenitud de su amor por ti. Anda a ver a alguien al que hayas ofendido o herido y pídele que te perdone.

3. ¿Hay alguien que necesite tu perdón? Reflexiona sobre el alto precio que Dios pagó para perdonarte, y luego pregúntale qué acción quiere que emprendas en relación con esa persona.

Final del partido

MORIR PARA VIVIR

> Si descubro en mí mismo un deseo
> que ninguna experiencia de este mundo puede satisfacer,
> lo más probable es que haya sido creado
> para vivir en otro mundo.
> —C.S. LEWIS

> Nunca temas confiar un futuro que desconoces
> a un Dios que conoces.
> —CORRIE TEN BOOM

No tienes por qué ser un aficionado al deporte para apreciar la emoción, la pasión y el drama de dos rivales igualados en el terreno de juego. Ya se trate de un empate roto por un jonrón ganador en la última entrada del partido de la Liga Escolar de tu hijo, o del punto marcado en el último segundo con una patada desde 50 yardas en el partido de la Super Bowl, a todos nos fascina ser testigos de esas victorias milagrosas del que se daba por perdedor.

Sin embargo, cuando se trata del partido de la vida, habrá un momento en que suena el último silbato, y final del encuentro. ¡De hecho, las estadísticas nos dicen que la tasa de mortalidad humana es de un 100 por ciento constante! No hay manera de evitarlo ni de hacer trampa para no pasar por ahí. Al final, llegará un momento en que sonará el silbato final y no habrá ninguna jugada milagrosa que dé lugar a una prórroga. Cuando nuestros cuerpos están finalmente agotados, dejamos la vida que hemos conocido en este mundo. Nos vemos obligados a dar un paso hacia aquello que ocurre a continuación.

Una encuesta reciente nos dice que el 81 por ciento de los estadounidenses cree en la vida después de la muerte. Antiguamente nadie se prestaba realmente a tocar este tema, pero hay cada vez más gente fascinada con la experiencia de aquellos que han tenido breves encuentros con la muerte o que creen tener una visión de lo que sucede después de que hemos dado nuestro último aliento. Como he puesto de relieve a lo largo de este libro, entregarnos a la idea de nuestra mortalidad puede liberarnos para vivir la vida en toda su plenitud. En el Eclesiastés, se nos dice: "El corazón de los sabios está en la casa del luto, mas el corazón de los insensatos, en la casa donde reina la alegría" (7:4). Es cosa de sabios abordar la vida teniendo en cuenta que hay un final, y es un error ignorar lo inevitable. Al pensar en lo que ocurrirá cuando suene el silbato final del partido, tenemos una visión más acabada de la vida. Nos ayuda a llevar una vida más centrada en las intenciones y a hacer que cada momento tenga su valor.

Momentos que importan

¿Qué recordatorio de tu mortalidad has vivido esta semana? ¿Un dolor o una molestia? ¿Remedios que debes tomar por un problema de salud? ¿Las primeras canas? ¿Alguna otra

cosa? ¿Cómo sueles sentirte cuando te enfrentas a estos pe-
queños recordatorios?

El Cielo no puede esperar

Dios te ha puesto en este mundo por una razón y tiene un plan
para tu vida. Sin embargo, esta vida no es el final. Las Escrituras
son muy claras a propósito de esta realidad. Algún día dejarás de
respirar, pero no por eso dejarás de vivir. Vivirás para siempre en
la eternidad.

Un momento después de morir, tendrás la experiencia de una
gran celebración jamás vivida o de una gran separación. El Cielo
y el infierno son lugares reales, y podemos elegir dónde pasaremos
la eternidad. Dios podría habernos creado como robots progra-
mados para amarlo, servirlo y seguirlo. Pero no es eso lo que ha
hecho. Decidió correr el riego más grave de todos al crearnos con
esta facultad llamada libre albedrío. Dios te ama tanto que murió
por ti, pero te deja elegir si lo amarás y si deseas estar con Él para
toda la eternidad o no.

Hemos sido creados para tener una relación perfecta con Dios.
Fuimos creados con una añoranza por la realidad eterna de un
lugar situado más allá de nuestros sueños más imaginativos.
Como dice el viejo himno: "Este lugar no es mi casa". El Cielo
es la casa de nuestro corazón, el lugar donde se celebra eterna-
mente la fiesta de bienvenida. Sin embargo, también es el lugar
del "no más". No más lágrimas, dolor, pérdidas o muerte. "Enju-
gará Dios toda lágrima de los ojos de ellos; y ya no habrá más
muerte, ni habrá más llanto ni clamor ni dolor, porque las primeras cosas ya pasaron" (Apocalipsis 21:4).

Las personas suelen pensar en el Cielo como un lugar místico
donde nos sentaremos sobre las nubes. Tenemos el miedo no con-
fesado de que nos cansaremos de ese lugar perfecto y nos aburri-
remos con la monotonía de los halos y de las nubes. Pero aquello

no sería el Cielo, ¿no te parece? No, la Biblia dice que el Cielo es un lugar perfecto de aventuras y emociones.

La Biblia habla del Cielo y utiliza las palabras de los humanos para describir lo humanamente indescriptible. Dice que habrá caminos de oro y puertas de perlas. Es un lugar lleno de valores y de significados y de propósitos. Allí tendremos un trabajo con el que nos sentiremos realizados. Cristo estará entre nosotros, así que viviremos una compasión y una creatividad más plena de lo que jamás podríamos soñar. Tendremos cuerpos nuevos y perfectos. Nos reuniremos con nuestra familia, nuestros amigos y seres queridos. Gozaremos de tanta alegría, paz y esplendor que sólo podríamos imaginar a qué puede parecerse.

Si queremos vivir la experiencia del Cielo, tenemos que vivir cada momento aquí en la Tierra preparados para la eternidad. En realidad, no estás preparado para vivir hasta que estés preparado para morir. Y no tienes por qué preocuparte por ello. Puedes decidir tu destino en este mismo momento si aún no lo has decidido. Si ahora no estás seguro de que puedes gozar de la vida eterna, si no estás seguro de que algún día estarás en el Cielo, puedes terminar de leer este capítulo para tener esa seguridad. "Y el testimonio es éste: que Dios nos ha dado vida eterna, y esa vida está en su Hijo. El que tiene al Hijo, tiene la vida; el que no tiene al Hijo de Dios, no tiene la vida" (Juan 5:11–12). Entrar en el Cielo tiene que ver básicamente con quién conoces. Si conoces al Hijo, entras. Si no conoces al Hijo, no entras.

El Cielo es un lugar perfecto para gente perfecta. Y el problema es que nosotros no somos perfectos. Todos hemos pecado. Por eso vino Jesús a ponerse en nuestro lugar, para que un día pudiéramos reunirnos con Él en el Cielo. No es que lo merezcamos, ni tampoco podríamos jamás hacer suficientes méritos, pero Él nos ha señalado el camino. La Biblia dice que debido a lo que Cristo ha hecho, somos amigos de Dios. Ahora puedes rezar y pedirle a

Cristo que entre en tu vida y perdone tus culpas y pecados del pasado y que algún día te dé un futuro en el Cielo. No tienes que temer a la eternidad. Dios te ama más de lo que podrías ponderar, te ama de verdad. No puedes realmente aprovechar al máximo cada momento hasta que sepas que tu eternidad ha sido decidida. Esa seguridad te libera para que disfrutes de la vida y marques una diferencia en las vidas de los otros.

Momentos que importan

Según una encuesta reciente, el 74 por ciento de los estadounidenses cree en el Cielo y el infierno. ¿Y tú? ¿Cómo describirías ambos a un amigo o a alguien que amas? ¿Cómo se ha formado tu imagen de estos dos lugares? ¿Los libros, el cine, la televisión, las Sagradas Escrituras, los sermones o alguna otra cosa?

La seguridad eterna

Una vez que estés preparado para la eternidad también es conveniente invertir en aquello que durará para siempre. Tu perspectiva cambia. Empiezas a darte cuenta de que, a la luz de la eternidad, gran parte de las cosas que valoramos y que acaparan nuestra atención son insignificantes e intrascendentes.

A menudo vivimos como si fuéramos a estar en este mundo para siempre. Piensa en ello de la siguiente manera: digamos que te has ido de vacaciones y te has registrado en un hotel, donde piensas quedarte un par de semanas. Sin embargo, no te agrada el aspecto de la habitación que te han dado, así que llamas a tu propio decorador de interiores. Inviertes mucho dinero en ello y cambias el papel mural, las cortinas, los cuadros, toda la habitación. Luego decides que quieres un televisor más grande, y compras un enorme televisor de pantalla plana y haces que lo instalen en una pared. Al salir, no te gustan ni los arbustos ni las flores, así que contratas a un paisajista. Sigues llevando a cabo cambios, hasta que tienes que regresar a tu casa.

Eso es exactamente lo que muchos hacemos hoy en este mundo. Actuamos como si fuéramos a quedarnos aquí para siempre. Nos concentramos en cosas que parecen muy importantes en ese momento, pero que, al final, no duran mucho. Tenemos que reorientar nuestra atención a cosas que podrán pasar la prueba del tiempo y, en realidad, sólo son dos: la Palabra y el pueblo de Dios. La Biblia nos dice que la hierba se marchita y que las flores se desvanecen, pero que la Palabra de Dios estará siempre vigente (Isaías 40:8). De modo que cuando dedicas tiempo a la Palabra de Dios o a forjar tu carácter, a parecerte más a Cristo, a aprender los valores de la palabra de Dios, y a aplicarlos, ésas son cosas que duran para siempre y que llevas contigo a la eternidad. La otra gran inversión que puedes realizar es en las personas. Las personas viven para siempre en la eternidad. Así que cuando marques una diferencia en las vidas de los otros, aquello durará para siempre. Por eso las relaciones con los demás son lo más importante que hay en tu vida.

Demasiado a menudo nos fijamos en cosas que sencillamente no tienen trascendencia. En el Eclesiastés 11:7–8, leemos: "Suave ciertamente es la luz y agradable a los ojos ver el sol; pero aunque un hombre viva muchos años y en todos ellos tenga gozo, recuerda que los días de las tinieblas serán muchos, y que todo cuanto viene es vanidad". Independientemente de cuánto tiempo vivamos, no serán más que unos segundos en el gran reloj de la eternidad.

Lo que decidas hacer con Jesús determina dónde vivirás la eternidad. Lo que tú haces con tu tiempo, tu talento y tus posesiones determina las recompensas que recibes en la eternidad. ¿Recuerdas aquel juego llamado El juego de la vida? Tenías que escoger tu personaje y tu estilo de vida y, al final del juego, venía el Día de Rendición de Cuentas, cuando tus decisiones eran evaluadas. No es demasiado diferente de cómo se nos pedirán cuentas por nuestras decisiones. Lo que haces con tu fracción de tiempo en este mundo te prepara para la eternidad. Hasta que no entiendas que la vida es una preparación para la eternidad, la vida no tendrá sentido para ti.

Jess Moody era un joven pastor en Owensborough, Kentucky, cuando se convirtió en un buen amigo de una joven pareja de su iglesia. Un día el marido fue a ver al Pastor Moody con signos de evidente alteración, y le dijo:

—Jess, acabo de recibir una noticia horrible. Mi mujer tiene cáncer terminal y se le ha generalizado en todo el organismo. Los médicos acaban de decirnos que sólo le quedan unas semanas de vida, ni siquiera meses. Y, Jess, está en el hospital y quiere verte. No sabemos cómo manejarlo. No sabemos qué hacer.

Jess fue enseguida al hospital. La joven mujer y madre le dijo:

—Recuerdo que una vez, en uno de tus sermones, dijiste que mil años es como un día para Dios, y que un día es como mil años. ¿Es verdad eso? ¿Es verdad que mil años es como un día para Dios?

—Sí, está en la Biblia —dijo el pastor.

—Me alegro —dijo ella—, porque he estado haciendo los cálculos y cuarenta años equivale a una hora. Pronto dejaré a mi marido y a mis hijos. Puede que él viva otros cuarenta años, pero eso será como una hora para mí en el Cielo. Cuando mi marido llegue al Cielo, lo saludaré y le preguntaré: "Hola, ¿dónde has estado la última hora? ¿Has ido a la oficina o andabas ocupado en otros asuntos? Te he echado de menos". Puede que mis hijos vivan setenta u ochenta años más, pero eso será como dos horas para mí. Cuando lleguen al Cielo, los saludaré y les diré: "¿Cómo les ha ido en el colegio hoy? Mamá los echa de menos cuando están un par de horas ausentes. Me preguntaba cómo les ha ido porque a las mamás no les gusta estar demasiado tiempo lejos de los hijos".

Jess Moody cuenta que dos semanas más tarde aquella mujer fue a reunirse con el Señor, y lo último que le dijo a su marido fue:

—Te amo. Cuida a mis hijos. Te veré dentro de una hora.

Eso es lo que yo llamaría una perspectiva eterna. Es la perspectiva que verdaderamente puede motivarnos a todos para vivir una existencia entera como si nos quedara un mes de vida.

Para que dure toda la vida

1. Dedica un tiempo a pensar en cómo te imaginas el Cielo. Haz un dibujo, toma una foto, haz un *collage* con recortes de revistas o una escultura que represente el Cielo para ti. Puede ser tan personal como quieras. Ponlo en algún lugar donde te recuerde dónde quieres pasar la eternidad.

2. En tu diario o en algún otro lugar seguro, escribe una escena en que te encuentras con Dios en el Cielo por primera vez. ¿Qué querrías decirle? ¿Preguntarle? ¿Qué querrías que Él te diga a ti? Dedica un tiempo a la oración y comparte tus pensamientos con Aquel que más amas.

3. ¿Qué inversión en lo eterno has hecho esta semana? ¿Cuánto tiempo has pasado comprometido con la palabra de Dios? ¿Cuánto tiempo has pasado junto a las personas de la manera que más importa? Plantéate un objetivo eterno (algo que quieras hacer y que pasará la prueba del tiempo, alguien a quien te quieras dedicar) y encuentra el tiempo para cumplir con él durante la semana siguiente.

Comienzo del partido

VIVIR CON PLENITUD

> He aquí una prueba para saber
> si tu misión en la Tierra ha llegado a su fin:
> si estás vivo, no ha llegado a su fin.
> —RICHARD BACH

> Aunque nadie puede volver atrás y empezar de nuevo,
> cualquiera puede empezar ahora y tener un nuevo final.
> —CARL BARD

*Y*a que lees el último capítulo de nuestra reflexión sobre vivir como si nos quedara un mes de vida, sabes que tu tiempo no ha llegado a su fin. Si Dios quiere, vivirás muchos meses, años y décadas, y disfrutarás plenamente de la vida, habrás cambiado para siempre al asumir el destino que Él ha creado para ti y al entregarte a la búsqueda apasionada de su realización.

Esto, dicho en pocas palabras, es la premisa de este libro. Tienes ante ti un desafío excepcional, convertirte en la mejor versión de aquel que Dios creó. Tu objetivo es abrir ese regalo y utilizar todo lo que te han dado para perseguir lo que más importa, amar a Dios y amar a los otros.

El juego de la pasión

Al llegar al final de estas páginas, quiero ofrecerte una última palabra. Si sólo pudiera darte una cosa con este libro, aquello sería encender y restaurar la pasión en tu vida. Si sólo te quedara un mes de vida, querrías disfrutar hasta el último momento como el preciado regalo que es. Quisieras que cada segundo contara y se convirtiera en algo significativo y eterno, algo que diera sentido a tu razón de ser en este mundo. La pasión es el combustible para sostener a largo plazo un estilo de vida como si sólo te quedara un mes.

Nada grandioso ocurre jamás sin la pasión. La fuerza motriz detrás de las obras de arte, de toda la música, la literatura clásica y las obras dramáticas más poderosas, de la más sorprendente arquitectura, es la pasión. La pasión impulsa a los atletas a romper los récords. La pasión empuja a los científicos a descubrir nuevas maneras de curar las enfermedades. La pasión nos lleva a compartir el amor de Dios con los que nos rodean de manera creativa e innovadora. La pasión es lo que da vida a la vida.

Dios quiere que vivamos apasionadamente. "Y amarás al Señor tu Dios con todo tu corazón, con toda tu alma, con toda tu mente y con todas tus fuerzas" (Marcos 12:30). Hemos sido creados con el potencial de la pasión porque Dios es un Dios apasionado, y nosotros hemos sido hechos a su imagen y semejanza. Y se nos dice: "En lo que requiere diligencia, no perezosos; fervientes en espíritu, sirviendo al Señor" (Romanos 12:11). Se nos dice que la pasión es algo que podemos perder. Si no nos aplicamos a ello, las tensiones y presiones de la vida pueden robarnos la pasión por nuestras familias, nuestros amigos y nuestro trabajo.

Una vida para vivir

Para mantener nuestra pasión viva e inquieta, debemos asegurarnos de incluir sus cuatro ingredientes. La primera pieza del rompecabeza de la pasión es la más importante: el amor. El amor constituye los cimientos de una vida apasionada y con una razón de ser. El combustible que enciende la pasión en una relación matrimonial es el amor. El que enciende la productividad en el trabajo es el amor. El combustible que nos permite crecer en nuestra relación con Dios es el amor. No es la obligación ni la obediencia legal. Es el amor.

¿Qué ocurre si ya no sientes tanta pasión por Dios como solías sentir, o si ya no tienes el fervor espiritual de antaño? Tienes que empezar a hacer las cosas que hacías cuando te enamoraste de Dios por primera vez. ¿Qué hacías? Le dedicabas tiempo. Estabas tan emocionado con la Biblia y con lo que significa amar a Dios. Le contabas a todo el mundo lo que estaba ocurriendo en tu vida. Les contabas a tus amigos lo que Dios estaba haciendo en tu vida. Tienes que volver a hacer lo mismo si quieres volver a enamorarte de Dios. Si quieres volver a encender tu pasión por la vida, concéntrate en el amor de Dios por ti.

El siguiente elemento esencial en una vida apasionada es la integridad. Aunque la gente la defina de diversas maneras, la integridad es sencillamente hacer coincidir lo que decimos creer con nuestra manera de vivir. Así como la lujuria destruye la pasión en nuestra vida, lo mismo sucede con la integridad. Nada diluye tanto nuestra pasión como decir que creemos en algo y no vivirlo en la práctica. Cuando decimos que nuestra salud es importante pero no dejamos de consumir comidas malsanas, perdemos nuestra integridad. Cuando decimos que nuestra familia es importante pero estamos siempre en el trabajo y nunca estamos con ella, perdemos parte de nuestro corazón. Cuando decimos que amamos a Dios como la base de nuestra vida pero no nos relacionamos con Él en nuestra vida cotidiana, sufrimos. Nuestros corazones se escinden y perdemos el centro principal de nuestra existencia. Si quieres vivir apasionadamente, debes vivir consecuentemente y actuar de acuerdo con lo que aceptas como verdad.

El siguiente elemento para mantener la pasión viva es el perdón. En cada una de las cuatro partes de este libro, el perdón ha aparecido de una u otra forma como una parte fundamental de un estilo de vida como si sólo te quedara un mes en este mundo. Nada mata a la pasión con más rapidez que un conflicto no resuelto. Job 5 nos dice: "Es cierto que al necio lo mata la ira y al codicioso lo consume la envidia". Estos dos defectos —la ira y la envidia— te despojarán de la pasión más rápido que cualquier otra cosa.

El resentimiento es el gran asesino de pasiones. Por eso, Dios nos dice que debemos aprender a perdonar a los demás. Si quieres recuperar tu pasión por la vida, tienes que aprender a perdonar. Cuando cargamos con el resentimiento, la amargura y el dolor, nuestras vidas se corroen. Las personas que nos hieren no sufren ninguna consecuencia. No nos vengamos de ellas. Son emociones negativas que nos hacen daño y nos vacían de nuestra pasión por la vida. Jesús es nuestro gran ejemplo, como siempre. En la cruz, Jesús dijo: "Padre, perdónalos, porque no saben lo que hacen" (Lucas 23:34). Perdonó a quienes lo crucificaban. Nadie ha perdonado más que Jesucristo. Fue la persona más apasionada que jamás ha vivido, porque fue el que más ha perdonado jamás.

Finalmente, necesitamos entusiasmo para conservar nuestra pasión por la vida. La palabra *entusiasmo* está formada por dos palabras griegas: *en* y *theos*. *Theos* en griego significa "Dios" y *en* significa simplemente "en", de modo que literalmente significa "Dios en el interior". Si quieres vivir todos y cada uno de los días como si fuera el último, debes concentrarte en tu relación con Dios. Si luchas con la pasión en tu vida, puede que no cultives tu relación con Dios en la medida para la que fuiste creado. Tenemos en nosotros un hambre espiritual, un hambre que nunca está saciada hasta que descansamos en el Señor. Podemos perseguir todo tipo de bienes que nos hagan sentirnos felices y realizados, pero sólo Uno nos satisface. Si queremos vivir el resto de nuestra vida como si sólo nos quedara un mes en este mundo, querríamos tener la certeza de que Dios está en nosotros, en los detalles de todos los días. Querríamos vivir la intimidad de su amor por nosotros y compartirla con los que nos rodean.

Amor. Integridad. Perdón. Entusiasmo. *Vida.* La vida apasionada, la única que nos es dado vivir. Se trata de vivir con esta pasión, vivir la vida en toda su plenitud y no conformarse. Se trata de vivir apasionadamente, amando completamente, aprendiendo con humildad y dejando un legado que quedará como una huella eterna. Si sólo te quedara un mes de vida, ¿no es así que quisieras vivir —sabiendo que has exprimido la vida hasta el último segundo, que has disfrutado de la vida abundante (no la vida segura, fácil o cómoda) que Dios nos prometió?

Nuestro ejemplo

Cuando reflexiono sobre la vida de Jesús, veo a alguien que sabía vivir. En realidad, Jesús sabía cuánto tiempo le quedaba. ¿Y cómo vivía sabiendo que sólo le quedaba un mes de vida entre los hombres? Jesús llevó a la práctica estos cuatro principios que hemos revisado. En primer lugar, vivió apasionadamente. De hecho, al final de su vida la llamamos la pasión de Cristo. Vivió su vida plenamente, totalmente entregado a su Padre y con el objetivo de marcar una diferencia en el mundo. Jesús fue la persona más apasionada que jamás haya vivido, y quiere que nosotros vivamos con la misma pasión. En Juan 10:10, dice: "He venido para que tengan vida, y para que la tengan en abundancia".

Jesús quiere que vivamos una existencia llena de las cosas que nos ha dado. Hace poco asistí al funeral de una mujer muy querida en nuestra iglesia, una mujer que tenía unos noventa años cuando fue a encontrarse con el Señor, y todos coincidían en decir que había vivido una vida buena y plena. Hay una gran diferencia entre una vida plena, y una vida buena y plena. Puede que lleves una vida plena, y llena de actividades y de estrés y de ansiedad. Pero yo hablo de una vida buena y plena. Aquella mujer vivió una vida llena de compasión, y eso es una vida buena y plena.

Jesús también amó completamente. En Juan 13:1, leemos: "Jesús sabía que su hora había llegado para que pasara de este mundo al Padre, como había amado a los suyos que estaban en el mundo, los amó hasta el fin". ¿Y qué hizo Jesús sabiendo que sólo le quedaba un mes de vida? Amó con total entrega a la gente que tenía más cerca. Se centró en las relaciones que más importaban, con sus discípulos. De la misma manera, podemos amar con total entrega centrándonos profundamente en las relaciones que son más importantes en nuestras vidas. Nunca deja de asombrarme cuánta intencionalidad tengo que poner en mis relaciones con mi familia para conectar de verdad con ellos. Para que esas relaciones prosperen, hay que tener esa intención de conectar todos los días con cada uno de nuestros hijos, así como con nuestro cónyuge y con todas las otras relaciones que son importantes para nosotros.

El tercer principio para vivir como si nos quedara un mes de vida es aprender con humildad, y Jesús fue nuestro mejor ejemplo de humildad. En Filipenses 2:8, dice: "Se humilló a sí mismo, haciéndose obediente hasta la muerte, y muerte de cruz". Jesús era Dios y, aún así, se humilló a sí mismo, adoptó un envoltorio humano y se convirtió en uno de nosotros para que nosotros pudiéramos vivir a Dios.

El cuarto principio es partir audazmente y, una vez más, Jesús es nuestro ejemplo, puesto que dejó un legado eterno en este mundo, y partió audazmente a reunirse con su Padre. Estaba preparado para partir. Lucas 9:51 dice: "Cuando se cumplió el tiempo en que él había de ser recibido arriba, afirmó su rostro para ir a Jerusalén". Jesús se dejó crucificar audazmente. Estaba decidido a morir en la cruz debido a su amor por nosotros. Nosotros también podemos dejar un legado audaz en este mundo y dedicar nuestra vida a algo que nos sobrevivirá muchos años.

Cuando mi madre tenía la edad que yo tengo ahora, supo que tenía cáncer, y no pasó mucho tiempo antes de que le dijeran que sólo le quedaba un mes de vida. Lo más bello es que no tenía nada que cambiar. Desde el día que escuchó esas palabras, siguió viviendo como siempre. ¿Por qué? Porque siempre había vivido con claras intenciones, siempre había amado plenamente a las personas. Se había aplicado a hacer lo que tenía que hacer. No había dejado cosas sin decir, cosas que ahora necesitaba desvelar. Así que cuando supo que sólo le quedaba un mes de vida, pudo seguir por el mismo camino de siempre. Mi objetivo para ti y para mí es que vivamos con la intención de dar de nosotros de modo que no tengamos que arrepentirnos. Rezo para que cuando tú y yo lleguemos a nuestro último día en este mundo, sabremos que hemos vivido plenamente la vida para la que fuimos creados.

Uno de los misterios de la vida es que ninguno de nosotros sabe cuándo va a morir. Sin embargo, es un hecho que moriremos. "Ciertamente sus días están determinados y tú has fijado el número de sus meses" (Job 14:5). Si estamos dispuestos a aceptar esto y a confiar en Dios a propósito del momento final de nuestro tiempo en este mundo, podremos centrarnos en cómo dotar de contenido a ese guión que aparece entre la fecha de nuestro nacimiento y la fecha en que moriremos. Podemos convertir ese guión en una increíble aventura de alegría y de plena satisfacción. Podemos *vivir*.

Tengo la esperanza de que este libro te haya cambiado la vida, que te haya hecho pensar como nunca antes sobre lo que significa vivir apasionadamente y con una razón de ser. Mi oración desea que Dios use todo lo que tengan de verdad estas páginas para inspirarte a llevar un nuevo estilo de vida. ¡Te desafío a que vivas cada día como si sólo te quedara un mes de vida!

Para que dure toda la vida

1. Ahora que has acabado el desafío de vivir como si sólo te quedara un mes de vida, quisiera estimularte para que sigas viviendo en ese estilo. Conéctate a www.OneMonthToLive.com para encontrar estímulos e inspiración permanentes en los cuatro principios que rigen este estilo de vida.

2. Apenas sea posible, piensa en un día en que puedas escaparte solo para revisar y reflexionar sobre tu experiencia al leer este libro. Conviértelo en un día de evaluación para ese mes de vida. Revisa las respuestas, las reflexiones y sentimientos que has tenido al leer este libro. ¿Qué te ha causado el mayor impacto durante este mes? ¿Por qué? ¿Cómo te ha cambiado el hecho de leer este libro y llevar sus ideas a la práctica?

3. Reúnete con al menos un amigo para comer o tomar un café y comparte tu experiencia durante el último mes. Pregúntales qué harían ellos si supieran que sólo les queda un mes de vida.